JN020906

英語「発音記号」の鬼50講

青山学院大学准教授 米山明日香 Asuka Yoneyama

まえがき

この本を手に取ってくださったみなさんは、きっと英語に興味があり、かつ英語の発音に興味がある方でしょう。そして、発音を上手になりたいと思っていらっしゃるのではないでしょうか。

本書は、そのような方に最適な一冊です。

なぜなら、発音記号は音楽で言うところの「音符」です。

ですから、「音符」が読めれば、かなりのクオリティの「音楽」を奏でることができるのです。

さて、大学で英語を教えていると、英語教育の顕著な変化を目の当たりにします。特にここ15年くらいで目まぐるしい変化に直面することとなりました。それは「**発音記号**」に対する学校現場での取り組みです。

学生に授業開始時に、毎年、発音記号を学んだかを聞くと、約半分くらいが「きちんと教えてもらっていません！」と答えます。そのうえで、「基本的にはアルファベットと変わらないので、なんとなくは読めます！」と答えるのです。

ここでの問題は２点あり、１点目は「発音記号を教えてもらっていないこと」と２点目は「発音記号はアルファベットと変わらないと認識していること」です。

こうした問題に加えて、発音記号を習っているか否かは、学校によってかなり異なることも大きな問題だと筆者はとらえています。こうした傾向は、10年ほど前から特に強くなったように思います。

では、なぜこのようなことが起きているかというと、発音記号のほかに、英語の発音を学習する音声や映像などが簡単に利用可能になったため、「発音記号を使わなくても発音学習ができる」と思っていることも要因の１つでしょう。

たしかに、電子辞書には音声もついていますし、ネットで発音が聞けるものも増えて便利な時代になりました。一方で、「発音記号をマスターするのには一定の時間がかかる」というデメリットがあります。

しかし、本当に発音記号を学習しなくてよいのでしょうか？

生徒、学生が発音記号を学ばなくなって、何が起きたかというと、正しい発音を軽視する風潮です。

学生は「**英語風**」に英語を読むことが多くなり、「**適当に英文を読む**」学生が増えました。たとえば、アクセントの位置を適当におく発音が多く見られるようになりました。一方で、発音を正しくできる学生ももちろんいます。

この違いと原因は何かを研究してきた結果、「発音記号を中学校や高校において教えているか否か」が大きなカギとなっていることがわかりました。

「そもそも発音記号が読めることはメリットなの？」と思う人もいるでしょう。

しかし発音記号が読めると、正しい英語発音ができるだけでなく、世界に存在するあらゆる言語を再現できるという非常に大きな「武器」を手に入れることになります。

つまり、発音記号をマスターすると、「一生モノの技術」が身につくことにつながるというわけです。

先ほど、「発音記号をマスターするのには一定の時間がかかる」と書きましたが、実際には習得にそれほど長い時間がかかるわけではありませんし、一度マスターすると、それが一生使える強みに代わるのです。

2020年7月に上梓した姉妹本『英語リスニングの鬼100則』が光栄なことに好評を得ていますが、本書は、発音記号をもとに理論的に解説し、動画や音声で検証することによって視聴覚的に理解をしてもらって、中学生から大人までトレーニングできるように工夫しました。

発音記号を学習することによって、発音が正しくなるとともに、リスニングにも良い影響を与えることを目指します。そして、一生モノの「武器」を本書で手にしましょう。

本書が多くの英語学習者のお役に立つことを願ってやみません。

2021年10月
米山　明日香

はじめに

●——なぜ発音記号は重要なのか？

本書のテーマは、**発音記号をマスターすることで英語の基礎力を強化すること**です。

発音記号は英語で phonetic symbols と言いますが、発音記号はアルファベットではなく、**記号（symbols）**です。１つの記号は１つの音になっているということをまず理解しましょう。

発音記号＝2つの記号＝2つの音

love [lʌ́v]　ill [íl]

発音記号＝3つの記号＝3つの音

「音符」のようなもの

●——発音記号は「音符」

発音記号は、音楽でたとえると、「音符」であるというとわかりやすいでしょう。個々の音符は、それぞれ異なる音価をもっています。つまり、流れる音楽や手本となる演奏がなくても、楽譜にある音符や記号通りにメロディーを奏でれば、かなり高いクオリティで楽曲を再現できるというわけです。「楽譜」はそのために存在します。

●――Repeat after me.は実は難しい技術を求めている

では、学校で行われる発音練習はどのようになっているでしょうか。

学校などでは「発音を聞いて、再現する」ことが発音練習の主流になっています。たとえば、先生が"Repeat after me."と言って先生の発音の後に続いて発音練習をしませんでしたか？

これを音楽に当てはめると、「音楽（＝メロディー）」を聴いて、それを「楽譜なしで再現する（歌う、楽器を弾く）」ことを求められていることになります。

よく考えるとわかりますが、「音楽（＝メロディー）を聴いて、それを正確に再現する」ことは、かなりの高度な技と訓練が必要なので、実は非常に難しいプロセスなのです。

それが正確にできるのは、音楽的な聴覚訓練を受けた人、あるいは才能のある人などに限られるわけですが、現在の語学教育では、実はそうした「高度な技術」が学習者に求められているのです。

このように発音学習を「音を聞いて、再現する」方法でのみ行うとなると、それはかなり難しい技術というのがわかるのではないでしょうか。

電子辞書に音声がついているにもかかわらず、発音が一向に向上しないという声をよく聞きますが、皆さんなら、その理由はもうおわかりでしょう。

それゆえ、発音記号という「音符」を学ぶ必要があるのです。

発音記号を学ぶメリット

では、ここで発音記号を学ぶメリットを具体的に3つあげましょう。

●——(1)自立学習のためのツール

「音を聞いて、再現する」方法の場合、発音練習をする際には「聞く音(=モデル音声)」は、その発音が正しくないといけないわけです。

「指導者の発音が悪くて間違った発音になってしまった」ということでは目も当てられません。また、「先生あるいは模範となる人(音声)がいなくて発音が再現できない」となると、それは不便です。

つまり、発音記号は、**自立学習のために便利なツール**なのです。

音声がなくても、指導者がいなくても、発音記号を見れば、正しい発音ができるようになっているのです。

●——発音記号を学ぶメリット(2)万国共通性

それから、発音記号は基本的には「**万国共通**」です。細かい差こそあれ、発音記号を一度マスターすると、英語のみならず、世界のあらゆる言語音が発音記号で書かれていれば、それを再現することができるのです。ですから、今後、新しい言語を学習しようと思った際に、発音記号が読めれば、簡単に発音できます。

ということは、発音記号が読めることによって、**言語の可能性をより広げることができる**のです。

●――発音記号を学ぶメリット（3）視覚的効果

また、人間は自分が考えているより、はるかに「**文字依存**」です。たとえば、pat と putt という発音を聞いて違いを聞き取るだけよりも、発音記号で母音 [æ] と [ʌ] を確認してから聞き取りを行い、そのあと発音の練習をする方が、効果的ですし、わかりやすいのです。

そう考えると、発音記号はなんて素敵なツールなのでしょう。無限の可能性を秘めていることが、おわかりいただけたのではないでしょうか。

●―― 本書で使う発音記号について

前項で「発音記号は万国共通だ」と言及しましたが、世界で使われている発音記号は「**国際音声記号（International Phonetic Alphabet、通称 IPA）**」を基準にしたものです。これを簡素化したものが日本では使用されていますし、各国の言語に合わせて少しずつアレンジしたものがそれぞれの国で使われています。

たとえば、英和辞典を何種類か見比べるとわかるのですが、英和辞典によって、使っている発音記号が少しずつ異なっています。

本書では、IPA に準じていますが、一般により広く使われている発音記号を使います。

発音記号において注意する３つのポイント

●──(1) 発音記号はアルファベットではない

まず重要なのは、これは**アルファベットではなく、記号である**ということです。たとえば、[p]（Must 28）は「ピー」、[f]（Must 34）は「エフ」とは読みません。それぞれ[p]は「プッ」、[f]は「フッ」と発音します。この点には注意が必要です。

アルファベット読みはNG

発音記号独自の読み方をする！それをマスターしましょう！

[p] ✕「ピー」 ○「プッ」
[f] ✕「エフ」 ○「フッ」

●──(2) 発音記号が異なると、発音も異なる

２つ目に重要なのは**発音記号が異なると、発音も異なる**ということです。たとえば、Must 12 [ɪ] とMust 13 [i] では、発音記号が異なっているので、発音が違うということを深く心に留めておく必要があります。詳しくは2.2.を参照してください。

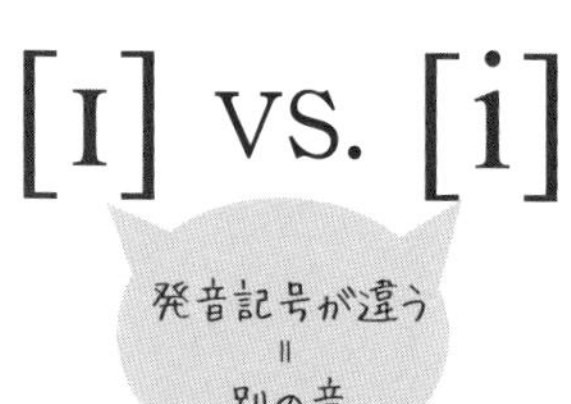

●——(3) 1つの発音記号で1つの音

3つ目に重要なのは、**発音記号1つにつき、1つの音**となることです。これについては、「はじめに」の「**なぜ発音記号は重要なのか？」**も参考にしてください。

たとえば、[p]（Must 28）は1つの音ですし、[tʃ]（Must 43）も1つの「音」になります。pitch「ピッチ」という単語を見てみましょう。注意点は、[tʃ]は1つの音ということです。

1つの音

pitch [pítʃ] = 3つの音

ところで、これまで使ってきた「音」という表現は、正確には、**音素**（おんそ）（Check it out! (1)）と言います。音素は通常、音声学では / / でくくり、発音記号は [ ] でくくるのですが、本書では、便宜上、特別な区別が必要でない限り、音素を [ ] でくくります。

Check it out!

(1) 音素とは

音素とは、音の最小単位のこと。たとえば、sit は /sɪt/ で、/s/、/ɪ/、/t/ という 3 つの音素からできています。また、set は /set/ で、/s/、/e/、/t/ と 3 つの音素でできています。

sit と set の違いは、中央の下線部が引かれた母音である /ɪ/ と /e/ です。このように1つの音素のみが違う単語のペアのことを**ミニマルペア**と言います。本書でもミニマルペアをたくさん使って、練習をしていきます。これは、音素を正しく理解して、音の違いを理解するのに最適な訓練手段だからです。

詳しくは Check it out! (6) で説明します。

本書では、基本的に発音記号で発音を表しますが、ところどころでひらがなあるいはカタカナを使っています。ひらがなは「日本語の発音」を、カタカナは「英語の発音」を表しています。

本書の効果的な使い方

●—— 目標

本書のテーマは**発音記号をマスターすることで英語の基礎力を強化すること**です。具体的には、以下の3点を目標にします。

①**「発音記号を読めるようにする」**＝自立学習につなげる
②**「正しい発音ができるようにする」**
=コミュニケーション能力のoutputを強化する
③**「リスニング力を基礎から強化する」**
=コミュニケーション能力のinputを強化する

●—— 構成

そのために、本書の構成は以下のようになっています。

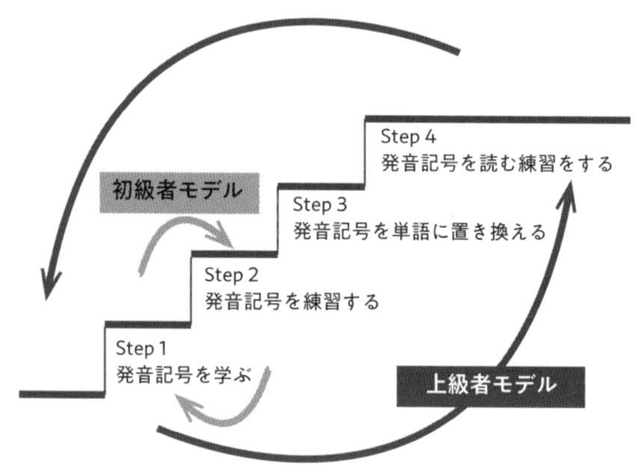

●——各Stepの内容

タイトルの横に 発音要注意 というロゴがあるところは、特に重点的に勉強しましょう！

というのも、このロゴがついている音は、「日本語にない音」あるいは「日本語に近い音はあっても特徴が違う音」だからです。

Step 1 発音（補助）記号を学ぶ

Step1 では、発音記号に関する解説を読んで、発音記号を学びます。具体的には以下の通りです。

①どのように発音するか（＝発音の仕組みを解説）

説明を読みながら、写真を見て発音記号の口の開き方、唇の形などを確認しましょう。写真は音声学者である筆者によるものです。

このときに、動画も活用して、どのように発音するかを映像で確認すると効果的です。動画がある部分は、一覧が p.21 にありますし、それぞれに動画マーク 10 と QR コードを載せています。

それから 動画のココに注目 において、その発音記号の注目すべきポイントが書かれているので、その点に注目しながら動画を視聴することをおススメします。

デモンストレーターは標準アメリカ英語 GA 話者です。本職はプロのナレーターであり、音声学者ではありません。ところどころ発音記号の単音が発音記号とやや異なることがありますが、その場合は、注意書きを確認してください。多くの場合、単語の中では自然に発音しています。

②**どのように聞こえるか**（＝日本語に近い音とどのように違うのか、どのような点に注意して聞くか）

③**どこで出てくるのか**（＝発音とつづり字《スペル》との関係）

基本レベル　最低限、学習者に知っておいてほしい発音とつづり字の関係

上級レベル　上級者には知っておいてほしい発音とつづり字の関係

注：Step 1 の③で注意してほしい点が２つあります。

１つ目に、発音とつづり字の関係は、英語においてかなり複雑であるため、本書では代表的なもののみ取り上げます。これは語源とも関係しています。

２つ目に、「つづり字 x」（たとえば make の 'a'）が「発音 y」（たとえば [eɪ]）になるからと言って、すべての「発音 y」（たとえば [eɪ]）が「つづり字 x」（たとえば make の 'a'）になるわけではありません（paid などの例外があるため）ので、注意が必要です。

④**そのほか注意する発音ポイント**（あれば）

ここには、発音する際に、「ここだけはおさえたい」というところをまとめてあります。

Step 2　発音記号を練習する

単語と短文で対象となる発音記号の練習をして、発音記号の定着を図ります。積極的に、音声を利用して、練習しましょう。

勉強の仕方案

（1）文字を見ながら、音声を聞きましょう。特に、下線部には注意を払ってください。

（2）音声を聞きながら、発音してみてください。

（3）自分の発音をスマホなどで録音して聞き比べてみましょう。

（4）発音が速い場合には、ご自身が使っているプレーヤーの速度を遅くして聞いてみることをおすすめします。

（5）（1）～（4）までが一通り終わったら、ディクテーション（＝音声をノートや紙に書き取ること）を行うと、より効果的です。

ナレーター・デモンストレーター紹介

音声録音は、標準アメリカ英語 GA がナレーターでヴォイスアーティストのジョシュ・ケラーさん（Josh Keller、シカゴ出身）で、標準イギリス英語 RP が女優でナレーターのエマ・ハワードさん（Emma Howard、ロンドン出身）によるものです。

Step 3 発音記号を単語に置き換える

発音記号を単語に置き換えて、発音記号が読めるようにします。クイズだと思って楽しんで勉強しましょう。ここでは、特に注意書きがない限り、標準アメリカ英語 GA で使われる主な発音を記しています。

勉強の仕方案

（1）発音記号を単語に置き換えてみましょう。その単語を紙やノートに書き出してみることをおすすめします。ここでは、単語のつづりが間違っていても、それほど気にすることはありません。

（2）発音記号を見ながら、音声を聞いて、発音記号と音声が一致するようにしましょう。

（3）その後、音声に続いて発音してみましょう。

（4）ここでもスマホなどで自分の発音を録音して、モデル音声と聞き比べることをおすすめします。

Step 4 発音記号を読む練習

その後、Step 3 で扱った発音記号を見ながら発音することで、発音記号の定着を図ります。

標準アメリカ英語 GA と標準イギリス英語 RP の違いがある場合には、ここで音声を確認できます。

（注）ただし、第1章においては、Step 3 と Step 4 はありません。

学習プランの一例

●——初級者はまずStep1とStep2を

発音記号にあまりなじみのない人は、まず Step 1 と Step 2 でしっかりと発音記号の読み方と基礎を学んでください。Step 1 で、学習する発音記号を動画で確認してから始めることをおすすめします。

1 周終わったら、今度は Step 3 と Step 4 に進んで、発音記号に慣れるようにしましょう。

子音から学習を進めたい方は、第 1 章の次に第 3 章へ進みましょう。ただし、長年の指導経験から言うと、学習者が考えているよりも、母音が苦手な人が多いので、第 1 章から順に学習を進めることをおすすめします。

Step 2 はディクテーションに使用すると、英語力がアップします。

●——上級者はしっかり確認

Step 1 から Step 4 までをそれぞれの Must で丁寧に学習しましょう。Step 1 で、学習する発音記号を動画で確認してから始めることをおすすめします。

知っているものに関しては、読み飛ばしてもかまいませんが、意外と誤って理解していることがあるので、確認のためと思って、学習することをすすめます。

Step 2（特に、6. 以降の短文）はディクテーションに使用すると、英語力がアップします。

Check it out! とは

各所にある ＼Check it out!／ では、専門用語など英語学習には欠かせない重要な点をわかりやすく説明していますので、ぜひ学習に役立ててください。

＼Check it out!／

●——本書の特徴：音声と動画を活用しよう！

本書では、Step 2, Step3, Step4 では音声をダウンロードして（詳しくは次ページ）、発音練習に役立ててください。

それから、本書には、発音記号と連動している動画もあります。特に Step 1 では動画を見ながら、その発音記号をどのように発音するかをしっかりと学習してください。動画はすべての発音記号にあります。

音声データについて

音声ファイルは、明日香出版社のサイトにアクセスしてダウンロードしてください。

パソコンやスマートフォン機器等の端末でお聞きいただけます。

https://www.asuka-g.co.jp/dl/isbn978-4-7569-2179-6/index.html

※ファイルサイズの大きな音声ファイルをインストールするため Wi-Fi の利用を前提としています。

※ダウンロードの不具合が生じた際は、キャリア・機器メーカーにお問い合わせください。

※ダウンロードした音声ファイルのアプリ以外での再生方法についてはお使いの機器メーカーにお問い合わせください。

※図書館利用者も、お使いいただけます。本と一緒に貸出利用ください。

■語学音声アプリ「ASUKALA」

明日香出版社の語学書音声の無料再生アプリが新しくなり、快適にお使いいただけるようになりました。一度音源をダウンロードすれば、後はいつでもどこでもお聞きいただけます。

音声の再生速度を変えて聞くことができ、書籍内容の習得に有効です。

個人情報等の入力等は不要ですので、ぜひアプリをダウンロードしてお使いください。

※スマートフォンアプリは書籍に付帯するサービスではありません。予告なく終了することがございます。

※ CD で音声を聞きたいお客様には、有料でお分けしています。ホームページよりお問い合わせください。

https://www.asuka-g.co.jp/contact/

動画視聴について

【携帯端末からは】

各ページに記載されているQRコードは明日香出版社のサイトで、該当する発音記号の動画リンクにつながります。

【パソコンで視聴される方は】

下記の方法で『英語「発音記号」の鬼50講』サイトへお越しください。

・明日香出版社のサイトで「発音記号の鬼」と検索

・https://www.asuka-g.co.jp/dl/isbn978-4-7569-2179-6/index.html からアクセス

【視聴方法】

左図のようなアイコン（ボタンのようなもの）を押すと、動画が始まります（無料です。個人情報の入力は必要ありません）。

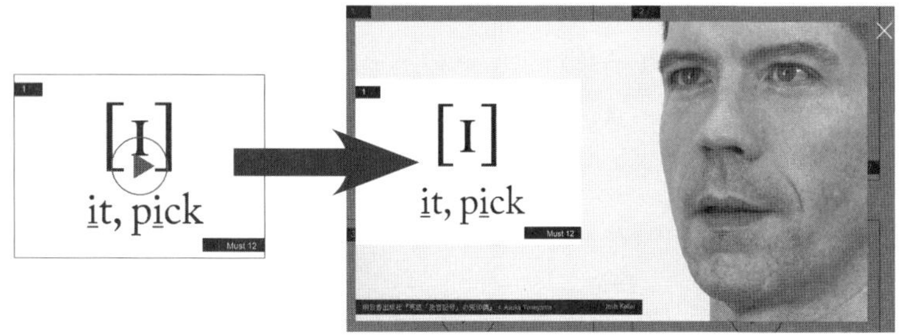

※収録内容は、英語の発音記号と単語です。

動画掲載ページ一覧

	動画	発音記号	例　下線がその発音記号の音	Must	ページ
短母音	1	[ɪ]	it, pick	Must 12	107
	2	[e]	pen, head	Must 17	133
	3	[æ]	cat, apple	Must 7	73
	4	[ɒ]	hot, dog　英 RP のみ	Must 6	67
	5	[ʌ]	cut, uncle, love	Must 10	96
	6	[ʊ]	put, book	Must 15	122
	7	[i]	happy, money, radiation	Must 13	112
	8	[u]	influence, situation	Must 16	127
	9	[ə]	about, sofa, common	Must 8	80
	10	[ɚ]	winter	Must 8	80
長母音	11	[iː]	see, eat	Must 11	103
	12	[ɑːr]	car, park	Must 5	61
	13	[ɑː]	father, spa, lot, pot	Must 4, 6	55, 67
	14	[uː]	pool, supermarket	Must 14	118
	15	[ɔː]	soft, law	Must 18	140
	16	[ɔːr]	horse, soar	Must 19	145
	17	[ɜː]	bird, turn, earth	Must 9	89
二重母音	18	[eɪ]	eight, safe, pay	Must 20	155
	19	[aɪ]	I, fly, pie	Must 21	161
	20	[ɔɪ]	toy, noise	Must 22	169
	21	[ɪɚ]	ear, peer, here	Must 23	174
	22	[eɚ]	air, fair, pear	Must 24	180
	23	[ʊɚ]	sure, poor	Must 25	186
	24	[aʊ]	town, mouth	Must 26	191
	25	[oʊ|əʊ]	coat, know, soul	Must 27	196

破裂音	26	[p][b]	pin, bus	Must 28, 29	210, 216
	27	[t][d][ṭ][ḍ]	tea, dog, water, ladder	Must 30, 31	221, 229
	28	[k][g]	kid, glass	Must 32, 33	235, 241
摩擦音	29	[f][v]	fish, photo, victory, very	Must 34, 35	251, 257
	30	[θ][ð]	think, thin, this, father	Must 36, 37	263, 269
	31	[s][z]	see, cent, zoo	Must 38, 39	274, 280
	32	[ʃ][ʒ]	ship, tension, casual	Must 40, 41	285, 290
	33	[h]	hat	Must 42	295
破擦音	34	[tʃ]	cheese, match	Must 43	303
	35	[dʒ]	jam, judge	Must 44	308
鼻音	36	[m]	mouse, enemy, ham	Must 45	316
	37	[n]	nice, neck, tunnel	Must 46	320
	38	[ŋ]	king, sing, Hong Kong	Must 47	326
側面音・接近音	39	[l]	love, land, milk	Must 48	333
	40	[r]	rice, mirror	Must 49	338
	41	[w]	win, twin	Must 50	344
	42	[j]	yacht, year	Must 50	344

第1章　補助記号

第2章　母音

Table of Contents

2.5.「オ」の類 139

2.6. 二重母音 150

Table of Contents

第3章　子音

Table of Contents

カバーデザイン:西垂水 敦/市川さつき(krran)
本文イラスト:末吉喜美
英文校正:Stephen Boyd
動画・音声ナレーション:ジョシュ・ケラー/エマ・ハワード

第１章
補助記号

発音記号について本格的に第２章「母音」、第３章「子音」で学ぶ前に、第１章では注意してほしい「**補助記号**」について説明します。発音記号に補助記号をつけることによって、発音の特徴をさらに正確に表したり、少し違うテイストにしたりすることができます。

料理でたとえるなら、個々の素材が「**発音記号**」で、スパイスが「**補助記号**」と考えることができます。同じ素材でも、スパイスによって、和風にも、アジア風にも、洋風にもなるのと同じようなことです。たとえば、「鮭」(＝素材) に塩 (＝スパイス) を振って焼けば「鮭の塩焼き」という和風の一品になりますが、小麦粉をまぶしてバター (＝スパイス) で焼けばフランス風の「ムニエル」になるといったことです。

この第１章では、スパイスである「補助記号」がどのような特徴をもっているかを学びましょう。つまり、補助記号は「何風か」を示してくれるので、まず「何風か」を大まかにつかむことから発音記号を学び始めましょう。

Must
01

アクセント記号のつき方は2種類：母音の上の[´][`]と音節の前の[ˈ][ˌ]

Step I　補助記号を学ぶ

●—— 単語の中で一番強く読むところ：それがアクセント

補助記号の中で、もっとも重要なのが、**アクセント記号**です。

専門的には、アクセントとは「方言」のことを指すので（たとえば、「アイルランドアクセント（Ireland accent）」＝「アイリッシュ（Irish）」）、正しくは「**ストレス（強勢）記号**」と呼びます。というのも、ストレス（強勢）は本来、「単語の中でどこにストレス（強勢）を置くか」、つまり「単語の中で**どこをもっとも強く発音するか**」という意味だからです。

たとえば、apple は 下線部 'a'にストレス（強勢）が置かれます。これを「**語強勢**（ごきょうせい）」と呼びます。私たちが普段「アクセント」と呼んでいるのは、この「語強勢」のことを指します。

他方、ストレス（強勢）には、「文の中でどこを強く発音するか」という概念も存在し、それを「文強勢」と言いますが、本書では取り扱いません。

詳しく勉強したい方は姉妹本『英語リスニングの鬼100則』（明日香出版社）Must 90を参照してください。

語強勢
apple

文強勢
I like apples.

とはいえ、一般的には「**アクセント**」、「**アクセント記号**」という言葉が使われているので、本書では、特別な区別が必要でない限り、便宜上、あえてアクセント、アクセント記号と呼んで、説明していきます。

●—— 第1アクセントと第2アクセントをおさえよう

まず、一般的な辞書において、アクセント記号は母音の上についている[ˊ][ˋ]で表します。

英語において、アクセントは必ず母音につくと覚えておくことは重要です。二重母音の場合は、二重母音の最初の要素の上(例[éɪ])につきます。

次に、[ˊ](右上から左下に落ちる記号)は**第1アクセント**で、[ˋ](左上から右下に落ちる記号)は**第2アクセント**になります。

第1アクセントとは、その語の中でもっとも強く読むところです。ですから、たとえば、London は[lʌ́ndən]で[ʌ́]に第1アクセントが来ていますので、その部分を強く読みます。

一方、第2アクセントはその語の中で2番目に強く読むところです。例を1つあげてみましょう。organization は発音記号で表すと、[ɔ̀ːrgənəzéɪʃn]となりますが、第1アクセントは[ˊ]、第2アクセントは[ˋ]で表しているので、[éɪ]に第1アクセントが、[ɔ̀ːr]に第2アクセントがきています。

通常のアクセント記号による付与

●—— 1音節語の場合は、どこにアクセントがくるのか？

ちなみに1音節語（＼Check it out!／(2) 参照）の場合、母音は1つしかないので、アクセント記号をつける場合と、つけない場合があります。

たとえば、egg は [eg] あるいは [ég] と、sun は [sʌn] あるいは [sʌ́n] と表すことができます。

本書では、わかりやすくするために、前者のように、1音節語にもアクセント記号をつけることとします。IPA（「はじめに」参照）方式では1音節語にはアクセント記号はつけません。

＼Check it out!／ (2) 音節とは

音節とは、発音する際の音の**「ひとかたまり」**のことを言います。最小の単位は、基本的には母音です。英語の場合は、母音を中心にひとかたまりになる性質をもっています。

たとえば、sit は [sít] で中央に母音 [ɪ] があり、その周りを子音が取り囲んでいて、1音節を形成しています。

また、strike は発音記号で示すと [stráɪk] で、二重母音（二重母音は1つの母音）[aɪ] の前に3つの子音があり、後ろに1つの母音がありますが、母音は1つなので、これも1音節語というわけです。

●—— IPA方式ではアクセントはどう示す？

一方で、IPA方式では、アクセントがくる音節の前にアクセントが置かれます。第1アクセント [ˈ] は上部につらら状の短い棒で示し、第2アクセント [ˌ] は下部につらら状の短い棒で表します。London は [ˈlʌndən]、organization は [ˌɔːrɡənəˈzeɪʃn] となります。

IPA式によるアクセント記号の付与

本書ではIPA方式ではなく、日本で使用されている [ˊ]（第1アクセント）、[ˋ]（第2アクセント）を使用します。

●—— なぜ正確なアクセントが必要か

ところで、なぜこのアクセント記号が重要かというと、私たちが考える以上に、**アクセントは単語の意味や品詞を左右するからです。**

発音する際にアクセントを間違えると、それが別の単語に聞こえます。たとえば、thirteen[θə̀ːtíːn] と thirty[θə́ːṭi] の聞き取りをする場合、アクセントの位置、つまり、第1音節にアクセントが来るのか、あるいは第2音節にアクセントが来るのかが重要な決め手になります。

それに伴って、さらに**母音の質や長さも変わっている**ことに注目すると、英語力、特にリスニング力と発音の質が飛躍的に伸びますので、英語上級学習者は知っておいてほしい事柄です。

以下の「母音に注目」と書かれている母音を13と30で比べてみてください。母音の長さが変わっていますね。

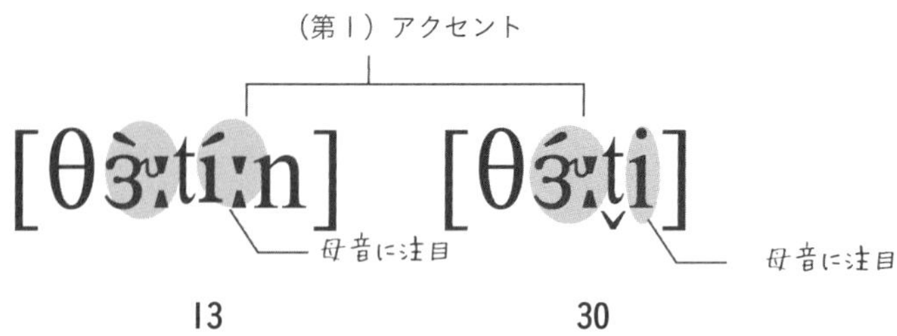

注：thirty の発音記号で [t̬] の下の小さな v 字 [̬] に関しては、Must 30 を参照してください。

さらに母音の質が動詞と名詞で変わる例を見ましょう。produce は動詞のときには [prədʲúːs] で、名詞のときには [próʊdʲuːs, prɑ́ː-] です。

まず、アクセントの位置が異なることに注目して、次に、つづり字 'o' の「母音に注目」を見ると、動詞のときには最初の母音は [ə] ですが、名詞になると [oʊ, ɑː] になっています。

このようにアクセントの有無で、母音の質が変わる点に注目しましょう。

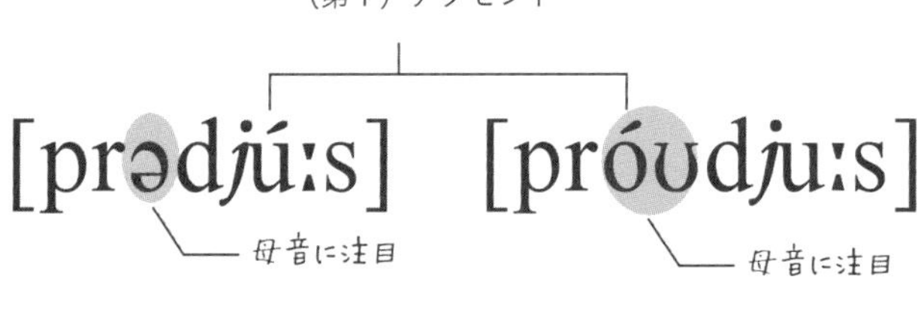

音の組み合わせが若干異なっていても、アクセントが正しくできていれば通じることがありますが、アクセントが間違っていると聞き取ってもらえる可能性が低くなるので、注意したい点です。

アクセントは、どこを強く読むか（ストレス、強勢）ということ。第1アクセント[´][ˈ]と第2アクセント[`][ˌ]の2種類の書き方を覚えておこう！

Step 2　発音記号を練習する

まず、以下の発音記号のアクセント記号に注意して、単語を発音してみましょう。ここでは発音記号をつけてありますが、まだこの時点では、完璧に発音記号を読める必要はありませんので、左の列の単語と発音記号を両方見ながら発音してみましょう。

次に、発音記号を見ながら、音声に続いて発音してみましょう。アクセントに特に注意してください。

1. London [lʌ́ndən]
2. organization [ɔ̀ːrgənəzéɪʃn]
3. trip [tríp]
4. strike [stráɪk]
5. banana [bənǽnə]
6. bicycle [báɪsɪkl]
7. train [tréɪn]
8. city [sít̬i]
9. skate [skéɪt]
10. donut [dóʊnʌt]

Must

2

[ː]は長音記号

Step 1　補助記号を学ぶ

●── [ː]は「ー」と同じ

日本語には、基本的に、短い母音（短母音）の「あ」、「い」、「う」、「え」、「お」の5つの母音しかありません。

一方で、英語には3種類の母音、**短母音**（Must 7, 8, 10, 12, 13, 15, 16, 17）、**長母音**（Must 4, 5, 6, 9, 11, 14, 18, 19）、**二重母音**（Must 20～27）の3種類がありますが、その中で長い母音（＝長母音）では必ず、[ː] という補助記号がついています。

この補助記号は、その音を「**伸ばす**」という意味で、日本語で言うと「ゴール」の「ー」に当たります。ですから、[i] が伸びると [iː] になり、[u] を伸ばすと [uː] になります。[ː] はわかりやすさのため、本書では「**長音記号**」と呼びます。

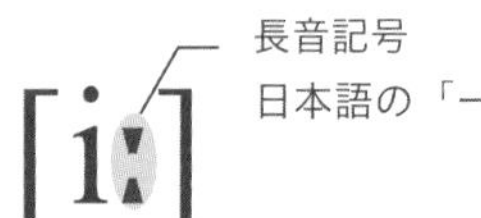

長音記号
日本語の「ー」と同じ

英語の長母音は7種類

英語において、[ː] は母音につきます。

英語では以下の母音が長母音で、合計 7 種類あります。ただし、②と③、⑤と⑥をまとめて 5 種類とするものもあります。

それぞれの音については、それぞれの Must を参考にしてください。

番号	発音記号	Must	掲載ページ	動画の番号
①	[iː]	Must 11	p.103	⑪
②	[ɑː*r*]	Must 5	p.61	⑫
③	[ɑː]	Must 4, 6	p.55, 67	⑬
④	[uː]	Must 14	p.118	⑭
⑤	[ɔː]	Must 18	p.140	⑮
⑥	[ɔː*r*]	Must 19	p.145	⑯
⑦	[ɜ˞ː]	Must 9	p.89	⑰

[ː]は長音記号。英語の場合は長母音に現れる。
長母音は英語では 7 種類。ただし、5 種類とするものもある。

Step 2　発音記号を練習する

まず、以下の長音記号 [ː] に注意して、単語を発音してみましょう。ここでは発音記号をつけてありますが、まだこの時点では、完璧に読める必要はありません。単語の下線部が長母音のあるところです。r 音化（Must 3 参照）がある部分は r 音化を含んで下線が引かれています。

次に、長音記号に注意して、音声に続いて発音してみましょう。

1. eat [íːt]
2. draw [dráː]
3. feel [fíːl]
4. pool [púːl]
5. card [káːrd]
6. park [páːrk]
7. court [kɔ́ːrt]
8. pork [pɔ́ːrk]
9. leaf [líːf]
10. girl [gə́ːl]

Must
3

r音化 [r][ɚ]とは一定の母音の後に[r]を発音すること

Step I　補助記号を学ぶ

●―― 標準アメリカ英語と標準イギリス英語の違いを分ける特徴: [r]

標準アメリカ英語 GA と標準イギリス英語 RP のもっとも大きな発音上の違いは、**一定の母音の後の [r]**（たとえば、car の [r]）**を発音するか否か**です。

この特徴を専門用語で、「**r 音化**」と呼びます。

「音化」とは、簡単に言うと、「ある音の音色を加えて発音し、その音の特徴をまとう」という意味です。つまり、**r 音化とは、前の一定の母音の後で r を発音する**と考えましょう。

ただし、Must 8 [ɚ] と Must 9 [ɝ] は音の作り方が少し違います。詳しくは、それぞれの Must と、この Step I の後半にある「なぜさまざまな [r] の書き方が存在するか？」を見てください。

重要なのは、元々のつづり字に ‘r’ があれば r 音化しますが、ない場合には r 音化はしないということです。

つまり、car は r 音化しますが、spa は r 音化しません。

これを「チョコレートソースがけのバニラアイスクリーム」にたとえて考えてみるとわかりやすいでしょう。

「バニラアイスクリーム」(＝ベースとなる音)が「母音」で、チョコレートソースがr音化の[r]になります。つまり、メインはバニラアイスクリーム(＝母音)で、トッピングがチョコレートソース（＝[r]）ということになります。

そうすると、標準アメリカ英語 GA は、その特徴から「チョコレートソースがけのバニラアイスクリーム」で、標準イギリス英語 RP は、その特徴から「チョコレートソースなしのバニラアイスクリーム」ということができます。

あくまでメインは、「バニラアイスクリーム(＝母音)」です。この点は発音をする際に重要になります。

たとえば、carという単語は、標準アメリカ英語 GA では[r]を発音しますが、標準イギリス英語 RP では[r]を発音しないので日本語に近い「カー」という発音になります。

つまり、r音化に関して単純に言うと、「標準アメリカ英語 GA では[r]を発音しますが、標準イギリス英語 RP では発音しない」という意味です。

＼Check it out!／

(3)　標準アメリカ英語 GA と標準イギリス英語 RP とは

「**標準アメリカ英語** GA」は英語で General American (GA) と、「**標準イギリス英語** RP」は英語で Received Pronunciation(RP) と呼ばれ、日本語では、それぞれが「標準語」にあたるものです。

具体的には、アナウンサーなどが模範とするアクセント（方言）のことを指します。

本書では、GA を中心に、ときどき RP を入れて、モデル音声を提示したり、発音解説をしたりしていきます。

●—— r音化の表示の仕方（1）：イタリック体で書く[*r*]

次に、r 音化の表示の仕方を３種類学びましょう。というのも、r 音化の書き方が、辞書や本によってばらばらで、わかりづらいことが多いからです。

はじめに、英和辞典などで car を調べると、通常 [kɑ́ːr] という発音記号が出てくるでしょう。辞書によっては、[kɑ́ː*r*] のように [*r*] が**イタリック体（斜体）**になっていて「斜めの文字」で書かれていることがあります。

発音記号が斜めに書かれている場合は、その音が省略される場合があるということを表しています。[ɑː*r*] に関しては、詳しくは Must 4を参考にしてください。

[kɑ́ː*r*]

斜めの文字
＝省略可能

本書では、特別な場合を除き、r 音化はこの書き方を用います。

●—— r音化の表示の仕方(2):棒で区切る[|]

2つめに、辞書によっては[kɑ́ːr | kɑ́ː]のように、縦の棒[|]の前後に発音記号が書かれている場合があります。これは左が標準アメリカ英語 GA で、右が標準イギリス英語 RP であることが一般的です。

ただし、Longman Pronunciation Dictionaryなどイギリスで出版されている辞書は、左が標準イギリス英語 RP で、右が標準アメリカ英語 GA である場合もありますので、注意が必要です。

本書では、基本的にこの表し方は、米英で発音が大きく異なる場合に用います。たとえば、coat [kóʊt|kə́ʊt]のような場合です。

\Check it out!/

(4) 辞書で使われている発音記号の表し方:GAとRP

アメリカ で出版されている辞書、辞典

[標準アメリカ英語 GA | 標準イギリス英語 RP]

日本で出版されている辞書、辞典はこちらが一般的

イギリス で出版されている辞書、辞典

[標準イギリス英語 RP | 標準アメリカ英語 GA]

●―― r音化の表示の仕方（3）：記号の右上のカギフック[˞]

3つ目に、上記のように、[ɹ][r] でr音化を表す場合もあるのですが、[˞]のように補助記号で表す場合があります。

たとえば、winter は辞書によって [wíntə˞] のように、あいまい母音 [ə] の右上に[˞]をつけて [ə˞]（Must 8参照）とすることがあります。

r音化

winter [wíntə˞]

curl [kɜ˞ːl]

r音化

注：winter の発音記号で [t] の下の小さなv字 [̬] に関しては、Must 30 を参照してください。

辞書によっては一筆書きの記号 [ɚ] を使うものもあります。基本的に [ə˞] と [ɚ] は同じととらえてください。本書では、便宜上、前者 [ə˞] を使用します。また、curl [kɜ́˞ːl] のように、[ɜː]（Must 9）に[˞]をつけて [ɜ˞ː] とすることがあります。

このカギフックの覚え方ですが、この書き方、筆記体の r に見えませんか？

r

本書では、[ə˞] と [ɜ˞ː] のときに[˞]を用います。

●—— なぜさまざまな[r]の書き方が存在するか？

では、なぜ立体の [r][r] とカギフックのような [˞]の両方で r 音化を表すかというと、その音の生成過程（音の作り方）と大きく関係しています。

例をあげて説明しましょう。

car の場合、標準アメリカ英語 において [kάːr] のように表しますが、これは [kάː] と言ってから、[ɑː] に [r] をかけるようにして発音することを意味しています。

前項でも使った例ですが、[ɑː] がバニラアイスクリームで、[r] がチョコレートソースと考えると、この表し方は、「バニラアイスクリームのチョコレートソースがけ」のようなものになります。

一方、winter の下線部と curl の下線部では、母音 [ə] や [ɜː] とほぼ同時に [r] を発音しています。

これをたとえると、「チョコレートアイスクリーム」なのです。

つまり、アイスクリームにチョコレートソースが練り込まれた状態ですので、明確に区別をすることが難しいということになります。

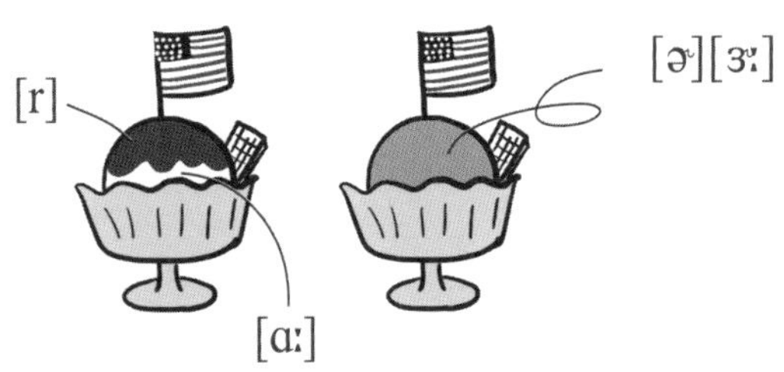

一般的には、母音を発音してからその母音に [r] をかける場合には [r] を、同時に発音する場合には [˞] を使うことが多いということを覚えておきましょう。

しかし、実際にはメカニズムを区別せずに使っているケースも多く見受けられますので、注意が必要です。

●―― r音化があるかないかで、どう聞こえる？

リスニングの際に重要なのは、car の例でいうと、標準アメリカ英語 GA の母音は [r] を発音するので、その前の母音 [ɑː] が少し曇った暗い感じになることです。

一方で標準イギリス英語 RP では、r 音化は発生しないので、日本語に近い「カー」とはっきりとした明るい感じになります。

●―― r音化と/r/は違う？

注意しなくてはいけないのは、r 音化と /r/ (Must 48) は違うということです。

簡単に言えば、car の [r] である r 音化はあってもなくても意味は変わりませんが、ring や pretty においては /r/ がないと意味が変わってしまう、あるいはそのような単語が存在しなくなってしまいます。

r 音化か、あるいは、通常の /r/ の音かは、/r/ があると意味が変わるのか否かで判別しましょう。

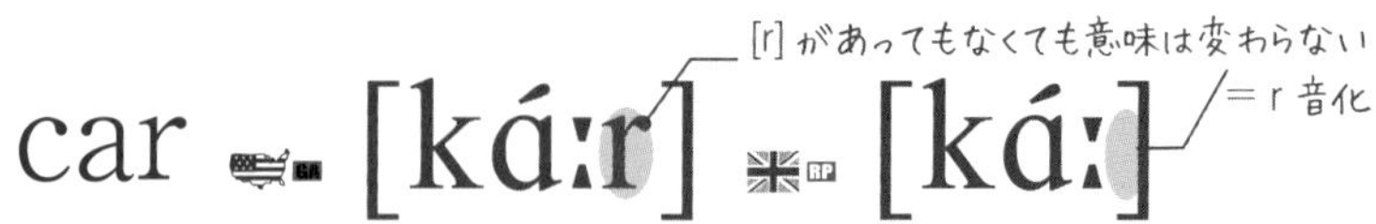

ring [ríŋ]

/r/ がないと意味が通じない＝通常の /r/

pretty [prít̬i] [pít̬i]

/r/ がないと意味が変わってしまう＝通常の /r/

注：pretty の発音記号で [t̬] の下の小さな v 字 [̬] に関しては、Must 30 を参照してください。

r音化とは、一定の母音の後に[r]を発音すること。
日本で使われているr音化の書き方は3種類:
① [r] 、②棒で区切る[|]、③[˞]。
r音化と/r/は別物。前者はオプション、後者はないと困るもの。

Step 2　発音記号を練習する

まず、以下の r 音化に注意して、単語を発音してみましょう。ここでは発音記号をつけてありますが、まだこの時点では、完璧に読める必要はありません。

単語の下線部が r 音化のある母音です。

次に、r 音化に注意して、音声に続いて発音してみましょう。

また、最初の標準アメリカ英語 GA と、その後の標準イギリス英語 RP を聞き比べましょう。

1. car　[kɑ́ː*r*]　GA RP
2. winter　[wínt̬ɚ]　GA RP
3. curl　[kɚ́ːl]　GA RP
4. chart　[tʃɑ́ː*r*t]　GA RP
5. heart　[hɑ́ː*r*t]　GA RP
6. pearl　[pɚ́ːl]　GA RP
7. learn　[lɚ́ːn]　GA RP
8. score　[skɔ́ː*r*]　GA RP
9. pair, pear [péɚ]　GA RP
10. short　[ʃɔ́ː*r*t]　GA RP

注：4. [tʃ] は Must 43、10. [ʃ] は Must 40 を参考にしてください。

音声注：9. は RP では [péː] のように発音しています。RP では二重母音 [eə] を長母音 [eː] のように発音することはしばしば起こります。詳しくは Must 24 を参考にしてください。

第2章
母音

この章では英語の**母音**を扱います。

日本語の母音は「あ」「い」「う」「え」「お」の5母音です。しかし、英語の母音はその4～5倍の20数個あります。「4～5倍」「20数個」とあいまいなのは、学者によっても、国によっても、方言によっても異なるからです。

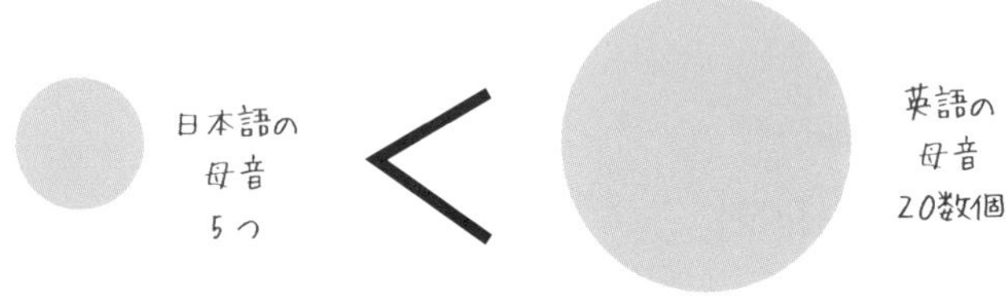

本書では、基本的に標準アメリカ英語 GA のアクセントを扱いますが、違いが顕著な場合や必要な場合には、標準イギリス英語 RP のアクセントも扱います。

みなさんは、これまで学校などで標準アメリカ英語 GA と標準イギリス英語 RP のどちらの英語を学んだでしょうか？

以下の単語をどちらで学んでいるかで知ることができます。どちらで学んだかに○をしてみましょう。

チェックテスト

以下に○	単語	以下に○	単語
	center		centre
	color		colour
	flavor		flavour

左側のボックスに○がついている場合は、標準アメリカ英語 を学んでいますが、右側のボックスに○がついている場合は、標準イギリス英語 を学んでいます。

日本では、基本的に標準アメリカ英語 を中心に教えているので、左に○がついた方が多いと思います。

したがって、本書では標準アメリカ英語 を中心に発音記号を見ていきます。

とはいえ「標準アメリカ英語GA」と「標準イギリス英語RP」に大きな発音の差がある場合には、随時、示していきます。

その理由は最近、TOEICなどの語学試験や大学入学共通テストでは、リスニングの発音が標準アメリカ英語GAだけではありませんし、何より両方の特徴を知っておくとリスニングの際に有利になるからです。

ところで、英語の母音が日本語の母音の4〜5倍あるということは、日本語を母語とする人や母音の数が少ない母音を母語とする人にとっては、苦労するものです。ですから、しっかり学習しましょう。

特に学習者が苦手とする母音には、**発音要注意**というマークを付けましたので、そこは特に注意して学習しましょう。

英語の母音の種類

●――英語には短母音・長母音・二重母音の３種類がある

実際に、個々の母音を学ぶ前に、英語の母音の基礎知識を学びましょう。

はじめに、英語の母音の種類についてです。英語の母音には、日本語と同様に短母音がありますが、そのほかに長母音、二重母音があります。

ここでは、短母音と長母音についてみていきましょう。

●――短母音：種類が多い

次に、短母音とは、文字通り「**短い母音のこと**」を指し、英語では以下の10種類があります。日本語の母音は、「あ、い、う、え、お」の5種類のみですから、短母音だけで2倍の数があることに驚くかもしれません。

短母音表

番号	発音記号	例　下線がその発音記号の音	動画の番号
①	[ɪ] Must 12	it, pick	No. 1
②	[e] Must 17	pen, head	No. 2
③	[æ] Must 7	cat, apple	No. 3
④	[ɒ] Must 6	hot, dog　RPのみ (GAでは[ɑː])	なし GAでは[ɑː]で発音 No.4
⑤	[ʌ] Must 10	cut, uncle, love	No. 5
⑥	[ʊ] Must 15	put, book	No. 6
⑦	[i] Must 13	happy, money, radiation 語注 : radiation　放熱、発光	No. 7
⑧	[u] Must 16	influence, situation 語注 : influence 影響	No. 8
⑨	[ə] Must 8	about, sofa, common	No. 9
⑩	[ɚ] Must 8	winter	No. 10

ただし、注意が必要なものがあります。

１つ目は、④ [ɒ] は標準イギリス英語 RP にしか出てきません。

２つ目は、⑨ [ə] と⑩ [ɚ] は同じものとして扱う場合もあります。

とすると、８種類とすることもできます。

１つ１つの細かい説明は、それぞれの Must を見てください。ここでは、右から２列目にあるつづり字の下線部と、その左の列の発音記号が「どのような音か」を、大まかで構いませんので、つかんでください。

●――長母音：長い母音で、補助記号[ː]がついている

長母音とは、文字通り「**長い母音**」のことで、第１章 Must 2 で説明しましたが、長母音には長音記号 [ː] が必ずついています。

長母音は以下の７種類がありますが、短母音と同様に、いくつか注意が必要です。

１つ目は、⑫ [ɑː*r*] と⑬ [ɑː] が同じものとして扱う場合があります。

２つ目は、⑮ [ɔː] と⑯ [ɔː*r*] が同じものとして扱う場合があります。とすると、５種類と言うこともできます。

長母音表

番号	発音記号	例　下線がその発音記号の音	動画の番号
⑪	[iː] Must 11	s<u>ee</u>, <u>ea</u>t	No. 11
⑫	[ɑːr] Must 5	c<u>ar</u>, p<u>ar</u>k	No. 12
⑬	[ɑː] Must 4, 6	f<u>a</u>ther, sp<u>a</u> (GAのみl<u>o</u>t, p<u>o</u>t)	No. 13
⑭	[uː] Must 14	p<u>oo</u>l, s<u>u</u>permarket	No. 14
⑮	[ɔː] Must 18	s<u>o</u>ft, l<u>aw</u>	No. 15
⑯	[ɔːr] Must 19	h<u>or</u>se, s<u>oar</u>	No. 16
⑰	[ɝː] Must 9	b<u>ir</u>d, t<u>ur</u>n, <u>ear</u>th	No. 17

1つ1つの説明は、各Must を見てください。

ここでも、右から2列目にあるつづり字の下線部と、その左の列の発音記号が「どのような音か」を、大まかで構いませんので、つかむようにしましょう。

二重母音に関しては、2.6. 二重母音 (p.150～) の項を参照してください。

2.1.「ア」の類

この項では、日本語の「あ」に相当する英語の「ア」を見ていきますが、短母音と長母音の両方を扱います。合計で7種類あります。

母音を発音する際に、口のあけ方や唇の形が重要になりますが、その口のあけ方（=口の構え）の写真を載せてあります。詳しくはそれぞれのMust を参考にしてください。

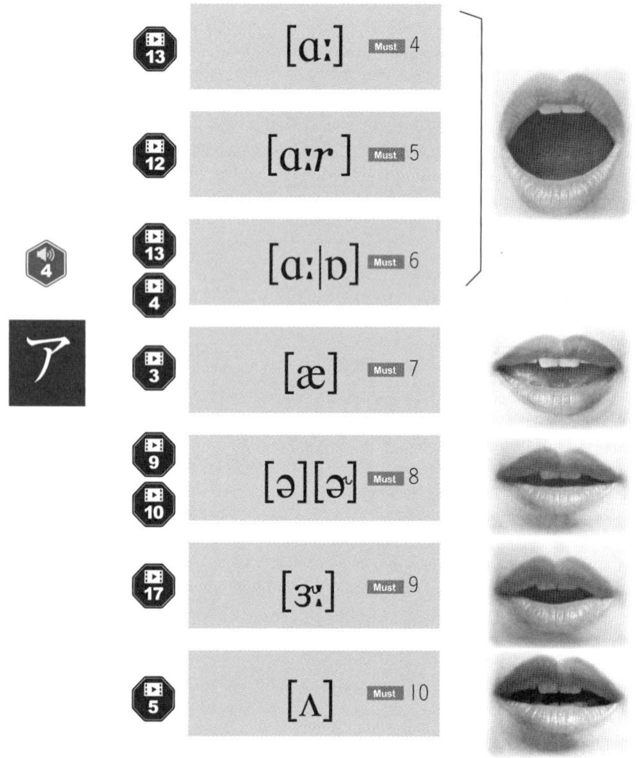

Must
4

fatherの[ɑː]は口をしっかりあけて奥から「アー」

ここではfatherやspaの[ɑː]について学びましょう。

ときどき、発音記号を[ɑ]ではなく[a]と書く人がいますが、発音記号は決まった記号なので間違えないようにしましょう。[a]は Must 21 [aɪ]と Must 26 [aʊ]の二重母音の最初の要素として出てきます。

Step I　発音記号を学ぶ

●——どうやって発音するの？

まず、[ɑː]を日本語の「あ」と比較して考えてみましょう。日本語の「あ」は、ほどほどに口をあけて発音します。

日本語の「あああああ」と自然に発音してみてください。日本語の場合は、それほど口を縦にあけている感じはないでしょう。

一方で、fatherの[ɑː]は、写真のように**しっかりと口を縦にあけて**発音します。

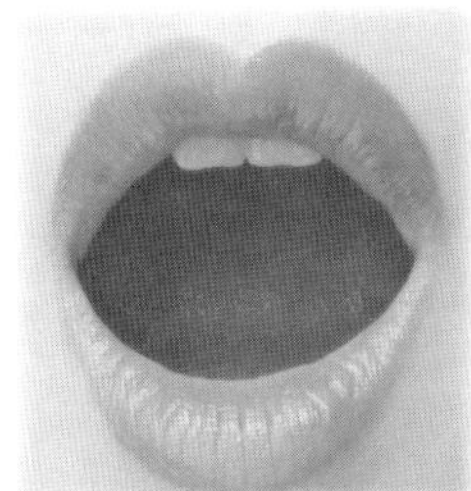

口の構え（正面）[ɑː]

同時に、**舌の後ろの部分（付け根の部分）が後ろに引かれる感じ**です。

イメージとしては、風邪を引いてクリニックに行った際に、のどを診るときに使うヘラのようなもので軽く押さえることがありますが、そのときのような感じで「あーーーーー」と発音しましょう。

ヘラは奥に入れすぎると、気分が悪くなりますので、軽く舌の前側にのせることをイメージして行ってください。

それから、この [ɑː] は長音記号 [ː]（Must 2 参照）がついているので、長い母音です。[ɑː] としっかりと伸ばして発音します。口のあけ方は、下の写真のように発音記号の [ɑ] と重ね合わせると、覚えやすいです。

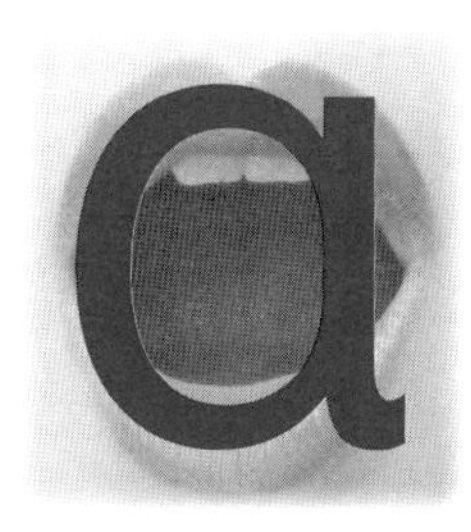

動画のココに注目

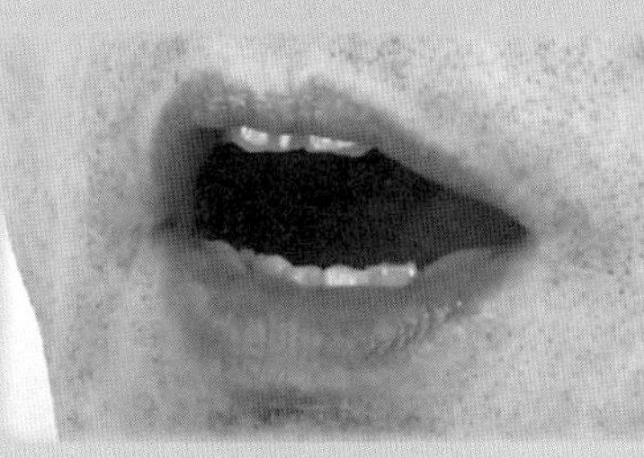

口の構え（斜め）

[ɑː]

動画 No.13 を確認しましょう。デモンストレーターは自然に [ɑː] を発音していますので、単音ではそれほど縦に大きく口が開いているとは言えませんが、他の母音と比べるとかなり口が開いているという点に注目しましょう。
次に、「舌の動き」では、舌先が下がっていて、舌の付け根（奥）が少しだけ盛り上がっているのがわかります。

●——どう聞こえるの？

この [ɑː] は「**深くて暗く長いアー**」と覚えてください。ただし、「ア」であることは変わらないので、聞き取りに支障があるということはないでしょう。

●——どこで出てくるの？

基本レベル

まず、father のように、つづり字 'a' のときに使われることが多いです。ただし、すべての 'a' が [ɑː] になるわけではないので注意が必要です。

上級レベル

次に、want のようにつづり字 'w' の後や、what のようにつづり字 'wh' の後には、つづり字 'a' が [ɑː] となることが多く見られます。

ただし、want は標準イギリス英語 RP では [ɒ](Must 6参照) に、what は [ʌ](Must 8参照) になることのほうが多いです。

●—— そのほか注意する発音ポイント

この [ɑː] に関しては、少し注意が必要です。

Must 5 [ɑːr] と Must 6 [ɑː|ɒ] もあわせて参考にしてほしいのですが、[ɑː] は標準アメリカ英語 GA において、Must 18 [ɔː] の代わりに使われることが多いということです。特にアメリカ西部や東部ではこの傾向が比較的強く見られます。

具体的に言うと、law は [lɔ́ː] と「ロー」が標準とされますが、最近では [lɑ́ː] と発音する人も多く、この場合「ラー」と聞こえるのです。「ロー」と発音されても「ラー」と発音されても、それが law であるとリスニングの際に認識できることが重要になります。

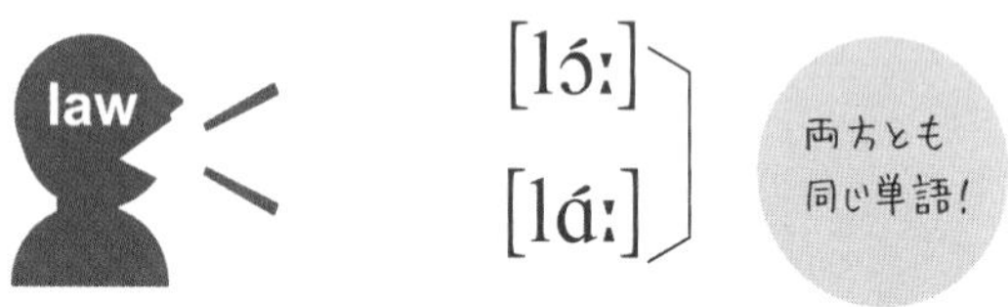

[ɑː]は「深くて暗く長いアー」。
日本語の「あ」よりも口を縦にあけて、舌の奥を押し下げるように発音する。

Step 2　発音記号を練習する

ここでは[ɑː]を含む単語の発音を練習しましょう。何度か聞いてから、発音練習をすることがポイントです。下線部に注意して発音してください。「深くて暗く長いアー」であることを確認しながら発音しましょう。

1. father
2. quality
3. fall
4. spa
5. balm

注：2. は🇬🇧RPでは[ɒ]（Must 6参照）、3. は🇬🇧RPでは[ɔː]になります。
語注：5. balm（肌や髪などにつけるクリームよりもかたい）バーム

次に、上記の単語を使った文を発音練習しましょう。下線部に注意して行ってください。

6. My father had an operation.　（父は手術を受けました）
7. The difference is quality.　（違いは質です）
8. The best season is fall.　（秋がもっとも良い季節です）
9. Do you go to a spa?　（温泉に行くことはありますか？）
10. I bought lip balm today.　（今日、リップバームを買いました）

注：8.「秋」という意味の fall は主にアメリカ英語で使われます。

Step 3　発音記号を単語に置き換える

ここでは [ɑː] を含む単語を発音記号で書いてありますが、その発音記号を単語に変えてみましょう。

未学習の発音記号もありますが、クイズ感覚で試してみてください。

1. [tɑ́ːk]
2. [kɑ́ːz]
3. [sɑ́ː]
4. [lɑ́ːŋ]
5. [æ̀vəkɑ́ːdoʊ]

答 1. talk　2. cause　3. saw　4. long　5. avocado

> 注：辞書や辞典では、1. ～ 4. の下線部は [ɔː] で表されることが多いです。
> 音声注：5. ナレーター GA は最初の母音を [æ̀] より [ɑ̀ː] で発音しています。この場合、どちらの母音でも可能です。

Step 4　発音記号を読む練習

Step 3 で発音記号を単語にする練習をしましたが、ここではその発音記号を見ながら、発音練習をしましょう。

1. [tɑ́ːk]
2. [kɑ́ːz]
3. [sɑ́ː]
4. [lɑ́ːŋ]
5. [æ̀vəkɑ́ːdoʊ]

Must

5 発音要注意

carの[ɑːr]は口を縦にあけて「アー」と言ってから[r]を発音

ここでは car や park の [ɑːr] について学びましょう。

Step 1　発音記号を学ぶ

●──どうやって発音するの？

この [ɑːr] は、Must 4 [ɑː] の r 音化したものです。ですから、簡単に言えば、[ɑː] **を発音してから** [r] **の音を発音する**というのがポイントです。

もう少し詳しく説明すると、まず、以下の写真のように口を日本語の「あ」よりも比較的大きくあけて、**のどの奥の方で「アー」**と発音します。舌の後部が盛り上がっていることを鏡で確認してください。

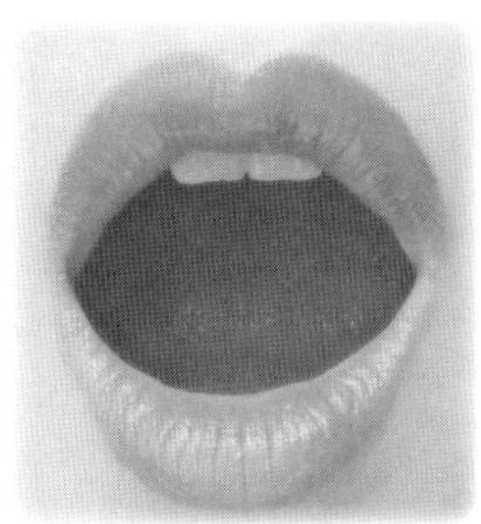

口の構え（正面）[ɑː]

そのあと、標準アメリカ英語 GA の場合、次ページの図のように、**舌先を軽く折り曲げる**ように [実際には、少しカーブがついているだけですが] してから [r] を発音します。

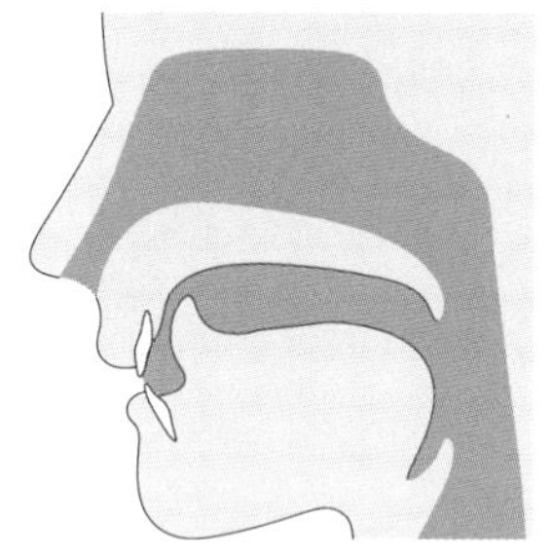

r音化のときの
舌の構え

この [ɑːr] で注意すべきことは、２点あります。

はじめに、r 音化が起きるのは、car や park のように、一定の母音の後のつづり字にもともと 'r' があるということです。

Must 4 で取り扱ったように、たとえば spa においては、つづり字に 'r' がないので、r 音化することはありません。それから、Must 3 でも説明しましたが、[r] がイタリック体（斜体）で書かれているということは、これはオプションということです。

日本人が注意したいポイント

r 音化についてわからない人、または忘れてしまった人は、Must 3 でもう一度確認してください。

２番目に、日本人英語学習者の多くは、Must 9 [ɜː] と混同して発音してしまうということです。

[ɑːr] の r 音化に注意が向きすぎて、口を閉じぎみに発音した結果として、[ɜː] になってしまうのです。詳しくは、Must 9 Step 1 を参考にしてください。

動画のココに注目

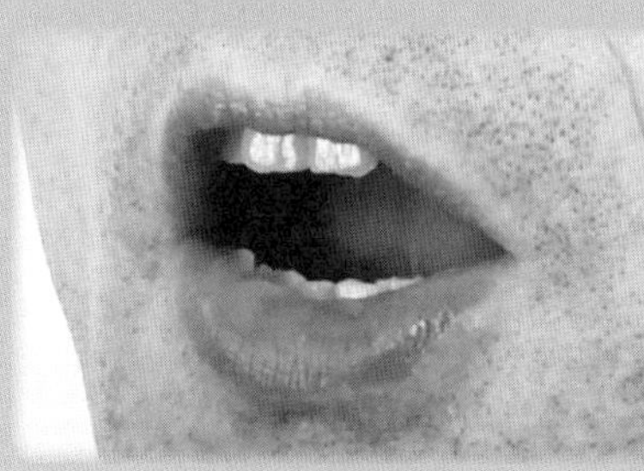
口の構え（斜め）[ɑːr]

動画No.12で確認しましょう。デモンストレーターは標準アメリカ英語話者なので、Must 4同様に口を縦にあけて[ɑː]を発音してから、舌先を上向きに折り曲げるようにして[r]に移行しています。

つまり、音が2段階に分かれて生成されているということがわかります。

この様子は動画速度を遅くして見ると、はっきりとわかりますので、速度を50%などに落として見てみることをおすすめします。

●——どう聞こえるの？

[ɑː]は Must 4でも書いたように、「**深くて暗く長いアー**」ですが、[ɑːr]はr音化があることで、音の後半はさらに暗い音調になりますので、「**かなり深くて暗く長いアー**」と聞こえます。

ゆっくり発音すると、音調が[ɑː]から[r]のr音化に移行する際に、暗い音調になります。**音調**とは、音の高低や調子のことを言います。

●——どこで出てくるの？

基本レベル

基本的に、carやparkのように、つづり字'ar'のときに[ɑːr]となります。

上級レベル

例外としては、heartのようにつづり字が'ear'のこともありますが、通常、つづり字が'ear'のときはearのように[ɪɚ](Must 23参照)か、wearのように[eɚ](Must 24参照)と発音します。

[ɑːr]を発音する際には、しっかりと口を縦にあけて、のどの奥の方で「アー」と言ってから、舌先を軽く折り曲げて、[r]を発音する。[ɜ˞ː]と混同しないように注意！

Step 2　発音記号を練習する

ここでは[ɑːr]を含む単語の発音を練習しましょう。何度か聞いてから、発音練習をすることがポイントです。下線部に注意して発音してください。「深くて暗く長いアー」であることを確認しましょう。

最初の GA と後の RP を聞き比べましょう。GA の方がr音化があることにより、暗い音調になっていることをあわせて確認してください。

1. sh<u>ar</u>k　GA　RP
2. ch<u>ar</u>t　GA　RP
3. <u>ar</u>t　GA　RP
4. j<u>ar</u>　GA　RP
5. sh<u>ar</u>p　GA　RP

次に、上記の単語を使った文を発音練習しましょう。下線部に注意して行ってください。最初の標準アメリカ英語GA と、後の標準イギリス英語RP を聞き比べましょう。

6. This sh<u>ar</u>k is 5 meters long.　GA　RP

（このサメは5メーターの長さです）

7. Can you explain this pie ch<u>ar</u>t?　GA　RP

（この円グラフを説明できますか？）

8. I am going to the <u>ar</u>t gallery in Paris next week.　GA　RP

（パリにある例のアートギャラリーに来週行きます）

9. Jimmy placed a j<u>ar</u> of water on the table.　GA　RP

（ジミーはテーブルの上に水が入ったジャー［広い口の瓶（びん）］を置きました）

10. Don't put that sh<u>ar</u>p knife here; it's dangerous.　GA　RP

（危ないから、とがったナイフをここに置かないで！）

> 音声注：9. ナレーターRP は、jar と water の [r] をここでは発音しています。これはRP の特徴の1つで、「次の語が母音で始まる場合、[r] を発音する」というルール（専門用語では「リンキング r」）によります。

Step 3　発音記号を単語に置き換える

ここでは [ɑːr] を含む単語を発音記号で書いてありますが、その発音記号を単語に変えてみましょう。未学習のものもありますが、クイズ感覚で試してみてください。

1. [kɑ́ːrt]
2. [dɑ́ːrk]
3. [spɑ́ːrk]
4. [mɑ́ːrt]
5. [pɑ́ːrt̬i]

答 1. cart　2. dark　3. spark　4. mart　5. party

語注：mart 市場、商業中心地
注：5. [t̬] に関しては、Must 30 Step 1 を参照してください。

Step 4　発音記号を読む練習

Step 3 で発音記号を単語にする練習をしましたが、その発音記号を見ながら、発音練習をしましょう。

最初の GA と、その後の RP を聞き比べましょう。

1. [kɑ́ːrt]　GA　RP
2. [dɑ́ːrk]　GA　RP
3. [spɑ́ːrk]　GA　RP
4. [mɑ́ːrt]　GA　RP
5. [pɑ́ːrt̬i]　GA　RP

Must
6

hotの[ɑː|ɒ]は米英で発音が違う：米は「アー」、英は「オ」

ここではhotやdogの[ɑː|ɒ]について学びましょう。

本題に入る前に押さえておきたいポイントは、Must 3の Check it out! (3) でも言及した、発音記号の間の[|]の記号が表しているものです。

これは「境界」の代わりで、[|]の左が標準アメリカ英語 GA の発音で、右が標準イギリス英語 RP になります。つまり、[ɑː]が GA 、[ɒ]が RP と、米英で発音が違うことに注意してください。

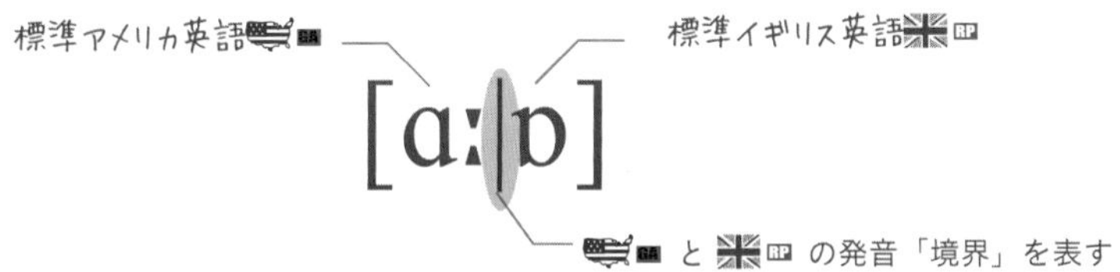

Step 1 発音記号を学ぶ

●――どうやって発音するの？

発音の仕方ですが、GA では、Must 4 [ɑː]で説明したように、日本語の「あ」よりも、**口を縦にあけて、のどの奥の方で「アー」**と発音します。**長母音**である点にも注意しましょう。

辞書によっては、hotやdogの'o'は[ɑː]の代わりに[ɔː]を使っているものもあります。

一方で、標準イギリス英語🇬🇧RP では [ɒ] で、**短母音**です。

この発音記号は、初めて見た方も多いと思います。辞書によっては、わかりやすさのため、[ɒ] の代わりに [ɔ] を使っているものが多いようです。

[ɒ] は、簡単に言ってしまえば、日本語の「お」に近い短母音ということですが、唇の丸み (=円唇) が強い短母音なので、**日本語の「お」よりも口をあけて、唇を丸めるようにして発音します。**

\Check it out!/

(5) 唇の丸み（丸め）＝円唇とは

英語では、唇を丸めて（突き出すようにして）発音する音がたくさんあります。本書でも「唇を丸める」という表現が随所に出てきますが、これを専門用語では、**円唇**（えんしん）と言います。

写真左のように唇を突き出して「ウウウウウ」と言った場合、唇の丸みが強い（＝円唇）ということになりますが、一方で写真右のように「イイイイイ」と緊張感をもって発音した場合、唇が横に引っ張られるので、唇の丸めがない（＝非円唇）ということになります。

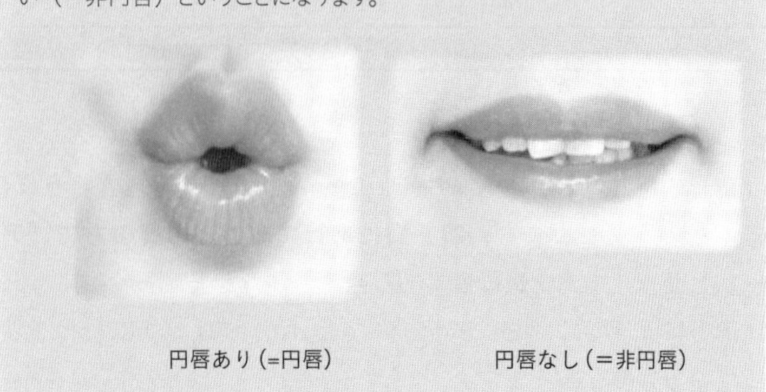

円唇あり (=円唇)　　円唇なし (＝非円唇)

標準イギリス英語 RP の [ɒ] を発音するときのイメージとしては、びっくりして、口があいてしまった状態で「オ」と発音すると上手にできます。

動画のココに注目

単音の発音の仕方は Must 4 と同様ですが、hot と pot はデモンストレーション動画がありますので、動画 No.13 を確認してみましょう。デモンストレーターは標準アメリカ英語 GA 話者なので、「ホット」「ポット」ではなく、「ハートゥ」「パートゥ」のように長母音で発音している点がポイントです。

●――どう聞こえるの？

この [ɑː|ɒ] に関して、hot を例にとって説明しましょう。

簡潔に言うと、標準アメリカ英語 GA では [hɑ́ːt] なので「ハートゥ」で、標準イギリス英語 RP では [hɒ́t] なので「ホットゥ」となります。

母音だけを取ると、標準アメリカ英語 GA では [ɑː] なので「アー」、標準イギリス英語 RP では [ɒ] なので「オ」と聞こえます。

母音の長さにも注意してください。GA では [ː] がついているので**長母音**ですが、RP では**短母音**です。

●――どこで出てくるの？

hot や dog のようにつづり字が 'o' のときや、quality のように qu のあとの 'a' などに現れることが多いです。

hotなどにおいて、標準アメリカ英語 GA と標準イギリス英語 RP では、発音が異なる。
GA [ɑː]は「深くて暗く長いアー」だが、RP [ɒ]では「日本語の「お」よりも口をあけて、唇を丸めるようにした短いオ」。

Step 2　発音記号を練習する

ここでは [ɑː|ɒ] を含む単語の発音を練習しましょう。何度か聞いてから、発音練習をすることがポイントです。下線部に注意して発音してください。最初が標準アメリカ英語 GA で、次が標準イギリス英語 RP です。GA は「アー」に近い音で、RP は「オ」に近い音という点を確認しましょう。

1. pop　GA　RP
2. shot　GA　RP
3. top　GA　RP
4. rock　GA　RP
5. pot　GA　RP

次に、上記の単語を使った文を発音練習しましょう。下線部に注意して行ってください。最初が GA で、次が RP です。

6. I will have a glass of soda pop.　GA　RP

（炭酸飲料を1杯お願いします）

7. I had a shot at the hospital yesterday. GA RP

（昨日病院で注射を打ちました）

8. Mary climbed to the top of the mountain. GA RP

（メアリーは山の頂上まで登りました）

9. My father doesn't like rock music. GA RP

（父はロックを音楽が好きではありません）

10. The water in the pot is very hot. GA RP

（ポットの中のお湯はとても熱い）

音声注：ナレーター GA は 9. father と 10. water の下線部も [ɑː] と発音しています。

Step 3　発音記号を単語に置き換える

ここでは [ɑː|ɒ] を含む単語を発音記号で書いてありますが、その発音記号を単語に変えてみましょう。未学習のものもありますが、クイズ感覚で試してみてください。

1. [bɑ́ːks]
2. [sɑ́ːks]
3. [gɑ́ːt]
4. [lɑ́ːk]
5. [dɑ́ːg]

答　1. box　2. socks　3. got　4. lock　5. dog

語注：3. get の過去形

音声注：5. ただし GA では [dɔ́ːg] と発音することも多い。 Must 18 [ɔː] を参照

Step 4　発音記号を読む練習

Step 3 では発音記号を単語にする練習をしましたが、ここではその発音記号を見ながら、発音練習をしましょう。最初が GA で、次が RP です。

	GA		RP	
1.	[bɑ́ːks]	GA	[bɒ́ks]	RP
2.	[sɑ́ːks]	GA	[sɒ́ks]	RP
3.	[gɑ́ːt]	GA	[gɒ́t]	RP
4.	[lɑ́ːk]	GA	[lɒ́k]	RP
5.	[dɑ́ːg]	GA	[dɒ́g]	RP

Must
07

発音要注意

catの[æ]は「あ」を発音して「え」を長めにトッピング

ここではcatやappleの[æ]について学びましょう。

Step I　発音記号を学ぶ

●――どうやって発音するの？

[æ]を発音するには、まず日本語の「あ」から出発しましょう。日本語の「あ」は、ほどほどに口をあけて発音します。そのポジションから、**唇を横に引っ張るようにしてから発音する**と、[æ]が発音できます。

唇を横に引っ張ると、「え」を言うときのようになります。よって、発音する際のポイントは、**「あ」に「え」の要素を入れる**、つまりトッピングするような感じで発音するという点です。

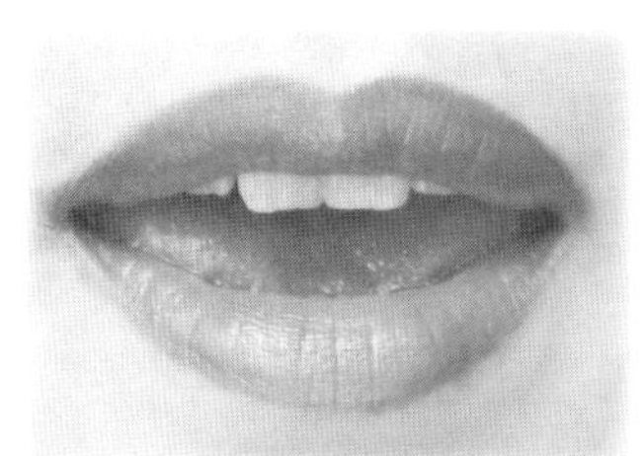

口の構え（正面）[æ]

次に、この母音は短母音なのに、長めに発音するという特徴があります。したがって、日本語の**「あ」の口から「え」を発音するように唇を横に引っ張り、長めに発音**します。「え」の口の構えをして、「あ」という方が言いやすいという人もいますので、やりやすい方で発音してみましょう。

口のあけ方に関してですが、右の写真のように発音記号の[æ]と重ね合わせて画像でとらえると、覚えやすいです。

動画のココに注目

動画 No. 3 で確認しましょう。

動画を見ると明確ですが、[e]と見比べると、[æ]は少し口が縦に開いていることがわかります。

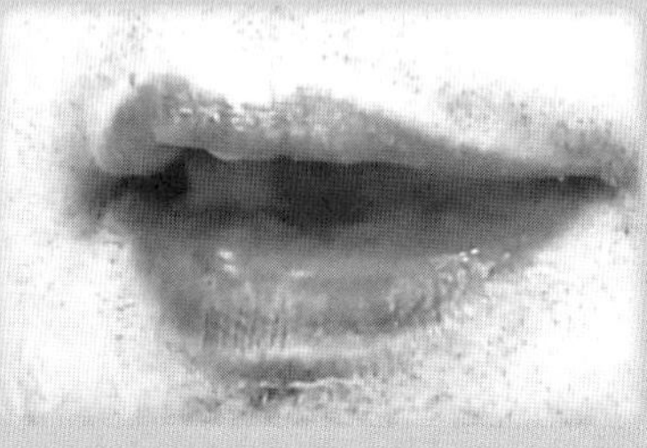

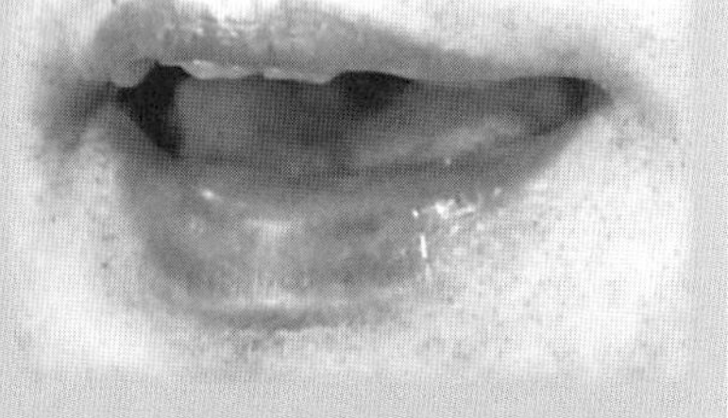

[e]　　口の構え（斜め）　　[æ]

次に、舌の位置に注目しましょう。舌先が下がっているのがわかりますので、口先で発音しています。

●――どう聞こえるの？

上記で説明したように、「あ」に「え」が加わった長めの音になります。

これによって、[æ]と[e]を聞き分けるのが難しいケースがあります。ここではミニマルペア（Check it out! (6)）を使って、その違いをしっかりと練習しましょう。[e]は「え」ですが、[æ]は**「え」の要素が加わった「あ」**に聞こえるのではないでしょうか。それから、母音の長さに注目すると、[æ]は[e]より長いことがわかるでしょう。

ミニマルペアで違いをチェック！ [e] と [æ] の違い

① **pen vs. pan** [pén] [pǽn]

② **pet vs. Pat, pat** [pét] [pǽt]

③ **bed vs. bad** [béd] [bǽd]

語注：① pan フライパン、② Pat [女性の名前] パット、pat（てのひらで）軽くたたく

Check it out!

(6) ミニマルペアとは

ミニマルペアとは、ある言語において、語の意味の違いを生む音の最小単位である**音素**をわかりやすく際立たせるために、2つの単語のうちの1つの音素を変えた**単語のペア**のことです。少し説明が難しいので、例をあげてわかりやすく解説しましょう。

たとえば、sit [sít] と sat [sǽt] はそれぞれ3つの音素からできていますが、中央の音素のみが違いますね。1つ音を変えただけで、別の単語になったというわけです。

この部分（音素）だけが違うと、
意味が違う＝**ミニマルペア**

sit[sít]　sat[sǽt]

こうしたペアを**ミニマルペア**と言い、発音訓練でしばしば使われます。ちなみに音素は音声学では // で、発音は [　] で示しますが、本書では、便宜上、特に必要がない限り、両方とも [ ] で示しています。

また、cap や gap のように [k] や [g] の後の [æ] は日本語の「キャー」や「ギャー」になります。したがって、「キャーップ」「ギャーップ」と聞こえます。

●——どこで出てくるの？

基本レベル

cap や gap のように語中のつづり字 'a' であったり、apple のように語頭で強勢が来るときのつづり字が 'a' であったりするときに、発音が [æ] になることがあります。これまでも書いたとおり、つづり字 'a' がすべて [æ] になるわけではありません。

上級レベル

一部の日常単語において、つづり字 'a' が、標準アメリカ英語 GA では [æ] で、標準イギリス英語 RP では [ɑː] となって、米英で発音が異なることがあります。

具体的にこのカテゴリーに入るのは、以下の例を含む 150 語ほどになります。

[f]（例 after）

[s]（例 ask）

[θ]（例 bath）

[m]（例 example）

[n]（例 answer）

これら（下線部）の前のつづり字 'a' で出てくることが多いです。

●—— そのほか注意する発音ポイント

前述の 上級レベル でも書きましたが、注意しなくてはならないのが、bath などの一部の単語において、標準アメリカ英語 GA と標準イギリス英語 RP で発音が異なるということです。

具体的には、bath において、標準アメリカ英語 GA では [bǽθ] で、標準イギリス英語 RP では [bɑ́ːθ] となります。この場合、標準アメリカ英語 GA では、「**「え」が入った長めのア**」で、標準イギリス英語 RP では、「**深くて暗く長いアー**」となります。

以下で、標準アメリカ英語 GA と標準イギリス英語 RP の発音の違いを聞き取ってみましょう。

つづり字が 'a' で GA では [æ]、RP では [ɑː] となるもの

		GA	RP
①	**bath**	[æ]	[ɑː]
②	**ask**	[æ]	[ɑː]
③	**example**	[æ]	[ɑː]
④	**answer**	[æ]	[ɑː]
⑤	**after**	[æ]	[ɑː]

[æ]は日本語の「あ」の口から「え」を発音するように唇を横に引っ張りながら、長めに発音。
中には米英で母音が異なるケースもあるので注意。

Step 2 発音記号を練習する

ここでは[æ]を含む単語の発音を練習しましょう。何度か聞いてから、発音練習をすることがポイントです。下線部に注意して発音してください。「あ」に「え」が入った音に聞こえるかを確認しましょう。

1. hat
2. catch
3. bag
4. pack
5. gang

次に、上記の単語を使った文を発音練習しましょう。下線部に注意して行ってください。

6. My mother bought a red hat. （母は赤い帽子を買いました）
7. The early bird catches the worm. （早起きは三文の得 [ことわざ]）
8. Would you like a paper bag or a plastic bag?
   （紙袋にしますか？ビニール袋にしますか？）
9. Can you pack them in tens?
   （それらを10個ずつ包装できますか？）
10. Jim used to be a gangster. （ジムはかつてギャングでした）

> 音声注：4. Can は語頭なので、強形が使われています。強形のルールに関しては、「＼Check it out!／ (8) 強形とは」を参考にしてください。

Step 3　発音記号を単語に置き換える

ここでは [æ] を含む単語を発音記号で書いてありますが、その発音記号を単語に変えてみましょう。未学習のものもありますが、クイズ感覚で試してみてください。

1. [sǽd]
2. [mǽp]
3. [ǽd]
4. [gǽs]
5. [bǽk]

答 1. sad　2. map　3. add　4. gas　5. back

Step 4 発音記号の練習

Step 3 では発音記号を単語にする練習をしましたが、ここではその発音記号を見ながら、発音練習をしましょう。

1. [sǽd]
2. [mǽp]
3. [ǽd]
4. [gǽs]
5. [bǽk]

Must
8

aboutの[ə]、winterの[ɚ]は疲れているときのため息のような「あ」

ここではabout、sofa、commonの[ə]とwinterの[ɚ]について学びましょう。

[ə]という発音記号は、日本語で「**あいまい母音**」という名前がついています。その名の通り、「**あいまいな感じで発音する母音**」なのです。

Step I　発音記号を学ぶ

●――どうやって発音するの？

まず、[ə]は、仕事や学校からくたくたになって疲れて帰ってきて、ソファーにドカッと座る（寝そべる）際に、**ため息をつくような感じで「あ～」と言ったときのような音**です。ただし、ここでは短母音ですので、注意してください。

ただし、日本語の「あ」ほどには、はっきりと「あ」とは発音しません。写真を見ると、口がリラックスして、あまり口があいていないことがわかるでしょう。

通常のあいまい母音 [ə]

そして、舌にも力を入れず、リラックスして発音します。したがって、英語の母音の中で、もっともリラックスした母音が、このあいまい母音というわけです。

次に、あいまい母音の r 音化した音 [ɚ] について学びましょう。[ɚ] は Must 3「r 音化 [r][˞] とは母音に r をトッピングすること」でも書きましたが、補助記号 [˞] は r 音化を表しています。これは基本的には標準アメリカ英語 GA のみで現れます。

[ɚ] の発音の仕方は、あいまい母音 [ə] と同様に**あまり口をあけず、その後、舌先を上に折り曲げるようにして、発音します。**舌の折り曲げる感じは、Must 5 で紹介した舌の構えを参考にしてください。

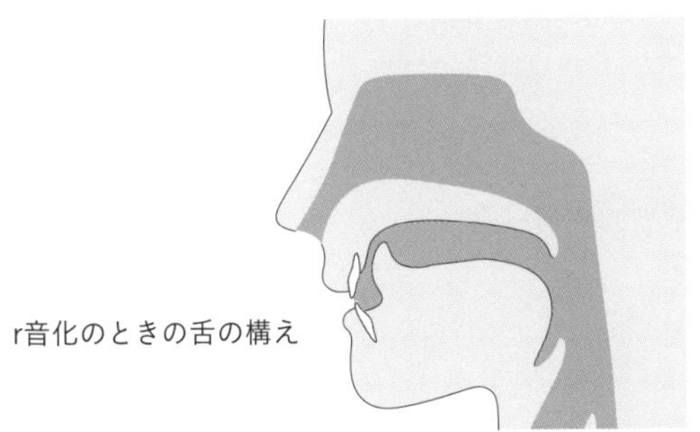

r音化のときの舌の構え

舌を正面から見た写真を見ると、ほんの少しあいている口から、舌先の裏側が見えるのです。

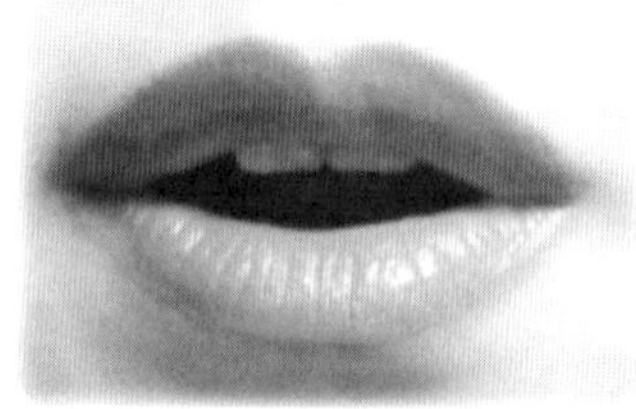

r 音化したあいまい母音 [ɚ]

r 音化によって、通常のあいまい母音 [ə] よりも舌に少しばかり力が入っています。それから重要なのは、[ɚ] と次項 Must 9 [ɜ˞ː] は、r 音化が母音と同時に起こっているということです。

Must 5 でも説明しましたが、この２つ以外の r 音化は母音を発音してから [r] を言うという違いがあります。

動画のココに注目

[ə] は動画 No.9 を参考にしてください。口をあまりあけずにリラックスして発音していることがわかります。舌はほぼ平らになっている点に注目してください。

一方で、標準アメリカ英語 にのみ現れる [ɚ] は動画 No.10 で確認できますが、舌先を上に向かって折り曲げるために、口を通常のあいまい母音 [ə] よりもあけるとともに、唇を少し丸めてから発音している点に注意しましょう。

9

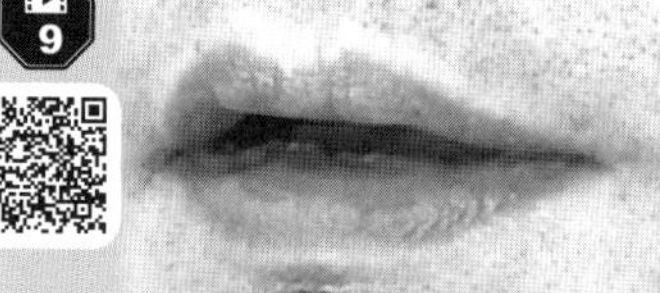

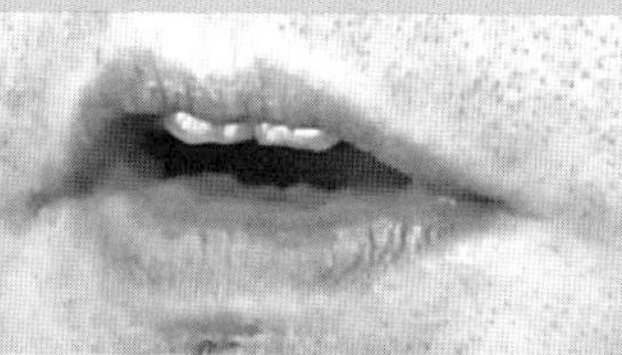

10

[ə]　口の構え（斜め）　[ɚ]

それから、「長さ」に関してですが、通常のあいまい母音 [ə] よりも [ɚ] の方が、r 音化がある分、長く発音される傾向にあります。

●——どう聞こえるの？

まず、[ə] は「あいまい母音」という名の通り、どの母音にも属さないような「あいまいな母音」なのです。日本語の「あ、い、う、え、お」のすべての要素を含んでいるといわれることがありますが、実際には、**明確でない「ア」**といった感じです。

次に、あいまい母音の r 音化した [ɚ] は、r 音化していない**あいまい母音 [ə] よりも暗い音調**になります。Step 2 〜 Step 4 の実際の音声を利用して、聞き比べてみましょう。

●——どこで出てくるの？

基本レベル

まず、あいまい母音 [ə] は、英語でもっとも頻繁に出てきて、もっともよく使われる母音です。

特に標準アメリカ英語 GA においては、**アクセントの置かれない母音**の多くが、しばしばこのあいまい母音になります。たとえば、abóut [əbáʊt] や sófa[sóʊfə] の下線部においてです。

したがって、つづり字は about の 'a'、salmon の 'o'、pencil の 'i'、fuel の 'e' など、さまざまなつづり字があります。このようにアクセントが置かれない母音として使われることから、「**弱母音**」と呼ばれることもあります。

アクセントが置かれていない母音

abóut[əbáʊt]

アクセントが置かれていない母音

sófa[sóʊfə]

上級レベル

次に、あいまい母音は、機能語の弱形の母音であることが多いのです。たとえば、can は弱形では [kən] で、and は [ənd, ən] となります。

and の [ə] がイタリック体（斜体）[*ə*] になっているのは、それが省略される可能性があることを意味しています。たとえば、ham and cheese は「ハムアンドチーズ」ではなく、自然に発音すると「ハムンチーズ」となります。このとき、and は [n] くらいにしか発音されません。イタリック体（斜体）での表示に関しては、詳しくは、Must 3 を参照してください。

Check it out!

(7) 機能語と内容語、弱形とは

機能語と内容語

機能語とは、前置詞、接続詞、冠詞、助動詞、関係詞など**語彙的な意味をほとんどもたない**もので、基本的にはストレス（強勢）が置かれません。

一方で、**内容語**とは、be 動詞以外の動詞、名詞、形容詞、副詞など**語彙的な意味をもつ**もので、ストレス（強勢）が置かれます。

弱形

英語は英語特有のリズムを保つため、基本的に**内容語**にストレス（強勢）が置かれ、**機能語**にはストレス（強勢）が置かれません。機能語の中には、can や and のように、明確に発音されないものもあり、それを**弱形**と呼びます。特に強調する必要がない場合には、弱形で発音するのが一般的です。弱形の反対の語は、**強形**です。強形に関しては Must 15 の Check it out! (8) を参考にしてください。

「弱形」に関しては、姉妹本『英語リスニングの鬼100則』第6章「発音は場所によって変化する」を参照してください。

語	強形	弱形
can	[kæn]	[kən]
and	[ænd]	[ənd, ən]

通常の会話では弱形が使われる！

３つ目に、あいまい母音は省略されて発音されること（＝脱落）が多く、たとえば áction [ǽkʃən] のあいまい母音がしばしば脱落して [ǽkʃn] となります。

このあいまい母音が脱落するか否かは、話すスピードや話す丁寧さなどにもよりますので、ゆっくりと丁寧に発音した場合には、あいまい母音を発音して、早くカジュアルに話した場合には、あいまい母音を発音しないということが一般的です。

省略されることによって、音が縮まって聞こえます。

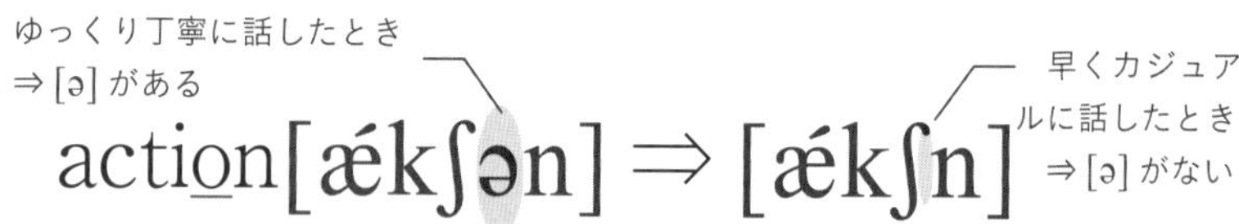

最後に、[ɚ] は winter [wíntɚ]（[t] に関しては Must 30「たたき音」を参照のこと）のように、アクセントが来ず、後ろのつづり字に 'r' があるときに現れます。

ただし、Must 3 でも説明したように、標準アメリカ英語 GA では r 音化は起こりますが、標準イギリス英語 RP では起こりませんので、RP では about の [ə] と winter の [ə] は同じ発音になります。

あいまい母音[ə]は、ため息をつくような感じで「ハァ」と言ったときのような音。
r音化したあいまい母音[ɚ]は、あいまい母音と同時に[r]を発音。

Step 2　発音記号を練習する

ここでは [ə][ɚ] を含む単語の発音を練習しましょう。何度か聞いてから、発音練習をすることがポイントです。下線部に注意して発音してください。[ɚ] の場合は、標準アメリカ英語 GA と標準イギリス英語 RP を聞き比べましょう。1.～4. までは [ə] で、5 は [ɚ] です。5. のみ最初が GA で、その後が RP です。

1. today
2. ticket
3. affect
4. children
5. lover　　GA　RP

次に、上記の単語を使った文を発音練習しましょう。下線部に注意して行ってください。10. のみ最初が標準アメリカ英語 GA で、その後が標準イギリス英語 RP を聞き比べましょう。

6. The deadline is today.　（締め切りは今日です）
7. I bought two tickets.　（２枚チケットを買いました）
8. Seasons affect the price of a hotel.
   （季節はホテルの値段に影響を与えます）
9. I have three children.　（子供は３人います）
10. They acted like lovers.　　GA　RP
   （彼らは恋人のようにふるまいました）

Step 3　発音記号を単語に置き換える

ここでは [ə][ɚ] を含む単語を発音記号で書いてありますが、その発音記号を単語に変えてみましょう。未学習のものもありますが、クイズ感覚で試してみてください。

1. [təmɑ́ːroʊ]
2. [móʊmənt]
3. [péɪpɚ]
4. [wɑ́ːt̬ɚ]
5. [káʊntɚ]

答 1. tomorrow　2. moment　3. paper　4. water　5. counter

Step 4　発音記号を読む練習

Step 3 で発音記号を単語にする練習をしましたが、ここではその発音記号を見ながら、発音練習をしましょう。3.~5. の最初が標準アメリカ英語 GA で、その後が標準イギリス英語 RP です。よく聞き比べましょう。

1. [təmɑ́ːroʊ]
2. [móʊmənt]
3. [péɪpɚ]　GA　RP
4. [wɑ́ːt̬ɚ]　GA　[wɔ́ːtə]　RP
5. [káʊntɚ]　GA　[káʊntə]　RP

> 注：4. は GA では [wɔ́ːt̬ɚ] という発音も一般的。4. の [t̬] に関しては、Must 30「たたき音」を参照のこと。5. [káʊnt̬ɚ] も GA では一般的です。

Must

9 発音要注意

birdの[ɜː]は長いあいまい母音と[r]を一緒に発音

ここでは bird、turn や earth の [ɜː] について学びましょう。

Step I　発音記号を学ぶ

●——どうやって発音するの？

この [ɜː] は、簡単に言えば、「**あいまい母音の長い母音**」です。つまり、[ə] の長い母音ということです。これがどういうことか、説明していきましょう。

はじめに、この [ɜː] はリラックスして、口のどこにも力を入れず、「ア～」と発音しますが、この状態ではあいまい母音の長い [əː] です。あいまい母音 [ə] と [ɜ] の違いは、後者の方がほんの少し口が開くという点です。

したがって、あいまい母音 [ə] よりほんの少しだけ、口を開くと上手に発音できます。ただし、あいまい母音と同じでも問題はありません。

次に、標準アメリカ英語 の場合は、r 音化を表す [˞] があるので、舌先を折り返すようにカーブさせてから、「あ」に近いあいまいな母音を発音します。舌のカーブのさせ方は、右の図で再度確認しましょう。

r音化のときの舌の構え

補助記号[˞]はオプションなので、標準アメリカ英語 GA ではr音化があり（＝[r]を発音する）、標準イギリス英語 RP ではr音化がない（＝[r]を発音しない）ことを表しています。Must 3で詳しく説明していますので、改めて参照してください。

また、Must 8でも説明しましたが、この[ɜː]は**母音と[r]を同時に発音する**のがポイントです。長母音なので、長めに発音することも忘れないでください。

[ɜː]に関して、注意したいことが2つあります。

1つ目に、辞書や本によっては、あいまい母音[ə]にr音化を表す補助記号[˞]をつけた[ɚː]の記号が使われる場合があることです。

しかしながら、短母音では[ɚ]、長母音では[ɜː]が使われることが慣習的に多いので、本書では[ɜː]を使います。

より正確に言うと、[ɜː]の方が[ə]よりも若干口が開き、唇が少し丸まっています。以下の写真で比べてみましょう。

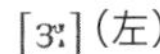

[ɜː]（左）　口の構え（正面）　[ə]（右）

2つ目に、Must 5でも書きましたが、日本人英語学習者は、しばしば[ɑːr]と[ɜː]を混同して発音する傾向が強いことです。つまり、p<u>ar</u>t [pɑ́ːrt]（意味：部分）がp<u>er</u>t [pɜ́ːt]（意味：生意気な、活発な）に、

park [pɑ́ːrk]（意味：公園）が perk [pɜ́˞ːk]（意味：臨時収入、元気を取り戻す）になってしまうということです。

日本人はこちらの発音をしがち

part [pɑ́ːrt] ⇔ pert [pɜ́˞ːt]

park [pɑ́ːrk] ⇔ perk [pɜ́˞ːk]

日本人が注意したいポイント

これは注意をしなくてはなりません。というのも、筆者の指導経験から述べて、一度この癖がついてしまうと、直すのが難しいのです。

動画のココに注目

動画 No.17 を確認しましょう。
デモンストレーターは標準アメリカ英語 GA 話者なので、舌先を上に向かって少し折り曲げるポジションをしてから発音するため、口が縦にあき、唇が少し丸まっていることがわかります。これは舌を折り曲げるため、唇に緊張感が出るためです。それから、口のあけ方ですが、通常のあいまい母音 [ə] や r 音化した [ɚ] よりも口があいている点に注目してください。

つまり、舌先を折り返すようにカーブした状態で、あいまいな「ア～」と発音しているのがわかります。動画再生ソフトのスピードを遅くすると、その様子がよくわかります。

口の構え（斜め）[ɜ˞ː]

●——どう聞こえるの？

r音化していない [ɜː] は、[ɑː]（Must 4）よりも**「う」の音色が加わった感じのするあいまいな「ア〜」**に聞こえます。r音化している [ɜ˞ː] は、さらに深みの加わったあいまいな「ア〜」です。

ここではミニマルペアを利用して、[ɜ˞ː][ɑːr] を比べてみましょう。最初が標準アメリカ英語 GA によるペアで、次が標準イギリス英語 RP によるペアです。

ミニマルペアで違いをチェック！ [ɜ˞ː][ɑːr] の違い 28

① **bird vs. bard** [bɜ́˞ːd] [bɑ́ːrd] GA RP

② **curt vs. cart** [kɜ́˞ːt] [kɑ́ːrt] GA RP

③ **hurt vs. heart** [hɜ́˞ːt] [hɑ́ːrt] GA RP

●——どこで出てくるの？

基本レベル

この母音は、bird のようにつづり字が 'ir'、turn のようにつづり字が 'ur'、earth のようにつづり字が 'ear'、service のようにつづり字が 'er' のときにしばしば見られます。

上級レベル

前述のように、learn や earth のようにつづり字が 'ear' のときにも [ɜ˞ː] と発音することがありますが、通常はつづり字 'ear' のときには、ear のように [ɪə˞]（Must 23）であったり、wear のように [eə˞]（Must 24）と発音したりすることが多いです。

例は多くありませんが、work や world のようにつづり字が 'or' のときにも [ɜ˞ː] になることがあります。

[ɜː]は基本的にはあいまい母音[ə]の長い母音。
標準アメリカ英語 GA においては、[r]と一緒に発音。

Step 2　発音記号を練習する

ここでは[ɜː]を含む単語の発音を練習しましょう。何度か聞いてから、発音練習をすることがポイントです。下線部に注意して発音してください。「あいまい母音の長い音」であることを確認しましょう。

最初が標準アメリカ英語 GA で、次が標準イギリス英語 RP です。

1. th<u>ir</u>d　GA　RP
2. c<u>ur</u>b　GA　RP
3. w<u>or</u>k　GA　RP
4. t<u>ur</u>key　GA　RP
5. w<u>or</u>m　GA　RP

語注：2. curb 抑制する、4. turkey 七面鳥

次に、上記の単語を使った文を発音練習しましょう。下線部に注意して行ってください。最初の標準アメリカ英語 GA と、その後の標準イギリス英語 RP を聞き比べましょう。

6. I am in the th<u>ir</u>d year.　GA　RP　（私は3年生です）
7. We must c<u>ur</u>b inflation.　GA　RP
（私たちはインフレに歯止めをかけなければなりません）

8. I work at a trading company. GA RP

（貿易会社で働いています）

9. We eat roast turkey on Christmas day. GA RP

（私たちはクリスマスに焼いた七面鳥を食べます）

10. Even a worm will turn. GA RP

（虫けらでも反撃する＝一寸の虫にも五分の魂 [ことわざ]）

Step 3 発音記号を単語に置き換える

30

ここでは [ɜː] を含む単語を発音記号で書いてありますが、その発音記号を単語に変えてみましょう。未学習のものもありますが、クイズ感覚で試してみてください。

1. [wɝ́ːk]
2. [sɝ́ː]
3. [hɝ́ːd]
4. [pɝ́ːs]
5. [kɝ́ːv]

答 1. work 2. sir 3. heard 4. purse 5. curve

語注：3. hear の過去形、過去分詞形

Step 4　発音記号を読む練習

Step 3では発音記号を単語にする練習をしましたが、ここではその発音記号を見ながら、発音練習をしましょう。最初が標準アメリカ英語 GA で、次が標準イギリス英語 RP です。

1. [wɝ́ːk]　　GA　RP
2. [sɝ́ː]　　GA　RP
3. [hɝ́ːd]　　GA　RP
4. [pɝ́ːs]　　GA　RP
5. [kɝ́ːv]　　GA　RP

Must
10

発音要注意

cutの[ʌ]は喉の奥から短く「ア」

ここではcutやuncle、loveの[ʌ]について学びましょう。

Step 1 発音記号を学ぶ

●——どうやって発音するの？

まず、日本語の「あ」から出発しましょう。日本語の「あ」はそれほど口を大きくあけず、もっとリラックスしてあいまい母音[ə]の口の構えをします。あいまい母音に関してはMust 8を参考にしてください。

次に、**リラックスしてあまり口をあけない口の構えから、のどの奥の方で、短く「ア」と言うような感じで発音しましょう**。スタッカートを効かせて、「アッアッアッアッアッ」と発音してみてください。

[ʌ]　口の構え（正面）　[ə]

上の[ʌ]（写真左）とあいまい母音[ə]（写真右）を比較すると、あいまい母音[ə]は舌もリラックスした感じですが、[ʌ]は喉の奥のほうで発音しているため、舌の前側が下がっていて、前側に空洞があることがわかります。

それからほんの少し口があいているという違いも確認できるでしょう。

動画のココに注目

動画 No.5 で確認しましょう。

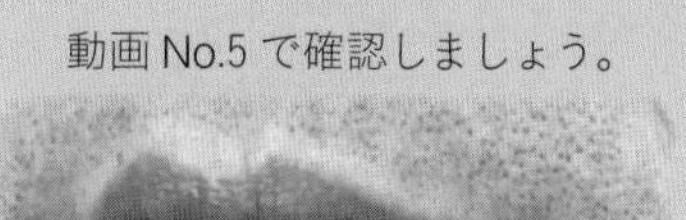

口の構え（斜め）　[ʌ]

あいまい母音と同様に、口をあまりあけずに鋭く「ア」と言っているのがわかります。
動画を見ると、「ア」と言うのと同時に、舌が素早く奥に引っ込められている様子もわかります。

●――どう聞こえるの？

「ア」の母音の類の中で、この [ʌ] はもっとも**「短く鋭い感じのするア」**です。culture など [l] の前の場合、人によっては「オ」の要素が強い母音と感じることがあります。したがって、culture が「コルチャー」に聞こえることがあります。

●――どこで出てくるの？

基本レベル

もっとも一般的なのが、cut や up、uncle などのように、つづり字が 'u' の場合です。以下のミニマルペアを見てみると、つづり字 'u' と 'a' が基本的にそれぞれどこで出てくるかがわかりますので、発音練習も含めて行ってみましょう。

ミニマルペアで違いをチェック！ [ʌ] と [æ] の違い

① **putt vs. Pat, pat** [pʌ́t] [pǽt]

② **cut vs. cat** [kʌ́t] [kǽt]

③ **cup vs. cap** [kʌ́p] [kǽp]

語注：① putt（ゴルフの）パット

上級レベル

また、something、other、mother のようにつづり字 'o' の場合や、例は多くはありませんが blood や flood のようにつづり字が 'oo' が [ʌ] になることがあります。

それから touch、young、country のようにつづり字が 'ou' が [ʌ] になることもあります。

[ʌ]はあいまい母音の口の構えで、「短く鋭い感じでア」と言う。

Step 2　発音記号を練習する

34

ここでは[ʌ]を含む単語の発音を練習しましょう。下線部に注意して発音してください。何度か聞いてから、発音練習をすることがポイントです。「短く鋭いア」であることを確認してください。

1. color
2. love
3. jump
4. buzz
5. double

次に、上記の単語を使った文を発音練習しましょう。下線部に注意して行ってください。

6. I like dark colors.　（私は暗い色が好きです）
7. My wife loves pink roses.　（妻はピンクのバラが好きです）
8. Tim jumped into the river.　（ティムは川に飛び込みました）
9. I'll give you a buzz.　（電話するね）
10. Is there a double room available?
（ダブルルームは1部屋空いていますか？）

Step 3　発音記号を単語に置き換える

ここでは[ʌ]を含む単語を発音記号で書いてありますが、その発音記号を単語に変えてみましょう。未学習のものもありますが、クイズ感覚で試してみてください。

1. [bʌ́s]
2. [dʌ́k]
3. [nʌ́ts]
4. [kʌ́m]
5. [ʌ́njən]

答 1. bus　2. duck　3. nuts　4. come　5. onion

語注：3. nuts ＜ nut 木の実の複数形

Step 4　発音記号を読む練習

Step 3 で発音記号を単語にする練習をしましたが、ここではその発音記号を見ながら、発音練習をしましょう。

1. [bʌ́s]
2. [dʌ́k]
3. [nʌ́ts]
4. [kʌ́m]
5. [ʌ́njən]

まぎらわしい発音記号のポイント　「ア」の類 ：[ɑ][ɑː][ɑː*r*][ɑː|ɒ]、[æ]、[ə][ɚ]、[ɜː]、[ʌ] の違い

	発音の仕方
[ɑː] Must 4 [ɑː*r*] Must 5 [ɑː|ɒ] Must 6	**しっかりと口をあけて「アー」**と発音します。 同時に、**舌は舌の後ろの部分（付け根の部分）が後ろに引かれる感じ**で発音します。
[æ] Must 7	日本語「あ」のポジションから、**唇を横に引っ張るようにしてから発音する**と、[æ]の音になります。
[ə][ɚ] Must 8	[ə]は 、**口をあまり開かず、舌にも力を入れず、リラックスして**、あいまいな「ア」を発音します。 [ɚ] GA は、**あまり口をあけず、舌先を上に折り曲げるようにして、発音します。**
[ɜː] Must 9	**リラックスして、口のどこにも力を入れず、「ア～」と発音**すると、RP [ɜː]になります。 GA の場合の[ɜː]は、**舌先を折り返すようにカーブさせて**から、「あ」に近いあいまいな母音を発音します。
[ʌ] Must 10	リラックスして**あまり口をあけない口の構え**から、**のどの奥の方で、短く「ア」**というような感じで発音しましょう。

2.2.「イ」の類

英語の「イ」には3種類あるということを覚えておきましょう。キーワードは「**鋭い**（するど）」「**鋭くない**（するど）」「**長い**」「**短い**」です。

母音を発音する際に、口のあけ方や唇の形が重要になりますが、その口のあけ方（= 口の構え）の写真を載せてあります。詳しくはそれぞれの Must を参考にしてください。

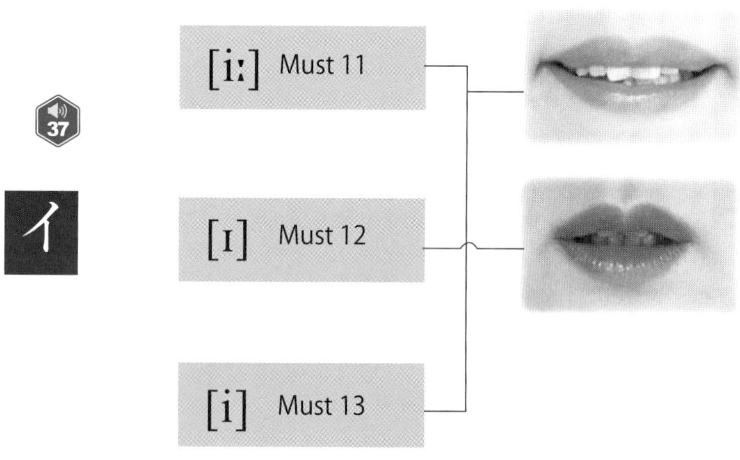

Must
11

発音要注意

seeの[iː]は鋭く長い「イー」

ここでは see や eat の [iː] について学びましょう。

Step 1　発音記号を学ぶ

●——どうやって発音するの？

この母音 [iː] は**緊張感のある母音**ですので、唇をしっかりと横に引っ張り、にっこり笑うような感じで、「イーーーーーーーー」と発音してみてください。そうすると、鋭さを感じる「イー」となり、それが [iː] なのです。

補助記号 [ː] がついているので、**長母音**であることも確認してください。

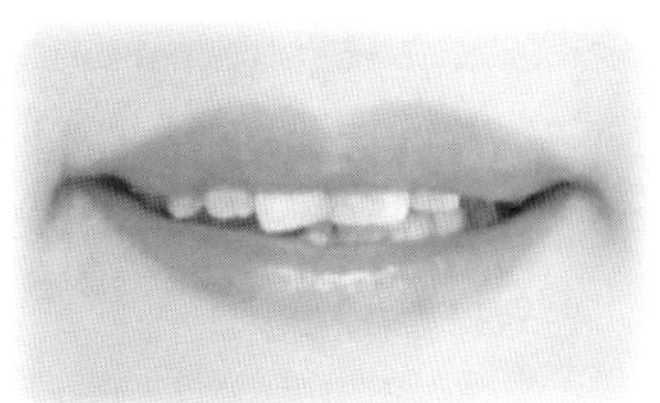

口の構え（正面）[iː]

スマイルを作る感じでしっかりと唇を横に広げて発音しましょう。

[iː] は「**鋭く長いイー**」であることを覚えておいてください。

動画のココに注目

動画 No.10 を確認しましょう。
しっかりと唇が横に引っ張られ、緊張感のある「イー」であることを確認してください。同時に、動画 No.1 の [ɪ] と比べると、その違いが顕著にわかるので、見比べてみてください。

●――どう聞こえるの？

では、この音はどう聞こえるでしょうか？

端的に言うと、**「鋭いイー」**といった感じです。

身近な例で置き換えると、子供が駄々をこねて、「イーヤーダー」と地団太を踏むときの「イー」といった感じです。

はっきりと「イー」と聞こえますので、学習者が聞き取りづらい音ではありません。

●――どこで出てくるの？

基本レベル

この [iː] は、さまざまなところで出てきます。

たとえば、see のようにつづり字が 'ee' であったり、eat のようにつづり字が 'ea' であったりすることが多いです。次に、field や piece、chief のようにつづり字が 'ie' であったり、逆に receive のようにつづり字が 'ei' であったりするときにも出てきます。

上級レベル

theme や meter、fever、secret のようにつづり字 'e' が [iː] になることもあります。その場合、つづり字が 'e+ 子音字 +e' で、最初のつづり字 'e' が [iː] になります。

そして machine や ski のようにつづり字が 'i' のこともあります。

[iː]は「鋭く長いイー」の音。
唇をしっかりと横に引っ張って発音しよう。

Step 2　発音記号を練習する

ここでは [iː] を含む単語の発音を練習しましょう。何度か聞いてから、発音練習をすることがポイントです。下線部に注意して発音しください。「鋭く長いイー」であることを確認してください。

1. tea
2. sheet
3. green
4. deep
5. Japanese

次に、上記の単語を使った文を発音練習しましょう。下線部に注意して行ってください。

6. Would you like tea or coffee?
(紅茶とコーヒーはどちらになさいますか？)
7. Can you give me a blank sheet of paper?
(真っ白な紙を一枚もらえます？)
8. President Obama ate green tea ice cream in Kamakura.
(オバマ大統領は鎌倉で抹茶アイスクリームを食べました)
9. I prefer deep blue to light blue.
(明るい青よりも深い青が好きです)
10. I am a Japanese citizen.　(私は日本国民です)

Step 3　発音記号を単語に置き換える

ここでは [iː] を含む単語を発音記号で書いてありますが、その発音記号を単語に変えてみましょう。未学習のものもありますが、クイズ感覚で試してみてください。

1. [píːs]
2. [síːt]
3. [píːk]
4. [fíːl]
5. [slíːp]

答 1. peace 2. seat 3. peak 4. feel 5. sleep

Step 4　発音記号を読む練習

Step 3 で発音記号を単語にする練習をしましたが、ここではその発音記号を見ながら、発音練習をしましょう。

1. [píːs]
2. [síːt]
3. [píːk]
4. [fíːl]
5. [slíːp]

Must
12

itの[ɪ]は「イ」をリラックスして発音

ここではitやpickの[ɪ]について学びましょう。

Step Ⅰ　発音記号を学ぶ

●——どうやって発音するの？

まず、英語の「イ」には、大まかに言うと**「音の質」**の観点から２種類あります。それは[i(ː)]と[ɪ]です。記号が違うと、音も異なる点に注意してください。

Must 11において、[iː]は子供が駄々をこねたときなどに現れる「鋭く長いイー」であると学びましたが、この項では**「緊張感のない短いイ」**である[ɪ]について学びましょう。

まず、この音はリラックスして、口元に力を入れず、「イ」と発音してください。Must 11の口元の写真と比較してみると、口元の緊張感がかなり異なることがわかるでしょう。

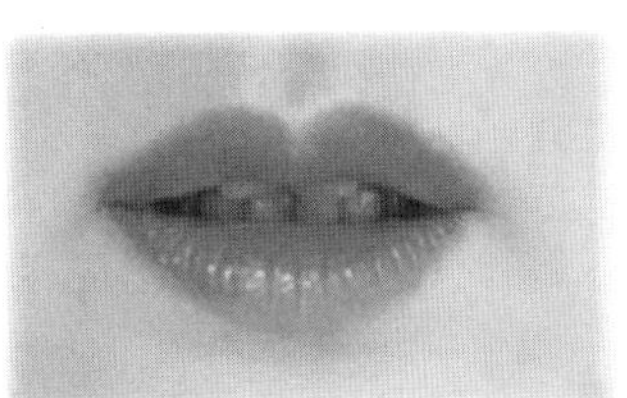

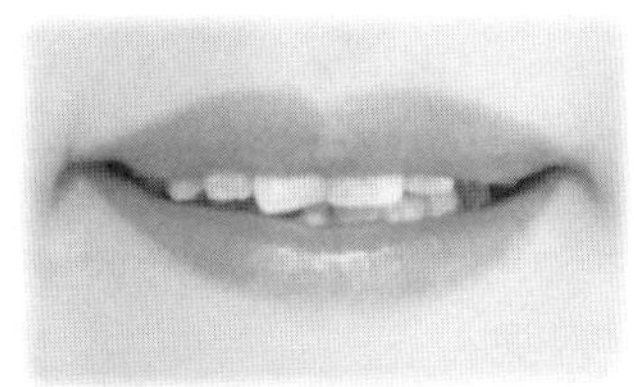

[ɪ]　　口の構え（正面）　　[iː]

つまり、[iː] はしっかりと唇を横に引っ張っているのに対して、[ɪ] は唇が自然な感じになっていることがわかります。その状態で「イ」と言うのです。

イヤー、今日もがんばった

イメージとしては、熱めのお風呂に入って、リラックスした状態で「イヤ～、今日も頑張った」と言うときを思い浮かべて、「イ」を発音しましょう。リラックスしていることから、日本語の「い」に「え」の要素が入った感じになります。

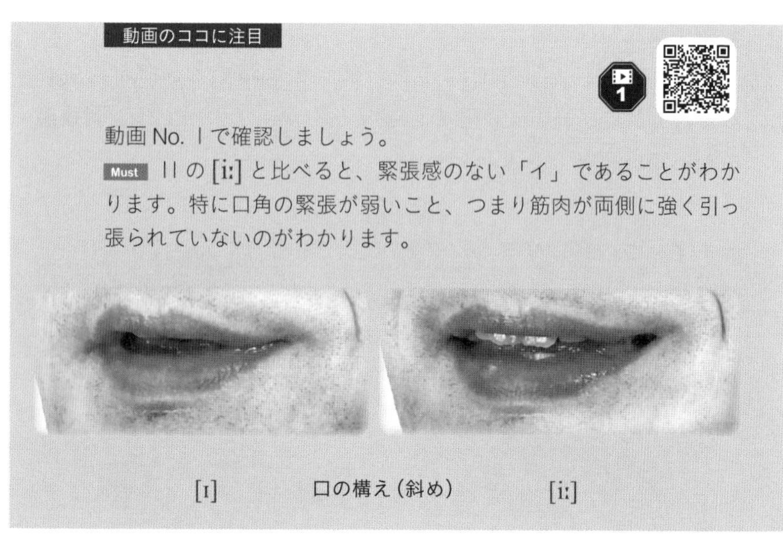

動画のココに注目

動画 No. 1 で確認しましょう。

Must 11 の [iː] と比べると、緊張感のない「イ」であることがわかります。特に口角の緊張が弱いこと、つまり筋肉が両側に強く引っ張られていないのがわかります。

[ɪ]　口の構え（斜め）　[iː]

●――どう聞こえるの？

上記で説明したように、この [ɪ] は口元に力を入れずに、「イ」と発音しますが、緊張感がないことから、「え」の要素が加わります。ですから、「い」に少しばかり「え」が加わったように聞こえます。

たとえば、it [ít] が「エットゥ」に聞こえる、pick [pík] が「ペック」に聞こえるということは、よくあります。

また、この [ɪ] はあいまい母音 [ə]（Must 8）で置き換えることがよくあります。たとえば、rapid [rǽpɪd] を [rǽpəd] と発音する人もいますので、「ラピッドゥ」が「ラプッドゥ」か「ラパッドゥ」と聞こえます。この特徴は、特にアメリカ英語話者に多い印象です。

●――どこで出てくるの？

基本的には、it や pick などつづり字が 'i' のときがもっとも多いのですが、foreign のようにつづり字が 'ei' や、minute のようにつづり字が 'u' のときにも [ɪ] になることがあります。

[ɪ]は「緊張感のないイ」。
緊張感がないので「え」の要素が少し入った音。

Step 2　発音記号を練習する

ここでは [ɪ] を含む単語の発音を練習しましょう。何度か聞いてから、発音練習をすることがポイントです。下線部に注意して発音してください。「緊張感のない短いイ」であることを確認しましょう。

1. visit
2. six
3. different
4. favorite
5. linguistics

> 注：1. visit の２番目の 'i' や 4. favorite の 'i' はあいまい母音 [ə] になることがあります。

次に、上記の単語を使った文を発音練習しましょう。下線部に注意して行ってください。

6. Thank you for visiting us.　（お越しくださりありがとうございます）
7. I have six brothers and sisters.　（兄弟姉妹が６人います）
8. My father bought a different car.
   （父は別の [違う] 車を買いました）
9. What is your favorite drink?　（一番好きな飲み物は何ですか？）
10. I major in linguistics.　（言語学を専攻しています）

Step 3　発音記号を単語に置き換える

ここでは [ɪ] を含む単語を発音記号で書いてありますが、その発音記号を単語に変えてみましょう。未学習のものもありますが、クイズ感覚で試してみてください。

1. [stík]
2. [mís]
3. [rǽpɪd]
4. [déntɪst]
5. [mjúːzɪk]

答 1. stick　2. miss, Miss　3. rapid　4. dentist　5. music

注：4. dentist の 'i' をあいまい母音 [ə] で発音する人も多いです。

Step 4　発音記号を読む練習

Step 3 で発音記号を単語にする練習をしましたが、ここではその発音記号を見ながら、発音練習をしましょう。

1. [stík]
2. [mís]
3. [rǽpɪd]
4. [déntɪst]
5. [mjúːzɪk]

Must

13

happyの[i]は鋭く短い「イ」

ここではhappy、money、radiationの[i]について学びましょう。

Step 1　発音記号を学ぶ

●――どうやって発音するの？

この母音はMust 11[iː]の長音記号[ː]がついていない記号なので、基本的には「**鋭く短いイ**」になります。Must 11と同様に、**口元に緊張感をもって、「イ」と発音してください。**

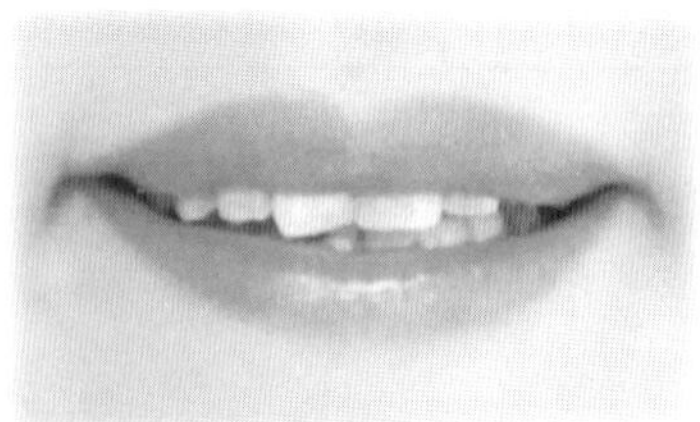

口の構え　[i]

スタッカートを少し効かせて、唇を横に引っ張って、「イッイッイッイッイッ」と発音してみましょう。

イメージとしては、机の角に足の小指を軽くぶつけたときに「イッタッ」と言ったときの「イ」だと考えてください。

ただし、より正確に言えば、Must 11[iː]よりも少しばかり口があきます。口があく

ということは、音がややマイルドになるということです。とはいえ、Must 12 [ɪ] よりは鋭い感じになります。

動画のココに注目

動画 No.7 で確認しましょう。
Must 11 [iː] の短い音であることを確認してください。口角が上がり、緊張感のある鋭い「イ」という感じです。
動画の単語（happy, money, radiation）を発音している場面では、しっかりと「イ」と聞こえます。

●——どう聞こえるの？

簡単に言えば、「**鋭く短いイ**」です。

Must 12 [ɪ] と違って、はっきりと「イ」と聞こえます。

ただし、（1）長母音ではないこと、（2）Must 11 [iː] よりも若干口があいて発音されること、（3）あいまい母音（Must 8）などと同様に**弱母音**に分類されることという３つの理由から、[iː] ほどには、はっきりしていないと感じる人もいますので、注意しましょう。

「音の鋭さ」、つまり「口元の緊張感」という観点で言うと、[iː]>[i]>[ɪ] **の順番**になります。

●——どこで出てくるの？

もっとも多いのが happy のように語末の ʻyʼです。このことから、この発音記号 [i] は happy vowel と呼ばれることがあります。

また、money のようにつづり字が ʻeyʼや、movie のようにつづり字が ʻieʼのこともあります。

母音の前のつづり字が 'i'（例 radiation（意味：放熱、発光）、facial［ここではあいまい母音を使う人もいます］）や 'e'（例 cereal）でも［i］になります。

［i］は基本的には「鋭く短いイ」です。
ただし、［iː］よりはほんの少しだけ口があくので、緊張感が弱い感じになります。

Step 2 発音記号を練習する

ここでは［i］を含む単語の発音を練習しましょう。何度か聞いてから、発音練習をすることがポイントです。下線部に注意して発音してください。「鋭く短いイ」であることを確認しましょう。

1. university
2. usually
3. monkey
4. money
5. previous

語注：5. previous 前の

次に、上記の単語を使った文を発音練習しましょう。下線部に注意して行ってください。

6. I am a university student.（私は大学生です）
7. My mother usually takes a walk in the morning.
（母はたいてい朝に散歩に行きます）

8. Tom climbed the tree like a monkey.

（トムは猿のようにその木に登りました）

9. Becky left all her money to her dog.

（ベッキーは自分の犬にすべてのお金を残しました）

10. I'm sorry. I have a previous engagement.

（ごめんなさい。先約があるんです）

Step 3　発音記号を単語に置き換える

ここでは [i] を含む単語を発音記号で書いてありますが、その発音記号を単語に変えてみましょう。未学習のものもありますが、クイズ感覚で試してみてください。

1. [sít̬i]
2. [lʌ́ki]
3. [pɑ́:rt̬i]
4. [véri]
5. [síriəl]

注：1. と 3. の [t̬] に関しては、Must 30 Step 1 を参照してください

答 1. city　2. lucky　3. party　4. very　5. cereal

Step 4　発音記号を読む練習

Step 3 では発音記号を単語にする練習をしましたが、ここではその発音記号を見ながら、発音練習をしましょう。

1. [sít̬i]
2. [lʌ́ki]
3. [pɑ́:rt̬i]
4. [véri]
5. [síriəl]

まぎらわしい発音記号のポイント 「イ」の類：[iː]、[ɪ]、[i] の違い

	発音の仕方
[iː] Must 11	唇を**しっかりと横に引っ張り**、にっこり笑うような感じで、「イーーーーーーーー」と発音してみてください。 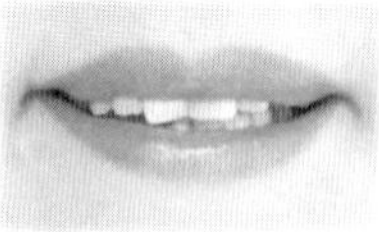
[ɪ] Must 12	リラックスした状態で、「イ」を発音します。リラックスして発音していることから、「い」に「え」の要素が入った感じになります。 
[i] Must 13	「**鋭く短いイ**」

2.3.「ウ」の類

英語の「ウ」には3種類あるということを覚えておきましょう。キーワードは「**鋭い**(するどい)」「**鋭くない**(するどくない)」「**長い**」「**短い**」です。これらの点は2.2.「イ」の類の母音と同じです。

母音を発音する際に、口のあけ方や唇の形が重要になりますが、その口のあけ方（= 口の構え）の写真を載せてあります。詳しくはそれぞれの Must を参考にしてください。

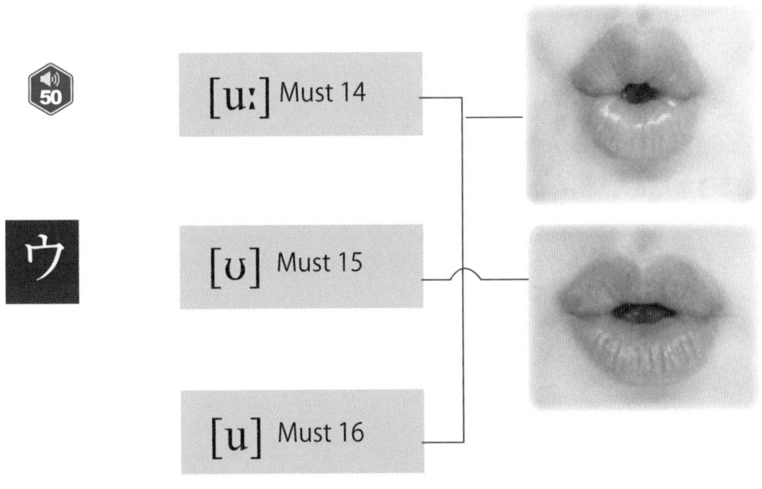

Must
14

発音要注意

poolの[uː]は深みのある暗い「ウー」

ここでは pool や supermarket の [uː] について学びましょう。

Step I　発音記号を学ぶ

●——どうやって発音するの？

まず、日本語の「う」を発音するところから始めましょう。

一般的に、日本語の「う」はあまり唇をとがらせることなく、「う」と言っていると思います。ただし、筆者の観察では、若い人ほど、唇の丸め（＝円唇　Must 6 参照）は強く、唇を軽くとがらせて発音している人が多いように思います。しかし、**英語の [uː] は日本語の「う」よりもしっかりと唇を丸めて発音する**のです。

次に、写真のようにしっかりと唇を丸めたまま、長く伸ばすと [uː] になります。また、舌の後ろの部分を奥に引くような感じを意識しましょう。

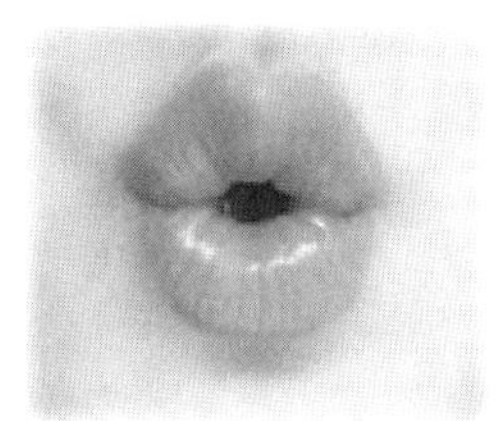

口のあけ方（正面）[uː]

イメージとしては、子供がむくれるときに、「ぷぅー」と言ったときの感じで、[uː]と発音してみましょう。タコになった気分で「うー」と言ってもよいかもしれません。

動画のココに注目

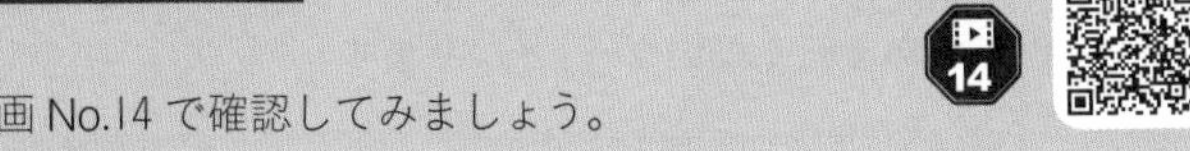

動画 No.14 で確認してみましょう。
デモンストレーターの唇がしっかりと丸まっていて、突き出すような感じになっていることを確認してください。

●——どう聞こえるの？

写真のように、しっかりと唇を丸めて（＝すぼめて）発音することから、非常にはっきりとした「ウー」になります。また、日本語の「う」よりも、**「深みがあって暗いウー」**と聞こえます。

●——どこで出てくるの？

基本レベル

基本的には、pool や moon のようにつづり字が ‘oo’のとき、supermarket や blue のようにつづり字が ‘u’のとき、suit や suitable のようにつづり字が ‘ui’のとき、you、soup、group のように ‘ou’であることが多いです。

上級レベル

次に、move のようにつづり字が ‘o’の場合もあります。それから、cute、tune、muse のように、つづり字が ‘u+ 子音字 +e’のときで、つづり字 ‘u’が [juː] の一部として出てきます。

このほか、music や unit のように、つづり字が 'u' で、[juː] の一部としても現れます。

また、new、few、nephew のようにつづり字が 'ew' で [juː] の一部として出てくる場合もあります。

[uː] は唇に緊張感をもたせて尖らせて「ウー」と言った結果、「深みのある暗く長いウー」となります。

Step 2　発音記号を練習する

ここでは [uː] を含む単語の発音を練習しましょう。何度か聞いてから、発音練習をすることがポイントです。下線部に注意して発音してください。「深みのある暗く長いウー」であることを確認しましょう。

1. cool
2. shoe
3. crew
4. lose
5. food

次に、上記の単語を使った文を発音練習しましょう。下線部に注意して行ってください。

6. I want something cool.　（かっこいいものが欲しいです）
7. We bought the same pair of shoes.

（私たちは同じ靴を買いました）

8. My sister joined the cabin crew.
（姉（妹）は客室乗務員に加わりました）
9. Did you lose your wallet again?　（また財布をなくしたの？）
10. What kind of food would you like?　（何を食べたいですか？）

Step 3　発音記号を単語に置き換える

ここでは [uː] を含む単語を発音記号で書いてありますが、その発音記号を単語に変えてみましょう。未学習のものもありますが、クイズ感覚で試してみてください。

1. [skúːl]
2. [frúːt]
3. [grúːp]
4. [búːt]
5. [prúːf]

答 1. school　2. fruit　3. group　4. boot　5. proof

語注：4. boot 長靴、ブーツの単数形（通例、boots）、5. proof 証明

Step 4　発音記号を読む練習

Step 3 では発音記号を単語にする練習をしましたが、ここではその発音記号を見ながら、発音練習をしましょう。

1. [skúːl]
2. [frúːt]
3. [grúːp]
4. [búːt]
5. [prúːf]

Must
15

発音要注意

6 55

putの [ʊ] は緊張感のない短い「ウ」

ここでは put や book の [ʊ] について学びましょう。

Step 1　発音記号を学ぶ

●——どうやって発音するの？

前項で [uː] は唇に緊張感をもった「深みのある暗いウー」であると説明しました。一方で、この [ʊ] は**日本語の「う」のようにあまり緊張感をもたずに発音します**。

緊張感をもたないとは、唇の丸め（＝すぼめる度合い）が弱いということです。以下の写真で比べてみましょう。

前項で学んだ [uː]（写真右）では、唇が非常に丸まっているのがわかります。一方で、[ʊ]（写真左）では自然に丸まっていて、唇のすぼめの度合いは低いのです。ただし、日本語の「う」と比べると、**日本語よりも唇の丸めが強い**ことには注意が必要です。

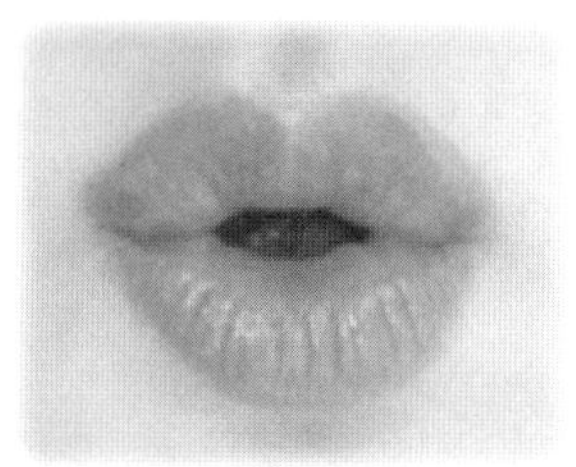

[ʊ]　　口の構え　　[uː]

したがって、**自然に唇を丸めて「ウ」**と発音しましょう。「**緊張感のないウ**」になります。こちらは**短母音**です。

発音する際に、小言の多い先生に、「ウザッ」と言う反抗期の高校生をイメージして、発音してみましょう。実際に「ウザッ」と言うと問題になりますので、小声で試してみてください（笑）。

動画のココに注目

動画 No. 6 で確認してみましょう。
まず、唇の丸みが Must 14 [uː] や Must 16 [u] よりも少ないことを確認してください。つまり、[ʊ] はリラックスして「ウ」と言っていることがわかります。

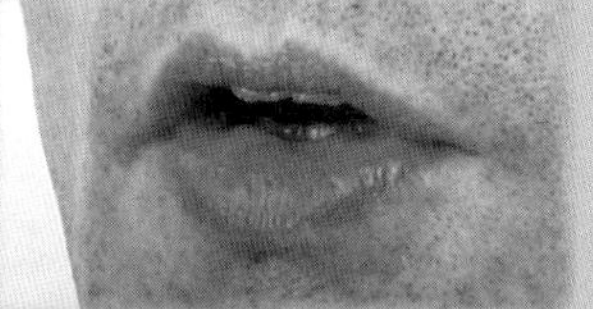
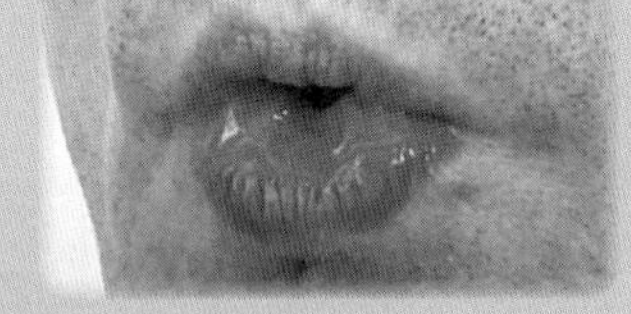

[ʊ] 口の構え [uː]

●——どう聞こえるの？

前項で [uː] は、唇に緊張感をもたせて発音した「深みのある暗く長いウー」であると説明しましたが、この [ʊ] は日本語の「う」に近い音に聞こえます。

ただし違いもあり、日本語の「う」よりは円唇（Check it out! (5) 参照）がある点です。円唇があることから［日本語の5つの母音の中で、円唇が唯一あるとされるのは「お」なので］、この [ʊ] は**「お」の要素が少し入った「ウ」**になります。

これによって、学習者によっては、「お」と聞き間違うことが時々あります。例をあげると、putが「プットゥ」ではなく「ポットゥ」に、bookが「ブック」ではなく「ボック」と聞き間違えることがあるのです。

したがって、[ʊ] は**日本語の「う」に近いですが、若干「お」の要素が入って**聞こえます。

●――どこで出てくるの？

一番多いのは、putのようにつづり字が 'u' のケースです。次にbookやwood、lookのようにつづり字が 'oo' のときにもよく現れます。

ただし、couldのようにつづり字が 'ou' であることや、womanのようにつづり字が 'o' であることも時々あります。ここで注意したいのは、couldは強形（Check it out! (8) 参照）の発音である[kʊ́d]のときに限ります。

Check it out! **(8) 強形とは**

Must 8 において、内容語と機能語の違いを説明し、機能語の中には、弱形があると説明しましたが、以下の環境においては、はっきりとした発音である**強形**が使われます。強形が使われるのは主に以下の4つの環境においてです。

① **強調したい**場合
② **文末に来る**場合
③ **単独で発音する**場合
④ ほかの語と**比較する**場合

具体例をあげると、couldは[kʊ́d]が強形で、[kəd]が弱形になります。

putの'u'は日本語の「う」よりは円唇のある「ウ」で、「お」の要素が少し入った緊張感のない短い「ウ」です。

Step 2　発音記号を練習する

ここでは [ʊ] を含む単語の発音を練習しましょう。何度か聞いてから、発音練習をすることがポイントです。下線部に注意して発音してください。「お」の要素がほんの少し入った緊張感のない短い「ウ」であることを確認しましょう。

1. look
2. put
3. good
4. could
5. foot

音声注：4. could 単独で発音する場合には強形

次に、上記の単語を使った文を発音練習しましょう。下線部に注意して行ってください。

6. Look at his desk! It is full of chocolate.
（彼の机を見て！チョコレートでいっぱいよ）
7. I cannot put up with his attitude.　（彼の態度には耐えられない）
8. Good morning, Dan!　（ダン、おはよう）
9. Could you give me an example?　（例をあげていただけますか？）
10. I broke my foot three days ago.　（3日前に足を骨折しました）

注：9. Could は 文頭では強形で発音されることが多い

Step 3　発音記号を単語に置き換える

ここでは [ʊ] を含む単語を発音記号で書いてありますが、その発音記号を単語に変えてみましょう。未学習のものもありますが、クイズ感覚で試してみてください。

1. [bʊ́k]
2. [hʊ́k]
3. [fʊ́l]
4. [pʊ́ʃ]
5. [pʊ́dɪŋ]

答　1. book　2. hook　3. full　4. push　5. pudding

語注 : 2. hook（ものをひっかけるための）フック、留め金、
5. pudding プディング [牛乳や卵で作る甘いお菓子]、プリン [日本の「プリン」は custard pudding という]

Step 4　発音記号を読む練習

Step 3 で発音記号を単語にする練習をしましたが、ここではその発音記号を見ながら、発音練習をしましょう。

1. [bʊ́k]
2. [hʊ́k]
3. [fʊ́l]
4. [pʊ́ʃ]
5. [pʊ́dɪŋ]

Must
16

influenceの[u]は鋭くて短い「ウ」

ここではinfluence、situationの[u]について学びましょう。

Step 1　発音記号を学ぶ

●——どうやって発音するの？

まず、おさえてほしいのが、この音はMust 11 [iː]とMust 13 [i]の関係と同じです。簡単に言えば、Must 14 [uː]の短母音が[u]ということになります。

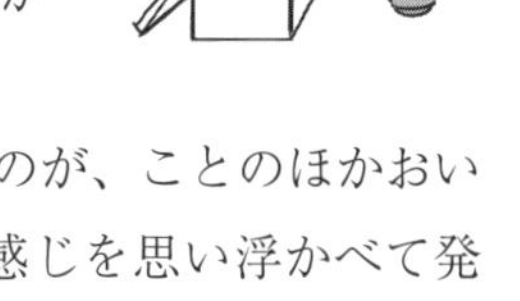

ですから、**唇をしっかりと丸めて「ウ」**と発音します。長母音でないので、Must 14[uː]ほどには唇をとがらせる必要はありませんが「**鋭くて短いウ**」といった感じになります。

イメージとしては、お土産にもらったものが、ことのほかおいしくて、それを食べて、「ウマッ」という感じを思い浮かべて発音してみましょう。

動画のココに注目

動画No. 8で確認しましょう。
単音の場合は、緊張感があまりなくMust 15 [ʊ]との違いがあまり感じられませんが、単語で発音している際（例 influence、situation）には、唇の丸めがしっかりあることを確認してください。
デモンストレーターは単語の中の母音の方が自然に発音しています。

●——どう聞こえるの？

先ほども説明しましたが、Must 14 [uː] の短母音ですので、はっきりと「ウ」と聞こえます。

Must 14 [uː] は、日本語の「う」よりも「**深みがあって暗いウー**」ですが、その短母音です。ということは、「**深みのある暗くて短いウ**」とも言えます。

●——どこで出てくるの？

基本レベル

[u] を含む例自体があまり多くないため、辞書などによっては、この短母音を扱わないケースもありますが、基本的には、influence のようにアクセントの来ないところで、つづり字が 'u' であることがほとんどです。

上級レベル

また situation、particular のように [tju] または [kju] の組み合わせでもよく出てきます。

ここで注意が必要なのですが、situation の [tju] は、実際には [tʃu] と発音されることがほとんどで、Step 2 でも [tʃu] と表記しています。これは [tju] の音同士がより密接にくっついた結果、[tʃu] となっているためです。

[u]**は唇をしっかり丸めて、「鋭く短いウ」。**

Step 2　発音記号を練習する

ここでは[u]を含む単語の発音を練習しましょう。何度か聞いてから、発音練習をすることがポイントです。下線部に注意して発音してください。

「鋭くて短いウ」であることを確認しましょう。

1. actual
2. situation
3. ritual
4. affluent
5. leukemia

> 語注：1. actual　実際の、3. ritual　儀式の、4. affluent　裕福な、5. leukemia　白血病

次に、上記の単語を使った文を発音練習しましょう。下線部に注意して行ってください。

6. Tell me his actual words.　（彼が実際に言ったことを教えて）
7. I understand your situation.　（あなたの状況はわかります）
8. Have you ever seen a ritual dance in Africa?
   （今までにアフリカの儀式舞踊を見たことはありますか？）
9. Richard is from an affluent family.
   （リチャードは裕福な家庭の出身です）
10. Sam recovered from leukemia.　（サムは白血病から回復しました）

Step 3　発音記号を単語に置き換える

ここでは [u] を含む単語を発音記号で書いてありますが、その発音記号を単語に変えてみましょう。未学習のものもありますが、クイズ感覚で試してみてください。

1. [mǽnjuəl]
2. [édʒukeɪt]
3. [ínfluəns]
4. [grǽdʒueɪt]
5. [fébjueri]

答 1. manual　2. educate　3. influence　4. graduate 動詞　5. February

注：2. [édʒəkeɪt] や [édjukeɪt] と発音するケースも米 では多い。4. 形容詞の際は、発音が [grǽdʒuət]。5. 英 では [fébruəri] になることが多い

Step 4　発音記号を読む練習

Step 3 では発音記号を単語にする練習をしましたが、ここではその発音記号を見ながら、発音練習をしましょう。

1. [mǽnjuəl]
2. [édʒukeɪt]
3. [ínfluəns]
4. [grǽdʒueɪt]
5. [fébjueri]

紛らわしい発音記号のポイント　「ウ」の類：[uː]、[ʊ]、[u] の違い

	発音の仕方
[uː] Must 11	日本語の「う」よりも**しっかりと唇を丸めて、長く伸ばす**と[uː]になります。舌の後ろの部分を気持ち奥に引くような感じを意識して発音します。 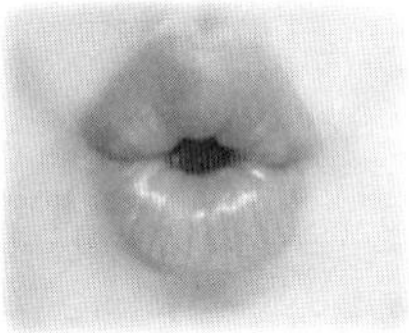
[ʊ] Must 12	この[ʊ]は**日本語の「う」のようにあまり緊張感をもたずに発音します。緊張感がないということは、**唇をそれほどすぼめずに発音するということです。 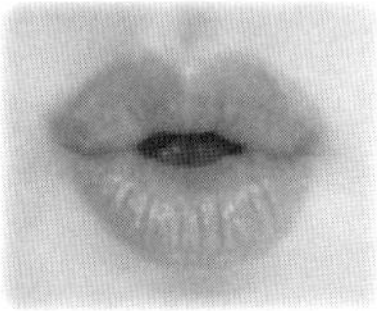
[u] Must 13	**唇をしっかり丸めて、鋭くて短い「ウ」**と発音。

2.4.「エ」の類

英語の「エ」は基本的に1種類 [e] です。聞き取りは問題ではありませんが、発音には少し注意が必要です。

母音を発音する際に、口のあけ方や唇の形が重要になりますが、その口のあけ方（= 口の構え）の写真を載せてあります。

詳しくは Must を参考にしてください。

[e] Must 17

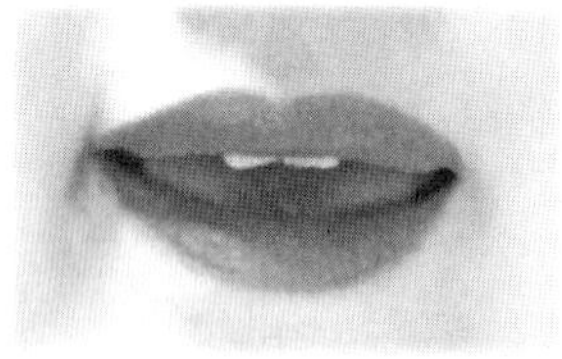

Must
17 発音要注意

penの[e]は日本語の「え」より ほんの少し口をあける

ここではpenやheadの[e]について学びましょう。

Step 1　発音記号を学ぶ

●――どうやって発音するの？

この音は日本語の「え」とは、それほどかけ離れているわけではありませんが、口のあけ方が少し異なります。

具体的に言うと、**日本語の「え」よりも口をほんの少しあけて、**発音します。しかし、実際には、英語の母音で「エ」は[e]のみのため、日本語の「え」を用いても、大きな問題はありません。

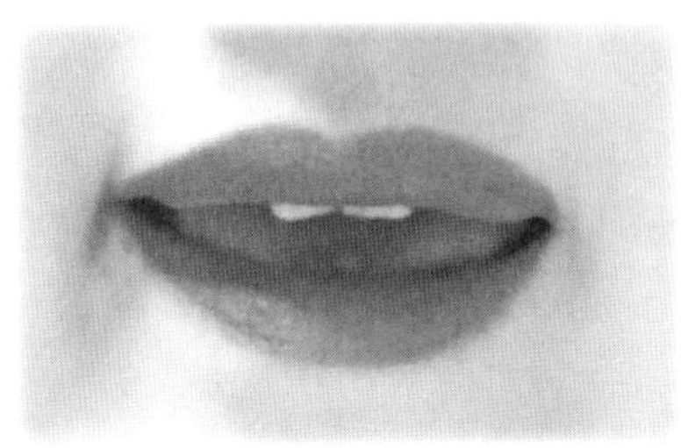

口の構え（正面）[e]

口のあけ具合から、より正確にはIPA方式（「はじめに」本書で使う発音記号について参照）では[ɛ]の記号を使います。しかし、一般的には[e]のほうがわかりやすいため、本書ではその記号を便宜上、使っています。

動画のココに注目

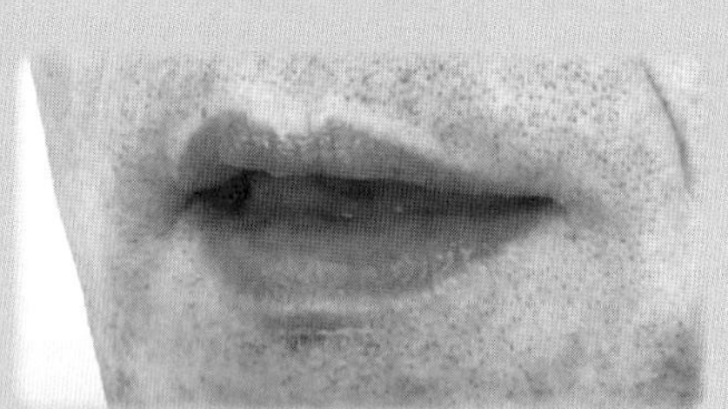
口の構え（斜め）[e]

動画 No. 2 で確認してみましょう。
自然に「エ」と発音しているのがわかります。
舌が前で少し盛り上がっていることも確認しましょう。つまり、舌先で発音をしているのです。

●——どう聞こえるの？

基本的には、日本語の「え」とそれほど変わりませんので、聞き取りの際も問題はありません。

ただし、学習者によっては、日本語の「え」よりも口を少し縦にあける結果として、少し「あ」に近づくので、[æ]（Must 7 参照）と混同することがあります。というのも、[æ] は**「「え」が入った長めのア」**ですので、場合によっては、pen [pén] が pan [pǽn] と聞こえることがあるのです。

また、Must 12 の [ɪ] は「緊張感のないイ」であるため、聞き間違えないように注意してください。

●——どこで出てくるの？

基本レベル

基本的には、egg や pen などのように語頭や語中のつづり字 'e' が [e] と発音されることが多いです。そのほかには、head、bread、death のようにつづり字 'ea' のことも多いです。

＼Check it out!／

(9) サイレント e

先ほど「egg や pen などのように語頭や語中のつづり字 'e' が [e] と発音されることが多い」と書きましたが、語末のつづり字 'e' はどうなるのかということをここで考えてみます。以下の例を見てください。

左列が「語末の 'e' がない単語」で、右列が「左の単語に語末の 'e' を付けた単語」です。後者は語末の 'e' を発音しないので、「**サイレント e**」「マジック e」と呼ばれることがあります。

語末の 'e' なし	語末の 'e' あり
1. cut [kʌ́t] 	cute [kjúːt] 
2. can [kǽn] 	cane [kéɪn] 
3. cub[kʌ́b] 	cube [kjúːb] 
4. pin [pín] 	pine [páɪn] 

5. cap [kǽp]

capе̲ [kéɪp]

6. tap[tǽp]

tapе̲ [téɪp]

7. hug [hʌ́g]

hugе̲ [hjúːdʒ]

語注：2. cane（サトウキビなどの）茎、3. cub（クマや狼などの肉食獣の）子、4. pine 松、5. cape 岬、（マントのような）ケープ、6. tap 蛇口（アメリカでは faucet ともいう）、コツコツたたく

左の単語と右の単語を比べてみると、発音しない語末の'e'(＝サイレントe)がつくと、母音が変わっているのがわかると思います。もう少し丁寧に分析すると、左の**つづり字 'e' のない単語の母音は短母音**であるのに対して、**語末に 'e' がつくと、二重母音、あるいは [j]+ 長母音になっている**ことがわかると思います。この点を意識して、発音学習を行うと効果的です。

本書では、基本的に「サイレントe」にあたる部分には下線を引きません。

上級レベル

例外として、a̲nything などつづり字が 'a' の場合や、fri̲e̲nd のようにつづり字が 'ie' などもあります。

英語の[e]は日本語の「え」よりもほんの少し口をあけた「エ」。

Step 2　発音記号を練習する

ここでは[e]を含む単語の発音を練習しましょう。何度か聞いてから、発音練習をすることがポイントです。下線部に注意して発音してください。「日本語とあまり変わらないエ」であることを確認しましょう。

1. penguin
2. Wednesday
3. website
4. death
5. beg

語注：5. beg 懇願する、せがむ

次に、上記の単語を使った文を発音練習しましょう。下線部に注意して行ってください。

6. My daughter saw penguins at the zoo.
（娘は動物園でペンギンを見ました）
7. The meeting will be held this Wednesday.
（会合は今週の水曜日に開催されます）
8. I bought this headset on the website.
（このヘッドホン［ヘッドセット］はそのウェブサイトで買いました）
9. Death comes to everybody.　（死は皆に訪れます）
10. I beg your pardon.
（ごめんなさい［イントネーションが下がったとき］/
すみません、もう一度いいですか？［イントネーションが上がったとき］）

Step 3　発音記号を単語に置き換える

ここでは [e] を含む単語を発音記号で書いてありますが、その発音記号を単語に変えてみましょう。未学習のものもありますが、クイズ感覚で試してみてください。

1. [pét]
2. [bél]
3. [hélθ]
4. [béri]
5. [préznt]

答 1. pet　2. bell　3. health　4. berry, bury　5. present

語注：4. bury 埋める、5. present プレゼント、現在の

Step 4　発音記号を読む練習

Step 3 で発音記号を単語にする練習をしましたが、ここではその発音記号を見ながら、発音練習をしましょう。

1. [pét]
2. [bél]
3. [hélθ]
4. [béri]
5. [préznt]

2.5.「オ」の類

英語の「オ」は２種類で、[ɔː] と [ɔːr] です。

母音を発音する際に、口のあけ方や唇の形が重要になりますが、その口のあけ方（＝口の構え）の写真を載せてあります。詳しくは Must を参考にしてください。

ただし、標準イギリス英語 RP の [ɒ] も「お」に近いのですが、この項には含めませんので、詳しくは Must 6 を参照してください。

[ɔː]	Must 18
[ɔːr]	Must 19

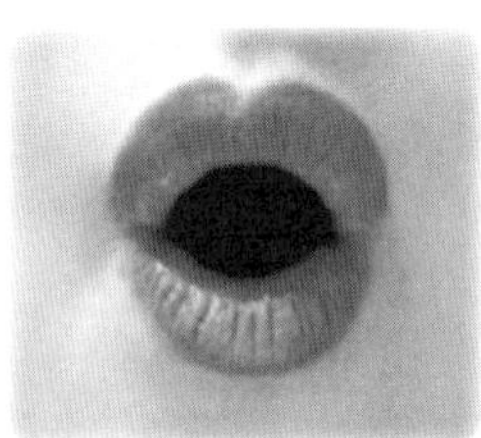

Must
18

softの[ɔː]は日本語の「お」よりもやや口をあけて発音する

ここではsoftやlawの[ɔː]について学びましょう。ナレーター🇺🇸GAは[ɑː]に近い発音をしています。詳しくは Must 6も参考にしてください。

Step 1 発音記号を学ぶ

●——どうやって発音するの？

まず、日本語の「お」を発音するところから始めましょう。

英語の[ɔː]は、**日本語の「お」よりもやや口をあけて発音します**が、口をあけると、唇が丸まります（=円唇母音（えんしんぼいん） Must 6参照）。そして、長音記号[ː]がついているので、長母音です。写真のように唇を丸めて「オー」と発音しましょう。

口の構え（正面）[ɔː]

ところで、日本語の「お」は日本語の5つの母音の中で「唯一の円唇母音」といわれます。ただし、Must 14でも書いたように、最近では、特に若い人に日本語の「う」も円唇が強い傾向が見られますので、「唯一の円唇母音とは言えない」という専門家もいます。

とはいえ、日本語の「お」はそれほど唇を丸めて発音しているわけではありませんので、それと比べると英語の[ɔː]はしっかりと唇を丸めて発音する必要があります。

動画のココに注目

動画 No.15 で確認しましょう。
他の母音と比べると、口を大きくあけていますが、前述の写真と比べると、デモンストレーターの唇の丸めは少なく、口のあきが若干少ないことがわかります。
これは、デモンストレーターが、標準アメリカ英語 GA 話者なので、[ɔː]を[ɑː]寄りに発音していることによります。少し詳しく言うと、前者[ɔː]は唇に少し丸みがありますが、後者[ɑː]には丸みが少なくなります。左と右の写真がかなり似ていますね。
このことから、人によっては、「オ」に「ア」が混じった感じに聞こえると思います。

[ɔː]　　口の構え（斜め）　　[ɑː]

それから、デモンストレーターの Must 19 [ɔːr]と口の構えの形が少し違う点にも注目してみてください。

●——どう聞こえるの？

[ɔː] は、基本的には「オー」と聞こえるので問題はありません。

注意点としては、Must 4 そのほか注意する発音ポイント でも書きましたが、標準アメリカ英語 [ɔː] において、law は [lɔ́ː] と「ロー」が標準的な発音とされますが、最近では [lɑ́ː] つまり「ラー」と発音する人も多いので注意が必要です。

●——どこで出てくるの？

さまざまなつづり字で現れますが、一番多いのが、soft のようにつづり字が 'o' の場合です。

そのほか、law や saw、straw のようにつづり字が 'aw'、cause、August、sauce のようにつづり字が 'au'、all のように つづり字が 'a' のときにも多く見られます。

●——そのほか注意する発音ポイント

先に、英語の [ɔː] は、**日本語の「お」よりもやや口をあけて発音する**と説明しましたが、日本語の「お」よりも口をややあけ気味にして発音した結果、Must 4 [ɑː] や Must 6 [ɑː] と同じような発音になることがあります。

アクセント（方言）の中には、[ɑː] と [ɔː] を区別しないことがありますので、前述の例のように、law が [lɔː] の [ɔː] の代わりに [lɑː] と [ɑː] で発音した場合でも、同じ語であると認識できるようにしましょう。

[ɔː]は日本語の「お」よりもやや口をあけて発音する「オ」で、長母音。唇を丸めることを忘れずに。

Step 2　発音記号を練習する

ここでは [ɔː] を含む単語の発音を練習しましょう。何度か聞いてから、発音練習をすることがポイントです。下線部に注意して発音してください。「長いオー」であることを確認しましょう。ただし、ナレーター GA は [ɑː] で発音しているところがありますので、その場合、「長いアー」といった感じに聞こえます。

1. chalk
2. loss
3. water
4. always
5. caught

注：2. RP では [lɒ́s]、5. catch の過去形、過去分詞形

次に、上記の単語を使った文を発音練習しましょう。下線部に注意して行ってください。

6. Can I use the chalk?　（そのチョークを使ってもいいですか？）
7. Food loss is a worldwide problem.
　（フードロスは世界的な問題です）
8. Water is vital for life.　（水は生きるのに欠かせない）
9. I always forget to bring the textbook.
　（いつもそのテキストをもってくるのを忘れます）
10. I caught a bad cold.　（ひどい風邪を引きました）

Step 3　発音記号を単語に置き換える

ここでは[ɔː]を含む単語を発音記号で書いてありますが、その発音記号を単語に変えてみましょう。未学習のものもありますが、クイズ感覚で試してみてください。

ただし、ナレーター GA は[ɑː]に近い発音をしているところもあります

1. [lɔ́ːŋ]
2. [kɔ́ːfi]
3. [dɔ́ːg]
4. [wɔ́ːt̬ɚ]
5. [kɔ́ːf]

答 1. long　2. coffee　3. dog　4. water　5. cough

語注：5. cough 咳(せき)

Step 4　発音記号を読む練習

Step 3で発音記号を単語にする練習をしましたが、ここではその発音記号を見ながら、発音練習をしましょう。最初の標準アメリカ英語 GA と標準イギリス英語 RP を聞き比べてみましょう。

1. [lɔ́ːŋ]	GA	[lɒ́ŋ]	RP
2. [kɔ́ːfi]	GA	[kɒ́fi]	RP
3. [dɔ́ːg]	GA	[dɒ́g]	RP
4. [wɔ́ːt̬ɚ]	GA	[wɔ́ːtə]	RP
5. [kɔ́ːf]	GA	[kɒ́f]	RP

ただし、ナレーター GA は[ɑː]に近い発音をしているところもあります

Must
19

horseの[ɔːr]は日本語の「お」よりも口をあけて[r]をかける

ここではhorseやsoarの[ɔːr]について学びましょう。

Step 1　発音記号を学ぶ

●——どうやって発音するの？

この[ɔːr]は Must 18[ɔː]のr音化（Must 3参照）した音です。したがって、まず、**日本語の「お」よりも口をあけて、唇の丸めを作って発音**します。

口の構え（正面）[ɔː]

その後、**[r]の音を[ɔː]にかける**ようにします。ですので、通常のr音化のように、音色が２段階（＝最初の母音と[r]）で変わる点に注意しましょう。

この[r]は「r音化」（Must 3参照）なので、標準イギリス英語🇬🇧RPでは発音しません。したがって、🇬🇧RPでは Must 18[ɔː]と同じ発音になります。どういうことかというと、たとえば、seek（意味：探す）の過去形、過去分詞形である sought と sort（意味：分類、分類する）の発音が RP では同じになるということです。

アクセント	sought	sort	特徴
GA	[sɑ́ːt]	[sɔ́ːrt]	→ 発音**異なる**
RP	[sɔ́ːt]	[sɔ́ːt]	→ 発音**同じ**

75

動画のココに注目

動画 No. 16 で確認しましょう。
本来 Must 18 [ɔː]（動画 No.15）と Must 19 [ɔːr] の母音は同じ音なのですが、標準アメリカ英語 GA 話者であるデモンストレーターは [ɔː] を [ɑː] 寄りに発音していました。つまり、後者 [ɔːr] は唇の丸めが強いのに対して、前者 [ɔː] は [ɑː] 寄りなので、口があいていて丸みが弱いことがわかります。その違いを確認してみましょう。

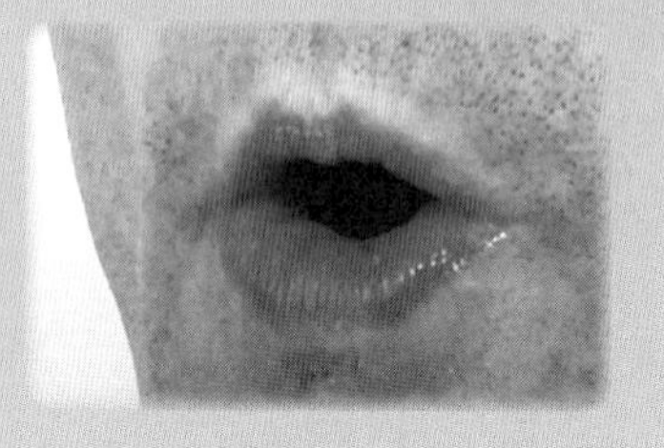
[ɔːr]

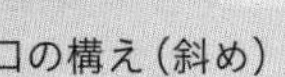
口の構え（斜め）

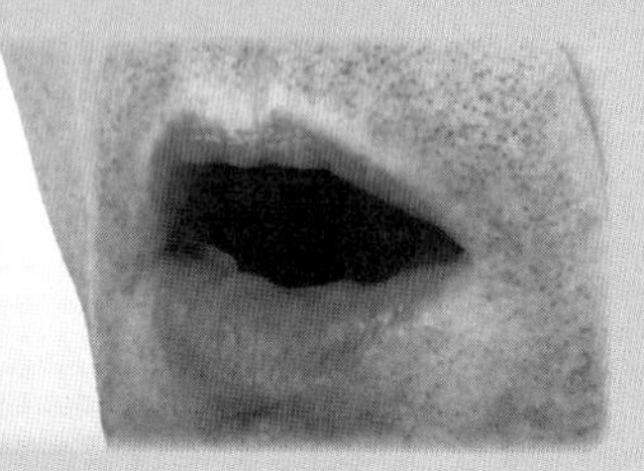
[ɔː]

●——どう聞こえるの？

最初の母音は、はっきりと「オー」と聞こえるので問題はありませんが、その後、[r] を発音するところで、音調が暗くなります。[r] は日本語の「ら行の音」というよりは、「暗いア」といった感じに聞こえるので、「オーァ」と聞こえます。

●——どこで出てくるの？

ここで紹介する例は、あくまで標準アメリカ英語 GA での現象であることに注意しましょう。

基本レベル

Must 3 でも書きましたが、「r 音化」は一定の母音の後に、つづり字の ‘r’がもともとないといけません。したがって、horse のようにつづり字が ‘or’であったり、score、store、core のようにつづり字が ‘or(e)’であったりします。ただし、information など、例外もあります。また、soar（意味：高く上がる、高騰する）のようにつづり字 ‘oar’であることもあります。

上級レベル

このほかにも、four のように ‘our’や door のようにつづり字が ‘oor’といったケースもあります。

また、war や warm のようにつづり字が ‘ar’のときに [ɔːr] になることがありますが、こうした例はそれほど多くなく、本来はつづり字が ‘ar’のときには arm や park のように [ɑːr] と発音されるのが一般的です。

[ɔːr]は日本語の「お」よりも口をあけて、唇の丸めを作って発音します。
その後、[r]の音を[ɔː]にかけるようにして発音します。

Step 2 発音記号を練習する

ここでは [ɔːr] を含む単語の発音を練習しましょう。何度か聞いてから、発音練習をすることがポイントです。下線部に注意して発音してください。「オーに [r] がかかった音」であることを確認しましょう。

最初が標準アメリカ英語 GA で、その後が標準イギリス英語 RP です。よく聞き比べましょう。

1. board GA RP
2. source GA RP
3. core GA RP
4. sore GA RP
5. torture GA RP

語注：2. source 源、3. core 核、4. sore ひりひり（ずきずき）痛む、悲しい、痛ましい、5. torture 拷問

次に、上記の単語を使った文を発音練習しましょう。下線部に注意して行ってください。GA と RP を聞き比べましょう。

6. Welcome on board. GA RP
（[飛行機や船に] ご搭乗《ご乗船》ありがとうございます）
7. You must give the source of the information. GA RP
（情報源を書かければなりません）
8. This subject is a part of our core curriculum. GA RP
（この科目は私たちのコアカリキュラムの一部です）
9. I had a bad sore throat. GA RP （ひどくのどを痛めていました）
10. This is torture for me. GA RP （私にとってこれは拷問です）

注：5. for はここでは弱形。弱形に関しては、Must 8 を参考にしてください。

Step 3　発音記号を単語に置き換える

ここでは [ɔːr] を含む単語を発音記号で書いてありますが、その発音記号を単語に変えてみましょう。未学習のものもありますが、クイズ感覚で試してみてください。

1. [mɔ́ːr]
2. [wɔ́ːr]
3. [ʃɔ́ːr]
4. [kɔ́ːrt]
5. [fɔ́ːr]

答 1. more　2. war　3. shore　4. court　5. four, for の強形

> 語注：3. shore 岸、4. court 裁判所、（テニスなどの）コート
> 音声注：3. ただし RP では sure を shore と同じに発音する人もいて、若い人ほどこの傾向が強い

Step 4　発音記号を読む練習

Step 3 で発音記号を単語にする練習をしましたが、ここではその発音記号を見ながら発音練習をしましょう。GA と RP を聞き比べましょう。

1. [mɔ́ːr]　GA　RP
2. [wɔ́ːr]　GA　RP
3. [ʃɔ́ːr]　GA　RP
4. [kɔ́ːrt]　GA　RP
5. [fɔ́ːr]　GA　RP

2.6. 二重母音

●——二重母音：8 種類ある

このセクションでは、**二重母音**を扱います。二重母音は全部で 8 種類あります。

二重母音表

番号	発音記号	例　下線がその発音記号の音	動画の番号
⑱	[eɪ] Must 20	eight, safe, pay	No. 18
⑲	[aɪ] Must 21	I, fly, pie	No. 19
⑳	[ɔɪ] Must 22	toy, noise	No. 20
㉑	[ɪɚ] Must 23	ear, peer, here 意味: peer 仲間	No. 21
㉒	[eɚ] Must 24	air, fair, pear 意味: pear 洋梨 発音要注意	No. 22
㉓	[ʊɚ] Must 25	sure, poor	No. 23
㉔	[aʊ] Must 26	town, mouth	No. 24
㉕	[oʊ] GA [əʊ] RP Must 27	know, coat, soul	No. 25 （GA のみ）

注意しなくてはならないのは㉕ですが、㉕には2つの発音記号が書かれています。

これはどういう意味かというと、この二重母音だけ、他と比べると、発音の仕方と聞こえ方が標準アメリカ英語 GA と標準イギリス英語 RP で大きく異なるということです。

それぞれの二重母音に関して、詳しくは二重母音表のそれぞれの Must で説明していきます。

●――二重母音：発音記号が2つあっても滑らかな1つの母音

次に、二重母音のポイントは、発音記号が2個並んでいても、1つの母音だということです。

最初の母音［以下、便宜上、「最初の母音」を「最初の要素」として説明する場合もあります］から2つ目の母音［以下、便宜上、「2つ目（後ろ）の母音」を「後ろ（2つ目）の」として説明する場合もあります］を発音する際に、途切れず、滑らかに移るように発音することが重要です。

イメージとしては、グラデーションのように滑らかに最初の母音から後ろの母音に移行することです。

一方で、日本語は赤（＝最初の母音）と白（＝2つ目の母音）がはっきりと分かれています。つまり、別々の母音が2つ並んでいるだけです。

これまで書いてきたことは、以下の図を使って解説するとわかりやすいので、図を見てください。「(魚の) えい」と「アルファベットのA」を例にとって説明します。

これを見ると、日本語では「え」「い」がくっきりと分かれていますが、英語の[eɪ]は1つの音で、最初が赤く、徐々に白くなっていっていることがわかります。そして、最初の要素である赤い部分が長く、後ろの要素である白い部分が少し短いことがわかります。

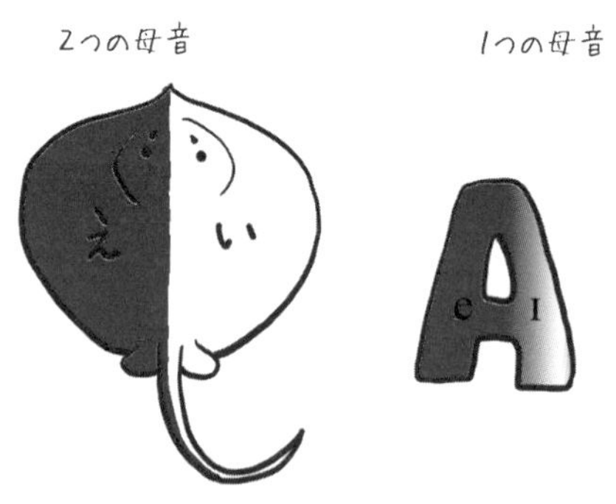

つまり、二重母音とは、最初の要素(例 [eɪ]の[e])から後ろの要素(例 [eɪ]の[ɪ])に滑らかに移行するのですが、**最初の要素が強く長く、後ろの要素が弱く短く**なる1つの母音というわけです。

●——二重母音：3つに分類できる

二重母音は、以下の表のように、二重母音の後ろの要素から3つに分類することができます。

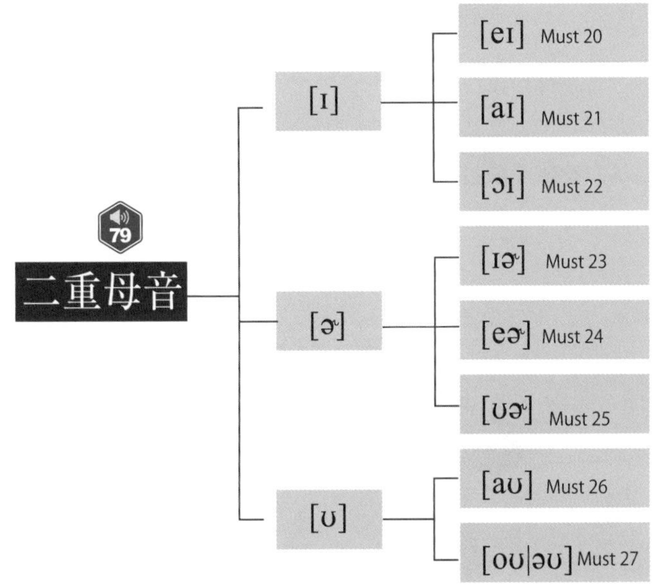

表の真ん中にある発音記号に注目してください。英語の二重母音は、[ɪ](Must 12)、[ɚ](Must 8)、[ʊ](Must 15)で終わる3種類に分類できます。これらの母音に共通しているのは、「**緊張感のない母音**」であるということです。

これはつまり、二重母音の最初の要素（例 [eɪ] の [e]）から後ろの要素（例 [eɪ] の [ɪ]）に滑らかに移行して1つの母音として発音され、**最初の要素が強く長く、後ろの要素が弱く短く**発音されますが、後ろの要素が弱く短く発音されるので「緊張感のない母音」で滑らかに発音されて終わるということです。

音楽をやっている方なら、「デクレッシェンド」 > をイメージするとわかりやすいかもしれません。つまり、滑らかにゆっくりと音が静かになるイメージです。

したがって、二重母音においては、**最初は頑張ってはっきりと、あとは力を抜く感じ**で発音しましょう。指揮者がタクトを握って、以下の図のように振るようにして発音してもよいでしょう。

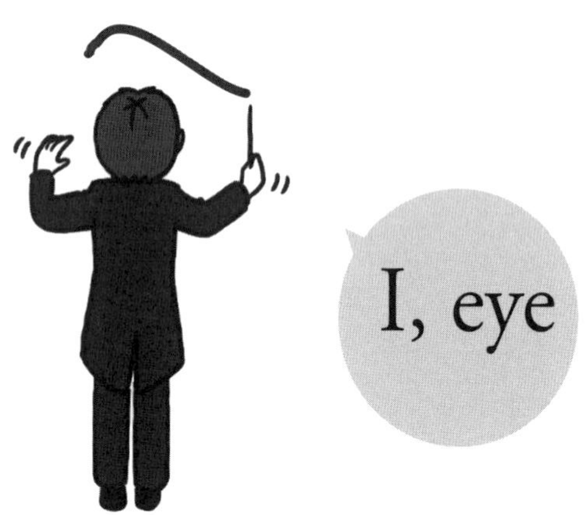

●——どこにアクセント記号をつけるの？

二重母音のアクセント記号は最初の要素につけるので、pay は [péɪ] で、fly は [fláɪ] となりますので、覚えておきましょう。

Must
20

eightの[eɪ]は野球の下手な子がボールを「エ〜ィ」と投げる感じ

前頁で書きましたが、Must 20 [eɪ]、Must 21 [aɪ]、Must 22[ɔɪ]の3つの二重母音の母音はすべて[ɪ]という母音になっています。[ɪ]はMust 12で説明しましたが、「**緊張感のない短いイ**」です。

ここではeightやsafe、payの[eɪ]について学びましょう。

Step 1　発音記号を学ぶ

●——どうやって発音するの？

ここでは[eɪ]について学びます。最初の要素である[e]は、Must 17で学んだ母音と同じで**日本語の「え」よりも口をあけて「エ」**と発音します。そこから滑らかに後ろの要素である「**緊張感のない短いイ**」[ɪ]に移行します。

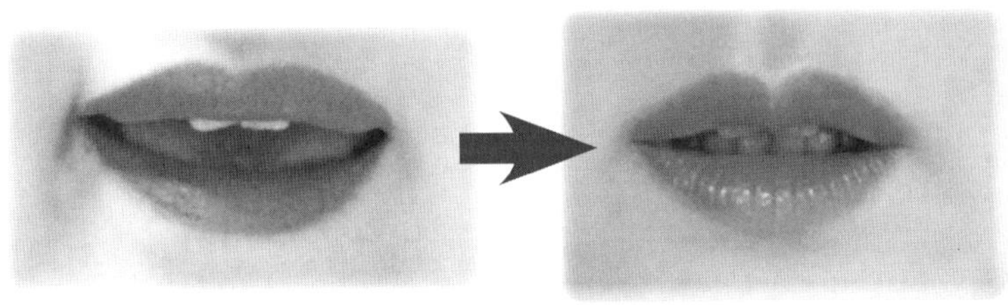

口の構え（正面[eɪ]）

二重母音は、**最初の要素が強く長く、後ろの要素が弱く短い**ので、その点に注意しましょう。

2.6. 二重母音の冒頭でも図解しましたが、グラデーションのような感じでアルファベットのAを発音しましょう。魚の「えい」とは異なることを実感してください。

イメージとしては、野球が苦手な子供が「エ〜ィ」と投げる感じです。「野球が苦手な」というのがポイントです。プロ野球選手が投げるような鋭い投球という感じではありません。

動画のココに注目

動画 No.18 で確認してください。
[eɪ] が滑らかに発音されていると同時に、唇の形があまり変わらず、口が軽くあいているところから、軽く閉じる感じになっています。舌の位置もほとんど変わらず、舌の緊張もなくリラックスして発音していることがわかります。

●——どう聞こえるの？

滑らかな「エ〜ィ」と聞こえます。ただし、2つ目の要素 [ɪ] には注意する必要があります。

というのも、**日本語の「い」ほどには、はっきり「い」とは聞こえない**からです。

Must 12 でも説明したように [ɪ] は、「緊張感がないイ」の音のため、日本語の「え」の要素が加わってしまいます。ですから、人によって

日本人が注意したいポイント

は、「い」に「え」が加わったように聞こえるのです。

その結果、二重母音という最初の要素 [e] から後の要素 [ɪ] に音質が変化すると感じるのではなく、長母音 [eː] だと聞き間違えてしまうことがあるのです。

つまり、pay [peɪ] が [peː] に聞こえる場合があるので、注意が必要です。

この聞き間違いは、学習者にとっては珍しいことではありません。というのも、実際に、日本人は外来語に出てくる二重母音を長母音に変換する傾向があります。

たとえば、cake [kéɪk] を「ケーキ」ととらえますので、英語の二重母音 [eɪ] を「えー」ととらえてしまうことは無理からぬことです。

また、音の区切りの感覚も英語と日本語で異なります。

pay を例にとると、これは英語では2つの音素（はじめに「発音記号において注意すること」参照）、つまり子音 /p/（Must 28）と二重母音 /eɪ/ です。一方で、日本語のように「ぺ」と「い」のように分けません。

●――どこで出てくるの？

基本レベル

もっとも多いのは、eight や neighbor のようにつづり字が 'ei' のときと、safe や make ようにつづり字が 'a+ 子音字 +e' のときと、lazy のようにつづり字が 'a' のときです。

上級レベル

そのほかに、pay や day、delay のようにつづり字が 'ay' のときや、pain や rain、gain のようにつづり字が 'ai' のときです。ただし、語末の 'ai' は acai（意味：[健康食品の]アサイー）や chai（意味：[インド式ミルクティーなどの]チャイ）のように [aɪ] と発音されることが多いです。

そして、grey のようにつづり字が 'ey' もあります。

[eɪ]の[e]は日本語の「え」よりも口をもう少し全体的に（縦横に）あけて「エ」と発音してから、滑らかに後ろの要素である「緊張感のない短いイ」[ɪ]に移行する。

Step 2　発音記号を練習する

ここでは [eɪ] を含む単語の発音を練習しましょう。何度か聞いてから、発音練習をすることがポイントです。下線部に注意して発音してください。最初の要素 [e] から次の要素 [ɪ] に滑らかに移行していることを確認しましょう。

1. age
2. pace
3. bake
4. shave
5. aid

次に、上記の単語を使った文を発音練習しましょう。下線部に注意して行ってください。

6. Jane graduated from Oxford University at the age of 17.
   （ジェーンはオックスフォード大学を17歳の年齢で卒業しました）
7. You should walk at a slow pace. （ゆっくり歩いてね）
8. My mother baked a chocolate cake for us.
   （母は私たちのためにチョコレートケーキを焼いてくれました）
9. I love to eat shaved ice. （かき氷を食べるのが好きです）
10. This medicine will aid my father's recovery.
   （この薬は父の回復につながるでしょう）

Step 3 発音記号を単語に置き換える

ここでは [eɪ] を含む単語を発音記号で書いてありますが、その発音記号を単語に変えてみましょう。未学習のものもありますが、クイズ感覚で試してみてください。

1. [séɪ]
2. [béɪkən]
3. [wéɪst]
4. [péɪnt]
5. [ətéɪn]

答 1. say 2. bacon 3. waist, waste 4. paint 5. attain

語注：2. bacon（加工肉の）ベーコン、3. waist ウエスト、5. attain 達成する

Step 4　発音記号を読む練習

Step 3 では発音記号を単語にする練習をしましたが、ここではその発音記号を見ながら、発音練習をしましょう。

1. [séɪ]
2. [béɪkən]
3. [wéɪst]
4. [péɪnt]
5. [ətéɪn]

Must
21

Iの[aɪ]は童謡の冒頭に出てくるような滑らかな「ア〜ィ」

ここではIやfly、pieの[aɪ]について学びましょう。

日本語の「あ」に相当する母音を2.1.のMust 4〜Must 10で学びましたが、この[aɪ]の最初の要素である[a]は初めて出てきた母音です。以下はこれまで学んできた日本語の「あ」に相当するもので、その種類は7種類です。場合によっては、5種類とするものもあります。

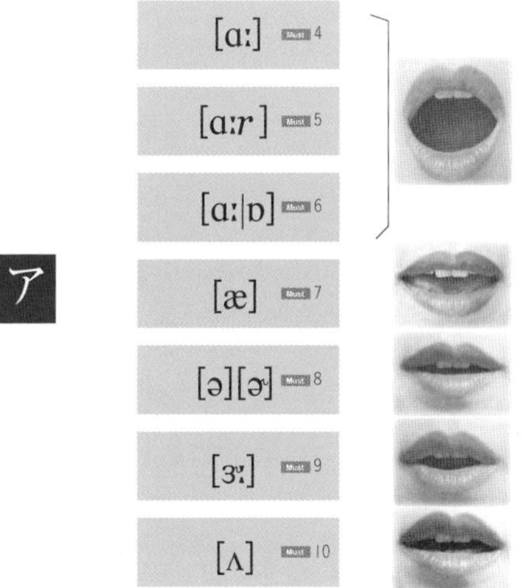

「はじめに」でも書きましたが、**発音記号は発音記号が異なると、発音も異なる**ということをもう一度確認しましょう。したがって、[aɪ]の最初の要素である[a]は、これまで学習した発音とは異なるのです。

●——どうやって発音するの？

では、どのように異なるのでしょうか。

以下の [ɑ] と [a] の違いの写真を見てください。

[ɑ] はしっかりと口をあけて、舌の後ろの部分（付け根の部分）が口の奥側に引かれる感じで発音します。そうすることで、正面から見ると舌の前側ははっきりと見えません。

それに比べて、[a] は、[ɑ] と同様に**しっかりと口をあけるのですが、日本語の「あ」のような感じで発音している**ので、舌の前部が見えています。ですから、舌の前側を少し意識して発音しましょう。

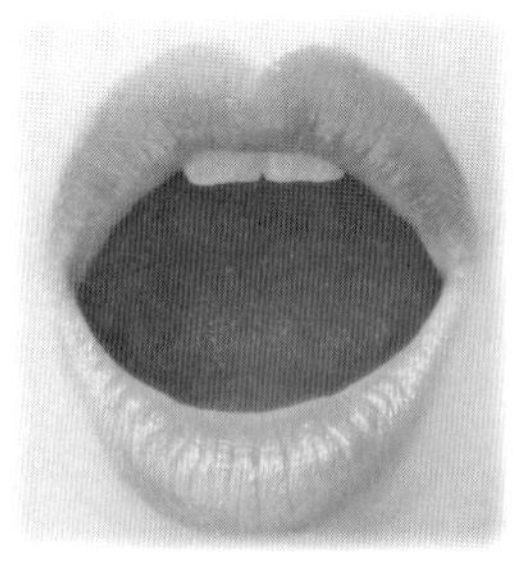

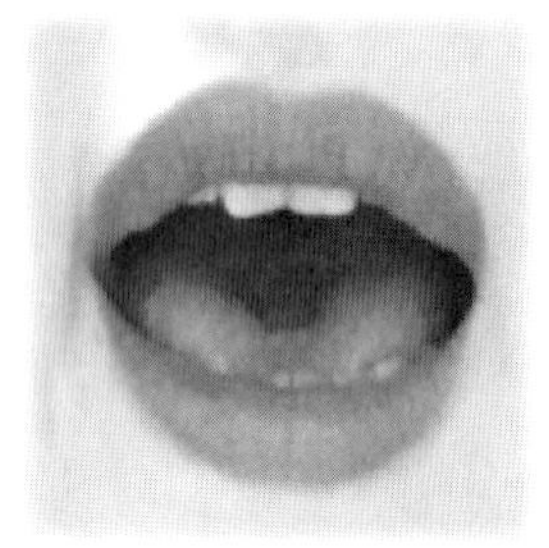

[ɑ]　　口の構え（正面）　　[a]

その [a] から、滑らかに「**緊張感のない短いイ**」[ɪ] に移行します。

二重母音は、**最初の要素が強く長く、後ろの要素が弱く短い**ということを忘れないでください。

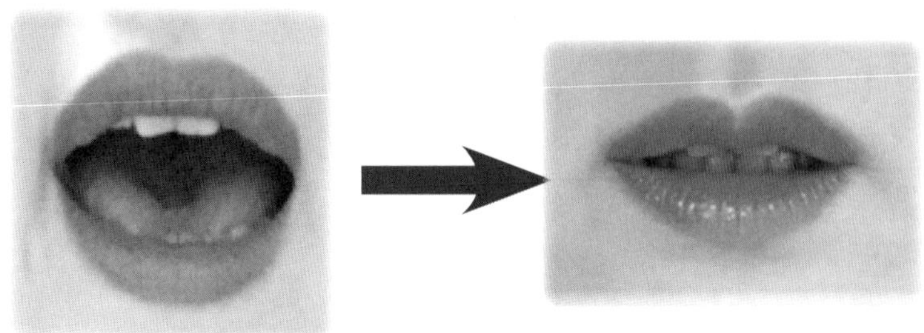

口の構え（正面）[aɪ]

誰もが知っているサルが出てくる童謡の冒頭に「あ〜ぃあい」という部分がありますが、その「ア〜ィ」です。

動画のココに注目

No. 19で確認してみましょう。
まず、最初の要素 [a] で口をあけた状態から、後ろの要素 [ɪ] で軽く口を閉じる状態になり、二重母音の移行が滑らかです。
次に、舌の位置ですが、最初の要素 [a] では舌がいったん下がって、舌の前部が軽く盛り上がり、その後に、後ろの要素 [ɪ] では、舌がリラックスしてやや平らに戻っているのがわかります。

●——どう聞こえるの？

[a] は日本語の「あ」のように比較的明るい音調の「ア」で、そこから緊張感のない短いイ [ɪ] に移行するので、「アーィ」と聞こえます。

ただし、注意が必要な場合があります。

Must 20 でも説明しましたが、[ɪ] は「緊張感のないイ」なので、「い」に「え」が加わったように聞こえてしまい、その結果、「アーェ」と聞こえる人もいます。つまり、fly が「フラーィ」ではなく「フラーェ」のように聞こえてしまうケースがあります。

また、二重母音を長母音としてとらえてしまい、fly が「フラー」のように聞こえてしまう人もいます。

ここではミニマルペア（Check it out! (6) 参照）を使って、その違いをしっかりと練習しましょう。あわせて、GA と RP の発音を聞き比べてくださいね。

ミニマルペアで違いをチェック！ [aɪ] と [ɑːr] の違い

① **buy vs. bar** [báɪ][bɑ́ːr] GA RP

② **pie vs. par** [páɪ][pɑ́ːr] GA RP

③ **tight vs. tart** [táɪt][tɑ́ːrt] GA RP

語注：② par 同等、（ゴルフ）パー、③ tight（洋服などが）きつい、tart タルト

●――どこで出てくるの？

基本レベル

この母音が出てくるのは、fly のようにつづり字が 'y' であったり、pie、tie、lie のようにつづり字が 'ie' であったりします。また、つづり字が 'i+ 子音字 +e' のときで、例をあげると five や site や、つづり字が 'i' のときで例をあげると giant のときに [aɪ] と発音します。

上級レベル

tire や、fire、wire のようにつづり字が 'ir(e)' のときにも、[aɪɚ] になります。これは学者によっては、三重母音と呼ぶ人もいれば、[aɪ] という二重母音に r 音化したあいまい母音 [ɚ] がついたものと考える人もいます。

[aɪ]の[a]は日本語の「あ」のような感じで発音してから、滑らかに「緊張感のない短いイ」[ɪ]に移行する。

Step 2　発音記号を練習する

ここでは [aɪ] を含む単語の発音を練習しましょう。何度か聞いてから、発音練習をすることがポイントです。下線部に注意して発音してください。

最初の要素 [a] から次の要素 [ɪ] に滑らかに移行していることを確認しましょう。

1. sky
2. ice
3. line
4. height
5. finance

語注：3. line 線、4. height 高さ、5. finance 財政、財務

次に、上記の単語を使った文を発音練習しましょう。下線部に注意して行ってください。

6. The sky is so blue.　(空はとても青いです)
7. Would you like ice cream or sorbet?
   (アイスクリームとシャーベットはどちらが良いですか？)
8. Could you line up in a row?　(一列に並んでいただけますか？)
9. The height of this building is 230 meters.
   (この建物の高さは 230 メートルです)
10. I am a member of the finance committee.
   (私は財政委員会のメンバーです)

Step 3　発音記号を単語に置き換える

ここでは [aɪ] を含む単語を発音記号で書いてありますが、その発音記号を単語に変えてみましょう。未学習のものもありますが、クイズ感覚で試してみてください。

1. [báɪ]
2. [fáɪv]
3. [sáɪt]
4. [láɪt]
5. [báɪsɪkl]

答 1. buy, by　2. five　3. sight　4. light　5. bicycle

語注：3. sight 視力、見（え）ること、光景

Step 4　発音記号を読む練習

Step 3 では発音記号を単語にする練習をしましたが、ここではその発音記号を見ながら、発音練習をしましょう。

1. [báɪ]
2. [fáɪv]
3. [sáɪt]
4. [láɪt]
5. [báɪsɪkl]

まぎらわしい発音記号のポイント：[ɑ] と [a] の違い

	発音の仕方
[ɑː] Must 4 [ɑːr] Must 5 [ɑː|ɒ] Must 6	**しっかりと口をあけて「アー」**と発音します。そのときに、**舌は後ろの部分（付け根の部分）が後ろ（奥）に引かれる感じ**にします。 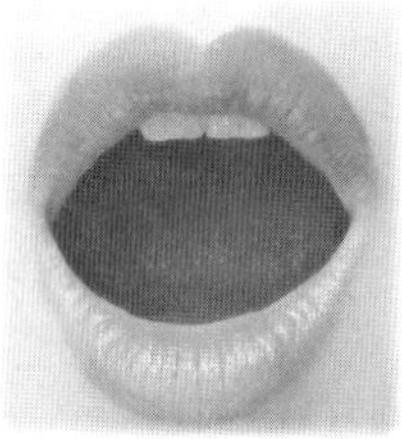
[aɪ] Must 21	**しっかりと口をあけて「アー」と発音**するのですが、日本語の「あ」のような感じです。**舌の前側を意識しましょう。** 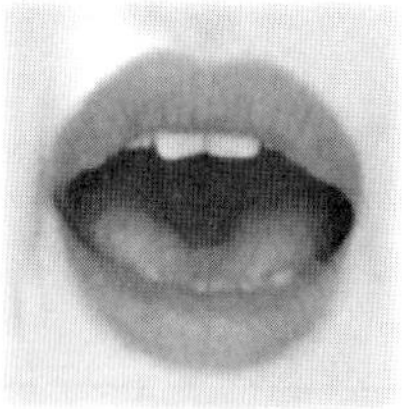

Must
22

toyの[ɔɪ]は「お〜ぃ」と呼びかける

ここではtoyやnoiseの[ɔɪ]について学びましょう。

Step 1　発音記号を学ぶ

●——どうやって発音するの？

[ɔɪ]の最初の要素である[ɔ]は、Must 18 [ɔː]とMust 19 [ɔːr]の[ɔ]と同じです。したがって、**日本語の「お」よりもやや口をあけて発音しながら、唇を丸めます**。そこから「**緊張感のない短いイ**」である[ɪ]に滑らかに移行します。

他の二重母音と同様に、最初の要素[ɔ]を強く長く、後ろの要素[ɪ]を弱く短く発音してください。

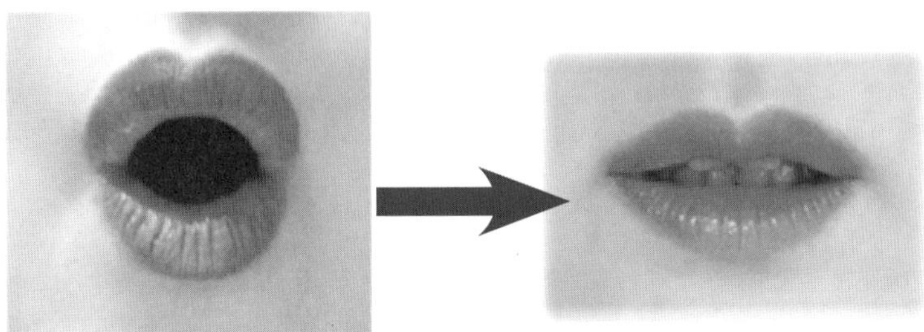

口の構え（正面）[ɔɪ]

お茶のCMで「お〜ぃ、お茶」というものがありますが、それをイメージして発音しましょう。ただし、「ぃ」をはっきりと言わないようするのがポイントです。

動画のココに注目

動画 No.20 で確認してください。
最初の要素 [ɔ] でしっかりと唇を丸めてから、後ろの要素 [ɪ] でリラックスして唇が通常のリラックスした状態に戻っているのがわかります。
舌も最初の要素 [ɔ] では後部が盛り上がるため、動画では見えませんが、後ろの要素 [ɪ] では舌全体がリラックスしている状態に戻るので、舌先が見えています。

●——どう聞こえるの？

基本的には「お～ぃ」と聞こえますが、Must 20 と Must 21 でも書いたように、[ɪ] は「い」に「え」が混じったような音のため、人によっては、[ɔɪ] は「オーェ」に聞こえることがあります。たとえば toy が「トーィ」ではなく、「トーェ」に聞こえる場合があります。

また、[ɪ] が弱くて聞き取れず、Must 18 [ɔː] のような長母音に聞こえることもありますので、toy が「トー」に聞こえる場合もあります。

以下では [ɔɪ] と [ɔː*r*] の聞き分けの練習をミニマルペアで行いましょう。ここではミニマルペアの聞き分けのほかに、GA と RP の違いにも注目しましょう。

ミニマルペアで違いをチェック！　[ɔɪ] と [ɔːr] の違い

① **toy vs. tore**　[tɔ́ɪ][tɔ́ːr]　BA　RP

② **soy vs. sore**　[sɔ́ɪ][sɔ́ːr]　BA　RP

③ **choice vs. chore**　[tʃɔ́ɪs][tʃɔ́ːr]　BA　RP

語注：① tore < tear（裂く、破く）の過去形、② soy 大豆、sore 触れると痛む、ひりひりする、悲しい、③ chore 面倒な [いやな、退屈な] 仕事、雑用

●——どこで出てくるの？

noise、oil、boil のようにつづり字が 'oi' のときと、boy、toy、enjoy のようにつづり字が 'oy' のときがもっとも一般的です。

[ɔɪ]の[ɔ]は日本語の「お」よりもやや口をあけると同時に唇を丸めて、その後「緊張感のない短いイ」である[ɪ]に滑らかに移行する。

Step 2　発音記号を練習する

ここでは[ɔɪ]を含む単語の発音を練習しましょう。何度か聞いてから、発音練習をすることがポイントです。下線部に注意して発音してください。

1. choice
2. join
3. enjoy
4. poison
5. soil

最初の要素[ɔ]から次の要素[ɪ]に滑らかに移行していることを確認しましょう

語注：1. choice 選択、4. poison 毒、5. soil 土壌

次に、上記の単語を使った文を発音練習しましょう。下線部に注意して行ってください。

6. What is your choice?　（どれにしますか？）
7. I joined a rugby club.　（ラグビー部に入りました）
8. Did you enjoy the show?　（ショーは楽しかったですか？）
9. This brown bottle is labeled "Poison".
　（この茶色のビンには「毒」と札が貼ってあります）
10. The soil here is very rich.　（ここの土壌はとても肥沃（ひよく）です）

Step 3　発音記号を単語に置き換える

ここでは [ɔɪ] を含む単語を発音記号で書いてありますが、その発音記号を単語に変えてみましょう。未学習のものもありますが、クイズ感覚で試してみてください。

1. [tʃɔ́ɪs]
2. [vɔ́ɪs]
3. [kɔ́ɪn]
4. [mɔ́ɪst]
5. [bɔ́ɪkɑːt]

答 1. choice　2. voice　3. coin　4. moist　5. boycott

Step 4　発音記号を読む練習

Step 3 では発音記号を単語にする練習をしましたが、ここではその発音記号を見ながら、発音練習をしましょう。

1. [tʃɔ́ɪs]
2. [vɔ́ɪs]
3. [kɔ́ɪn]
4. [mɔ́ɪst]
5. [bɔ́ɪkɑːt]

Must

23 発音要注意

earの[ɪɚ]は お風呂に入って気もち「イ〜ァ」

はじめに注意することは、ここからの Must 23 [ɪɚ]、Must 24 [eɚ]、Must 25 [ʊɚ] の3つの二重母音はすべて [ɚ] という母音で終わっているという点です。[ɚ] は Must 12 で説明しましたが、**「r 音化したあいまい母音」**です。

ここでは ear や、peer、here の [ɪɚ] について学びましょう。

Step 1　発音記号を学ぶ

●——どうやって発音するの？

[ɪɚ] は、まず、あいまいな「イ」の音 [ɪ] を発音します。この [ɪ] は Must 12 や Must 20 〜 22 でも扱いましたが、**「緊張感のない短いイ」**です。

次に、GA では、r 音化したあいまい母音 [ɚ] に滑らかに移行します。リラックスしたまま、あまり口をあけず、舌先を上に折り曲げるようにカーブして、[ɚ] を発音します。

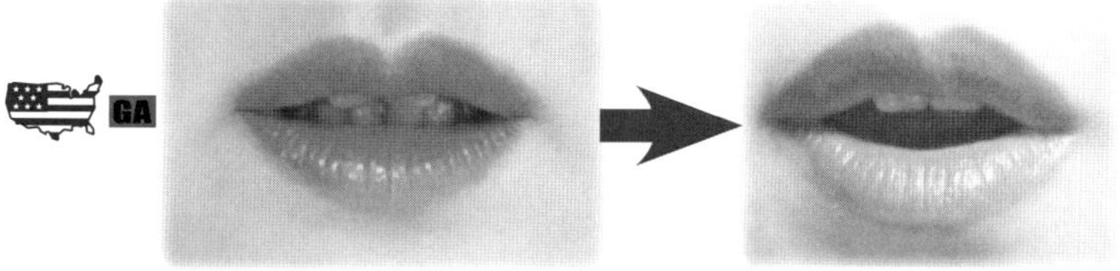

口の構え（正面）[ɪɚ]

一方 RP の場合、リラックスしたまま、口をあけずに、舌先を折り曲げることなく、あいまい母音 [ə] Must 12 を発音します。

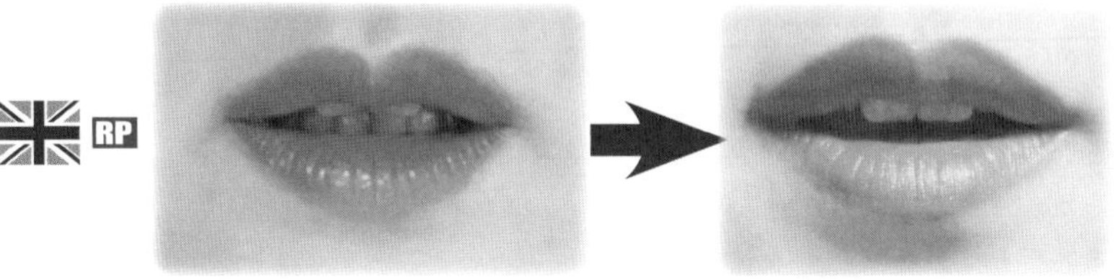

口の構え（正面）[ɪə]

また、idea のようにもともとつづり字に 'r' がなく、r 音化のない [ɪə] もあります。r 音化するか否かは、つづり字に 'r' があるかないかです。ここではつづり字と発音の関係性をしっかりとおさえましょう。

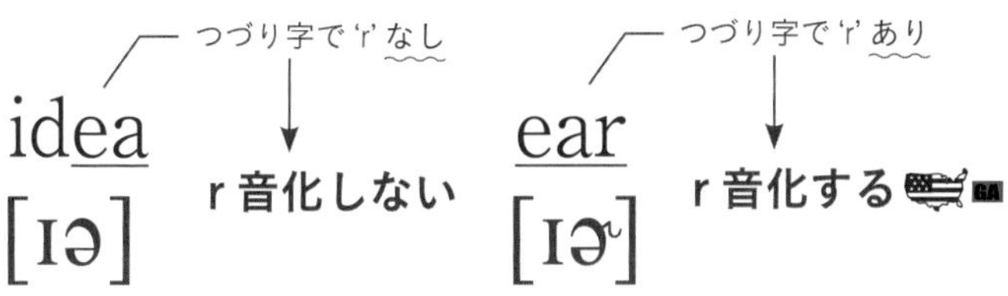

idea の [ɪə] のイメージとしては、疲れて帰宅して、ぬるめのお風呂に入って「イ〜ァ、気持ちいい」と言うときの「イ〜ァ」です。

動画のココに注目

動画 No. 21 で確認してください。
デモンストレーターは標準アメリカ英語 GA 話者なので、この母音 [ɪɚ] は r 音化しています。これは読んでいる単語につづり字 'r' があるからです。
まず、それほど緊張感のない最初の要素 [ɪ] から、あいまい母音の r 音化した要素 [ɚ] に移行しているので、舌がリラックスした状態から、後ろの要素で舌先が後ろにカーブしていることがわかります。そのため、後ろの要素では、舌の裏側が見えている点に注目しましょう。

●——どう聞こえるの？

最初の要素である [ɪ] は Must 12 でも説明したように、口元に力を入れずに「イ」と発音する音です。緊張感がないことから、日本語の「え」の要素が加わりますので、人によって [ɪ] は「い」に「え」が加わったように聞こえます。

次に、[ə] は、**明確でない「あ」**に近い音です。人によっては、「う」の要素が加わった「ア」と感じる人も多いです。

さらに、あいまい母音の r 音化した [ɚ] は**あいまい母音よりも暗い音調**になり、[ɚ] のほうが、音が低く感じることがあります。

以下のミニマルペアで、[ɪɚ] と [iː] の「音質の違い」とともに、GA と RP で起きる r 音化したあいまい母音 [ɚ] と r 音化していないあいまい母音 [ə] における「音」を確認してください。

ミニマルペアで違いをチェック！ [ɪɚ] と [iː] の違い

① **peer vs. pea** [píɚ] [píː] GA RP

② **tear vs. tea** [tíɚ] [tíː] GA RP

③ **cheers vs. cheese** [tʃíɚz] [tʃíːz] GA RP

語注：① peer 仲間、pea エンドウ豆、② tear 涙 [注：同じつづり tear [téɚ] は「(布など) を裂く、引き裂く」]、③ cheers <cheer（喝采、応援）の複数形

●──どこで出てくるの？

ear、fear、gear のようにつづり字が 'ear' のとき、here のようにつづり字が 'er(e)' のとき、beer や deer のようにつづり字が 'eer' のときが多いです。

[ɪɚ]の最初の[ɪ]は「緊張感のない短いイ」から、GA では、r音化したあいまい母音[ɚ]に滑らかに移行。[ɚ]はリラックスしたまま、あまり口をあけず、舌先を上に折り曲げるようにカーブさせる。

一方、RP の場合、リラックスしたまま、口をあけずに、あいまい母音[ə]を発音。

Step 2　発音記号を練習する

ここでは [ɪɚ] を含む単語の発音を練習しましょう。何度か聞いてから、発音練習をすることがポイントです。下線部に注意して発音してください。最初の標準アメリカ英語 GA と、その後の標準イギリス英語 RP を聞き比べましょう。

1. ear　GA　RP
2. near　GA　RP
3. peer　GA　RP
4. sheer　GA　RP
5. career　GA　RP

GA のほうが暗い音調になることを確認してください

語注：3. peer 仲間、4. sheer 全くの、直立の、ごく薄い

次に、上記の単語を使った文を発音練習しましょう。下線部に注意して行ってください。最初の標準アメリカ英語 GA と、その後の標準イギリス英語 RP を聞き比べましょう。

6. I wear pierced earrings.　GA　RP

（私はピアスをします）

7. I live near my office.　GA　RP

（オフィスの近くに住んでいます）

8. Jim is the most talented doctor among his peers.　GA　RP

（仲間内でジムはもっとも才能がある医者です）

9. I'd like to buy a sheer shirt.　GA　RP

（ごく薄手のシャツが欲しいのですが）

10. Lisa has a brilliant career.　GA　RP

（リサは素晴らしい経歴をもっています）

Step 3　発音記号を単語に置き換える

ここでは[ɪɚ]を含む単語を発音記号で書いてありますが、その発音記号を単語に変えてみましょう。未学習のものもありますが、クイズ感覚で試してみてください。

1. [híɚ]
2. [bíɚ]
3. [əpíɚ]
4. [ríɚ]
5. [pàɪəníɚ]

答 1. hear, here　2. beer　3. appear　4. rear　5. pioneer

語注：3. appear 現れる、4. rear 後ろの、5. pioneer 先駆者

Step 4　発音記号を読む練習

Step 3では発音記号を単語にする練習をしましたが、ここではその発音記号を見ながら、発音練習をしましょう。

最初の標準アメリカ英語 GA と、その後の標準イギリス英語 RP を聞き比べましょう。

1. [híɚ]　GA　RP
2. [bíɚ]　GA　RP
3. [əpíɚ]　GA　RP
4. [ríɚ]　GA　RP
5. [pàɪəníɚ]　GA　RP

Must
24 発音要注意

airの[eɚ]はストレッチしながら「エーァ」

ここではairやfare、pearの[eɚ]について学びましょう。

Step 1 発音記号を学ぶ

●――どうやって発音するの？

ここでは、airの母音[eɚ]についてです。

まず、最初の要素である[e]はMust 17と同じ音です。より詳しく言うと、**日本語の「え」よりも口をもう少しあけて**発音しますが、日本語の「え」でもかまいません。

そこから、GAの場合、r音化したあいまい母音[ɚ]に移行しますが、リラックスしたまま、あまり口をあけず、舌先を折り曲げるようにして、[ɚ]を発音します。

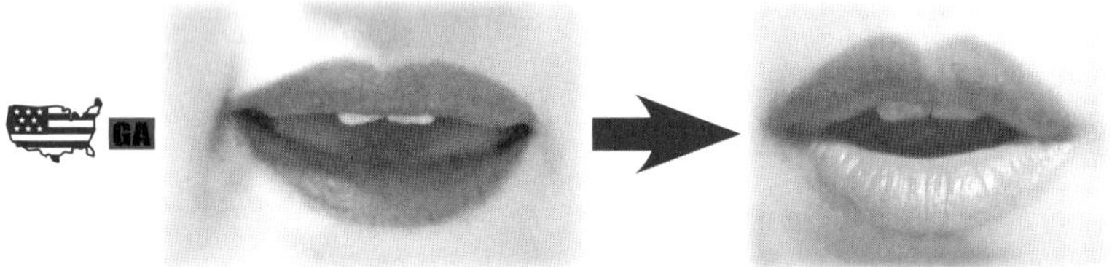

口の構え（正面）[eɚ]

RP の場合、リラックスしたまま、口をあけずに、舌先を折り曲げることなく、あいまい母音 [ə] を発音します。

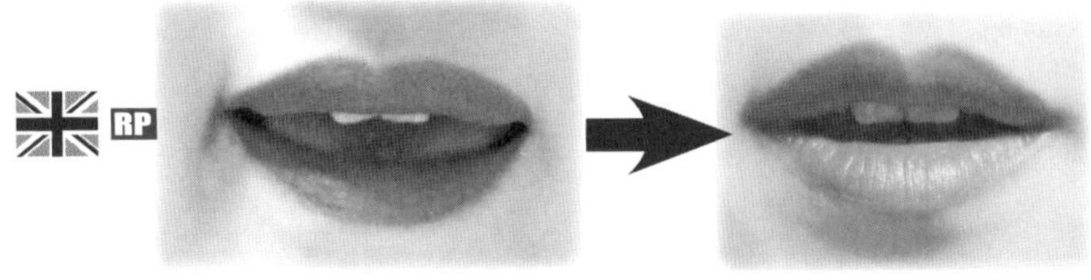

口の構え（正面）[eə]

発音の際のイメージとしては、仕事から解放されて、ストレッチをする際に、「えー」と伸び、その後、体勢を戻す際に、あいまいな「あ」という感じで発音しましょう。

動画のココに注目

動画 No. 22 で確認してください。
デモンストレーターは標準アメリカ英語 GA 話者なので、この母音 [eɚ] は r 音化しています。
まず、最初の要素 [e] から、あいまい母音の r 音化した後ろの要素 [ɚ] に移行しているので、舌がリラックスした状態から、後ろの要素で舌先が後ろにカーブしていることがわかります。そのため、最初の要素では、舌の前部が見えますが、後ろの要素では、舌の裏側が見えます。

●——どう聞こえるの？

airの[eɚ]に現れるので、「エァ」と聞こえますが、人によっては、あいまい母音が明確に聞こえず、「エー」と聞こえる場合があります。

また、注意しなくてはならないのが、これは二重母音なので1つの母音なわけですが、日本語では「え」と「あ」の２つの母音としてとらえます。しかし、英語ではそのような区切りはないので、注意しましょう。

ただし、🇬🇧RP話者などアクセントによっては、airを「エー」、pairを「ペー」のように長母音として発音する人がいます。Step 2とStep 4の音声でも🇬🇧RP話者（女性）は基本的にこの二重母音を「エー」と発音しています。その場合であっても、それがそれぞれairでpairであると認識できることが重要です。

日本人が注意したいポイント

●——どこで出てくるの？

基本レベル

一般的にはairやpairのようにつづり字が'air'であったり、fare、care、shareのようにつづり字が'ar(e)'であったりするときに現れます。

上級レベル

それから、pear、bear、wearなどのようにつづり字が'ear'のとき、thereやwhereなどのようにつづり字が'er(e)'のときに[eɚ]になります。

[eɚ]の[e]は日本語と同じように、あるいはほんの少しだけ口をあけて「え」と発音。そのあと、GA では、r音化したあいまい母音[ɚ]に滑らかに移行。一方、RP の場合、リラックスしたまま、あいまい母音[ə]を発音。

Step 2　発音記号を練習する

ここでは [eɚ] を含む単語の発音を練習しましょう。何度か聞いてから、発音練習をすることがポイントです。下線部に注意して発音してください。最初の標準アメリカ英語 GA と、その後の標準イギリス英語 RP を聞き比べましょう。

1. fair　GA　RP
2. dare　GA　RP
3. bear　GA　RP
4. hair　GA　RP
5. careful　GA　RP

GA のほうが暗い音調になることを確認してください

語注：2. dare あえて～する勇気がある、思い切って～する

次に、上記の単語を使った文を発音練習しましょう。下線部に注意して行ってください。最初の標準アメリカ英語GA と、その後の標準イギリス英語RP を聞き比べましょう。

100

6. It is important to be fair to every participant. GA RP

（すべての参加者に公平であることは重要です）

7. How dare you say such a thing! GA RP

（よくそんなこと言えるね）

8. My father caught a big bear alive. GA RP

（父が大きな熊を生け捕りにしました）

9. Mary's hair is brown. GA RP

（メアリーの髪色は茶色です）

10.Be careful when you cross the street. GA RP

（道を渡る際は注意してね）

Step 3　発音記号を単語に置き換える

ここでは[eɚ]を含む単語を発音記号で書いてありますが、その発音記号を単語に変えてみましょう。未学習のものもありますが、クイズ感覚で試してみてください。

1. [péɚ]
2. [réɚ]
3. [wéɚ]
4. [tʃéɚ]
5. [ʃéɚ]

答 1. pair, pear　2. rare　3. wear　4. chair　5. share

注：2. rear「後ろの、後方の」は[ríɚ]なので、ここでは間違い。
　4. の[tʃ]は Must 43を、5. の[ʃ]は Must 40を参照してください。

語注：1. pear 梨

Step 4　発音記号を読む練習

Step 3では発音記号を単語にする練習をしましたが、ここではその発音記号を見ながら、発音練習をしましょう。最初の標準アメリカ英語 GA と、その後の標準イギリス英語 RP を聞き比べましょう。

1. [péɚ]　GA　RP
2. [réɚ]　GA　RP
3. [wéɚ]　GA　RP
4. [tʃéɚ]　GA　RP
5. [ʃéɚ]　GA　RP

Must
25

発音要注意

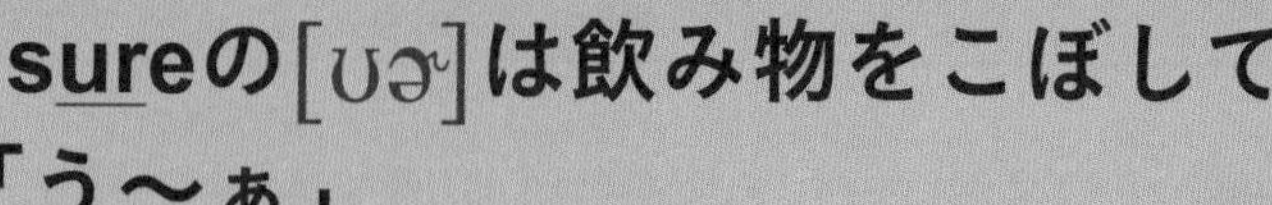

sureの[ʊɚ]は飲み物をこぼして「う〜ぁ」

ここではsureやpoorの[ʊɚ]について学びましょう。RPでは長母音のように発音することが一般的な母音です。

Step 1　発音記号を学ぶ

●――どうやって発音するの？

まず、最初の要素[ʊ]はMust 15で学んだように、「**緊張感のないウ**」です。ですので、Must 14 [uː]とMust 16 [u]ほどには唇をあまり丸めず（＝とがらせず）に、自然に「う」と発音します。

次に、標準アメリカ英語GAでは、r音化したあいまい母音[ɚ]に移行します。[ɚ]は、口をあまりあけず、舌先を折り曲げる（＝カーブする）ようにして発音します。r音化したあいまい母音は、これまでも勉強してきたように、GAに起こり、RPでは起こりません。

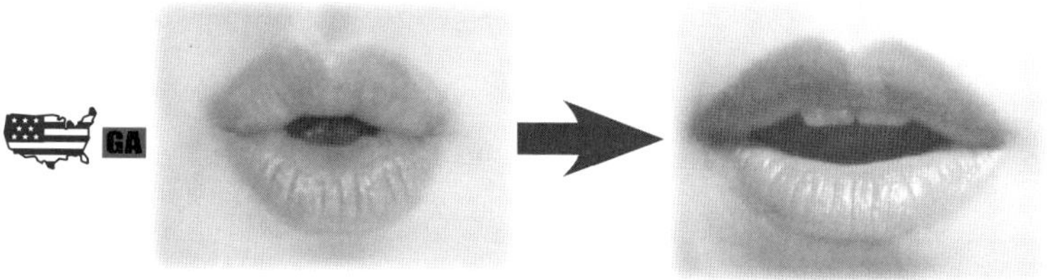

口の構え（正面）[ʊɚ]

の場合、あいまい母音 [ə] に移行する際には、口や舌をリラックスしたまま、口をあけずに、舌先を折り曲げることなく、あいまい母音 [ə] を発音します。

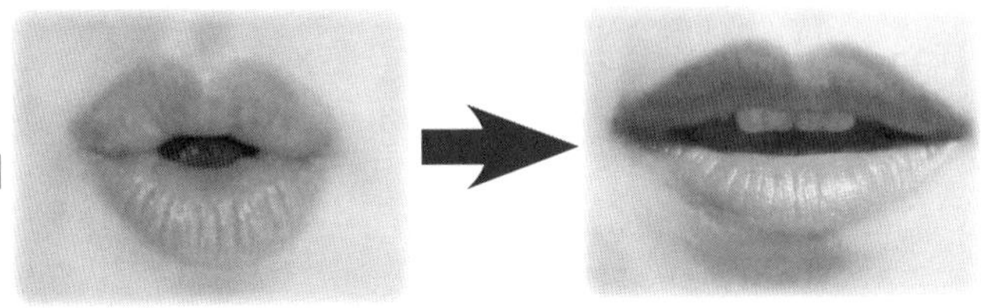

口の構え（正面）[ʊə]

発音する際には、誤って飲み物を床にこぼしてしまい、大惨事になっているところを想像しながら、「ウーァ」と発音しましょう。

ちなみにこの二重母音は、英語の音の中でもっとも使われる頻度が低いので、Step 2 〜 Step 4 では単語が重複しています。

動画のココに注目

動画 No. 23 で確認してください。
デモンストレーターは標準アメリカ英語 話者なので、この母音 [ʊɚ] は r 音化しています。
まず、それほど緊張感のない最初の要素 [ʊ] から、あいまい母音の r 音化した後ろの要素 [ɚ] に移行しているので、後ろの要素で舌先が後ろに向かってカーブして、舌の裏側が見えます。
次に、唇は最初の要素 [ʊ] において軽い円唇がある状態から、後ろの要素 [ɚ] で元の自然な状態に戻っている点にも注意してください。

●――どう聞こえるの？

日本人が注意したいポイント

一般的には、sure などに現れる母音 [ʊɚ] は「ウーァ」と聞こえます。

しかし、注意しなければならないのは、sure [ʃʊ́ɚ] や poor [pʊ́ɚ] は、ネイティブスピーカーによっては、GA では sure を [ʃɚ́ː]、poor を [pɔ́ːr] と発音する人がいることです。

それから、特に、RP 話者で年齢が若い人ほど、sure を [ʃɔ́ː]、poor を [pɔ́ː] と長母音で発音するので、sure が「ショー」、poor が「ポー」と聞こえます。

ここでは、２つの単語に関して、発音の違いを聞き比べてみましょう。最初の２つが GA で、後の２つが RP です。

104

単語	GA	RP
sure	1. [ʃʊ́ɚ] 2. [ʃɚ́ː]	1. [ʃʊ́ə] 2. [ʃɔ́ː]
poor	3. [pʊ́ɚ] 4. [pɔ́ːr]	3. [pʊ́ə] 4. [pɔ́ː]

若い人ほどこの発音

RP 話者の約7割は4の発音

●――どこで出てくるの？

sure のようにつづり字が 'ur(e)' のとき、poor のようにつづり字が 'oor' のときが、一般的です。

[ʊɚ] の [ʊ]「緊張感のないウ」から、GA では、r音化したあいまい母音 [ɚ] に滑らかに移行。一方、RP の場合、リラックスしたまま、あいまい母音 [ə] を発音。

Step 2　発音記号を練習する

ここでは [ʊə] を含む単語の発音を練習しましょう。何度か聞いてから、発音練習をすることがポイントです。下線部に注意して発音してください。

最初の標準アメリカ英語 GA と、その後の標準イギリス英語 RP を聞き比べましょう。

GA のほうが暗い音調になることを確認してください。また、RP 話者の場合、ところどころ長母音で発音されている点にも注意しましょう。

1. curing　GA　RP
2. tourism　GA　RP
3. sure　GA　RP
4. pure　GA　RP
5. moor　GA　RP

語注：moor（船などを）つなぎとめる、係留する、しっかり止める

次に、上記の単語を使った文を発音練習しましょう。下線部に注意して行ってください。最初の標準アメリカ英語 GA と、その後の標準イギリス英語 RP を聞き比べましょう。

6. This medicine is good for curing headaches.　GA　RP
（この薬は頭痛を治すのによいです）
7. John is engaged in tourism.　GA　RP
（ジョンは観光業に従事しています）
8. Are you sure?　GA　RP　（確かですか？／本気ですか？）
9. This dress is made of pure silk.　GA　RP
（このドレスは正絹（しょうけん）[100% シルク] でできています）
10. The captain moored the ship at the pier.　GA　RP
（船長は埠頭（ふとう）に船を泊めました）

Step 3　発音記号を単語に置き換える

ここでは [ʊɚ] を含む単語を発音記号で書いてありますが、その発音記号を単語に変えてみましょう。未学習のものもありますが、クイズ感覚で試してみてください。

1. [tʊ́ɚ]
2. [kjʊ́ɚ]
3. [ʃʊ́ɚ]
4. [pʊ́ɚ]
5. [dʒʊ́əri]

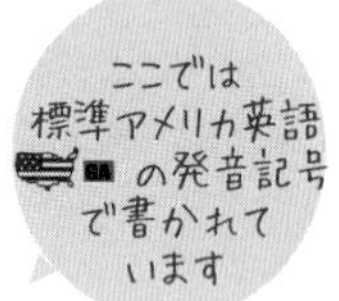

答 1. tour　2. cure　3. sure　4. poor　5. jury

Step 4　発音記号を読む練習

Step 3 では発音記号を単語にする練習をしましたが、その発音記号を見ながら、発音練習をしましょう。最初の標準アメリカ英語 GA と、その後の標準イギリス英語 RP を聞き比べましょう。

1. [tʊ́ɚ]　GA　RP
2. [kjʊ́ɚ]　GA　RP
3. [ʃʊ́ɚ]　GA　RP
4. [pʊ́ɚ]　GA　RP
5. [dʒʊ́əri]　GA　RP

音声注：1. tour は RP 話者の中には [tɔ́ː] と発音する人も（ナレーターも）います。
2. RP 話者の中には [kjɔ́ː] と発音する人も（ナレーターも）います。
3. RP 話者の中には [ʃɔ́ː] と発音する人も（ナレーターも）います。
4. 前述のとおり poor を RP 話者の 7 割は（ナレーターも）[pɔ́ː] と発音します。
5. jury は GA では [dʒʊ́ri] が一般的です。また RP 話者によっては [dʒɜ́ːri] または [dʒɔ́ːri] と発音する人がいます。

Must
26

mouthの[aʊ]は机の角に足の小指をぶつけて、「あ〜ぅ」ち

はじめに注意することは、ここからの Must 26 [aʊ]、 Must 27 [oʊ|əʊ] の２つの二重母音はいずれも [ʊ]、つまり「**緊張感のない短いウ**」で終わっている点です。

ここでは town や mouth の [aʊ] について学びましょう。

Step 1　発音記号を学ぶ

●——どうやって発音するの？

まず、[aʊ] の最初の要素 [a] は Must 21 [aɪ] の最初の要素と同じなので、**しっかりと口をあけて、日本語の「あ」のような感じで発音します。そのとき、舌の前部に力が入る**ように意識します。

次に、後ろの要素である [ʊ] は Must 15 で学んだように、「**緊張感のない短いウ**」です。唇をそれほどとがらせることなく、軽い丸めを作って自然に「ウ」と発音します。

そして、二重母音なので、滑らかに [aʊ] と発音しましょう。

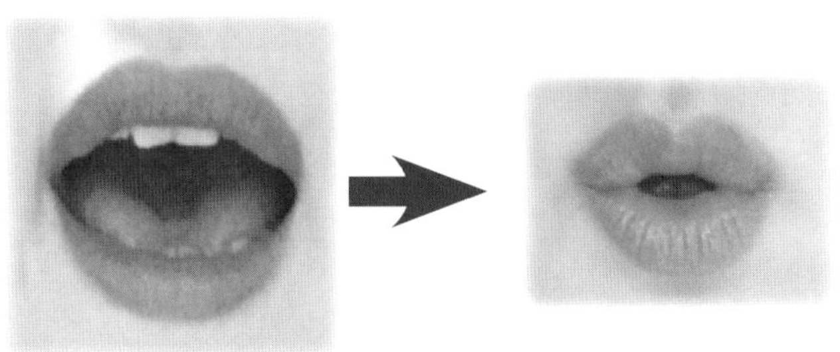

口の構え（正面）[aʊ]

机の角に足の小指をぶつけて、「あ～ぅ」とうずくまるのをイメージして、[aʊ] と発音します。

動画のココに注目

動画 No.24 で確認してください。
まず、最初の要素 [a] は Must 19 で記したように舌先で発音する「ア」なので、舌先が見えることを確認しましょう。その後、後ろの要素 [ʊ] で唇を軽くすぼめるようにして終わっている点に注意しましょう。

ところで、発音記号だけを発音している際は、最初の要素がやや [æ] 寄りになっています。これは標準アメリカ英語 において、単音で発音したり、強調したりする際などに見られる傾向です。

ちなみに、世界的に有名な歌手の故マイケル・ジャクソンは、その楽曲のなか（例 Black or White）で「アーゥ」と叫ぶ際に、最初の「ア」は [æ] であることが頻繁に見られました。興味のある方は、動画投稿サイトなどで確認してみてください。

●——どう聞こえるの？

town に現れるように [aʊ] が「アーゥ」と聞こえます。

しかし、日本語式の発音「タウン」のように、英語では「タ」/ta/ と「ウ」/u/ と分かれないという点と、「ウ」が日本語ほど、はっきりと発音されていないという点で注意が必要です。

加えて、これまでと同様に、二重母音を長母音と認識してしまうことがあるので、town を「ターン」(turn) と間違える人がいるので注意してください。特に🇬🇧 RP では r 音化がないため、間違える人が一定数います。

●——どこで出てくるの？

基本レベル

一般的には、town、down、now のようにつづり字が 'ow' のときや、mouth、south、round、about のようにつづり字が 'ou' のときが多いです。

上級レベル

hour、sour のようにつづり字が 'our' のときや power、flower のようにつづり字が 'ower' のときには [aʊɚ] となります。Must 21 でも説明しましたが、これは学者によっては、三重母音と呼ぶ人もいれば、[aʊ] という二重母音に r 音化したあいまい母音 [ɚ] がついたものと考える人もいます。

[aʊ]の[a]は日本語の「あ」のような感じで発音し、「緊張感のない短いウ」[ʊ]に滑らかに移行。

Step 2　発音記号を練習する

ここでは[aʊ]を含む単語の発音を練習しましょう。何度か聞いてから、発音練習をすることがポイントです。下線部に注意して発音してください。最初の要素[a]から次の要素[ʊ]に滑らかに移行していることを確認しましょう。

1. town
2. south
3. crown
4. bow　発音要注意
5. bounce

語注：4. bow お辞儀をする、腰をかがめる［ただし、「弓や蝶結び」を表す場合には[bóʊ]]、5. bounce 跳ねる、弾む、跳ね回る

次に、上記の単語を使った文を発音練習しましょう。下線部に注意して行ってください。

6. There is a big library in this town.
（この町には大きな図書館があります）
7. I used to live in South London.
（かつてサウスロンドンに住んでいました）
8. This crown belongs to Queen Elizabeth II.
（この冠はエリザベス2世のものです）
9. I bowed down low.　（私は深く頭を下げました）
10. My son bounced a ball.　（息子がボールつきをしました）

Step 3　発音記号を単語に置き換える

ここでは[aʊ]を含む単語を発音記号で書いてありますが、その発音記号を単語に変えてみましょう。未学習のものもありますが、クイズ感覚で試してみてください。

1. [káʊ]
2. [háʊs]
3. [áʊl]
4. [ʃáʊt]
5. [əláʊ]

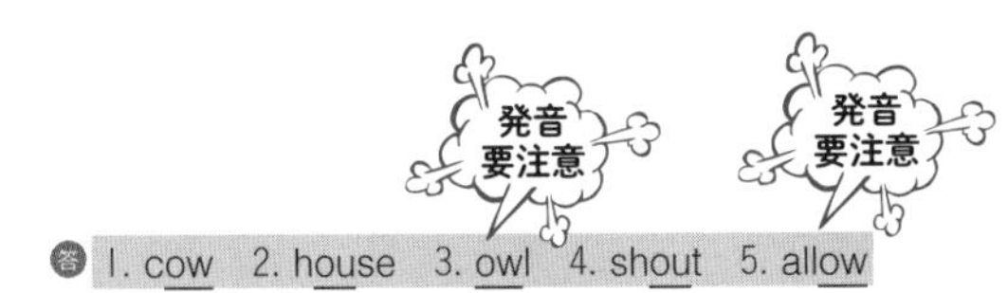

答 1. cow　2. house　3. owl　4. shout　5. allow

語注：3. owl ふくろう、5. allow ～を許可する

Step 4　発音記号を読む練習

Step 3で発音記号を単語にする練習をしましたが、ここではその発音記号を見ながら、発音練習をしましょう。

1. [káʊ]
2. [háʊs]
3. [áʊl]
4. [ʃáʊt]
5. [əláʊ]

Must
27

発音要注意

knowの[oʊ|əʊ]は米英で違う

ここではknowやcoat、soulの[oʊ|əʊ]について学びましょう。

はじめに、Must 3で説明したように[|]は左に標準アメリカ英語GAが、右に標準イギリス英語RPが来ることを表しています［イギリスで出版されている辞書などでは、左がRP、右にGAのケースもあり］。したがって、この[oʊ|əʊ]の場合も、左が標準アメリカ英語GAで、右が標準イギリス英語RPになります。

Step 1　発音記号を学ぶ

●――どうやって発音するの？

標準アメリカ英語GAの場合、[oʊ]の最初の要素[o]ですが、この発音記号も初めて出てきたものです。

英語の「オ」の種類に関して、これまで扱ったのはMust 18 [ɔː]、Must 19 [ɔː*r*]、Must 22 [ɔɪ]で、[ɔ]です。[ɔ]の発音の仕方は、**日本語の「お」よりもやや口をあけて発音します**。

しかし、[oʊ]の[o]は、**日本語の「お」に「う」を足した音**です。つまり、**日本語の「お」よりも唇をほんの軽く突き出す感じで発音する**とうまくできます。

その [o] から、後ろの要素である [ʊ] に滑らかに移行します。[ʊ] は Must 15 で説明したとおり、日本語の「う」のように**あまり緊張感をもたずに**、軽く唇を丸めて「う」と発音します。

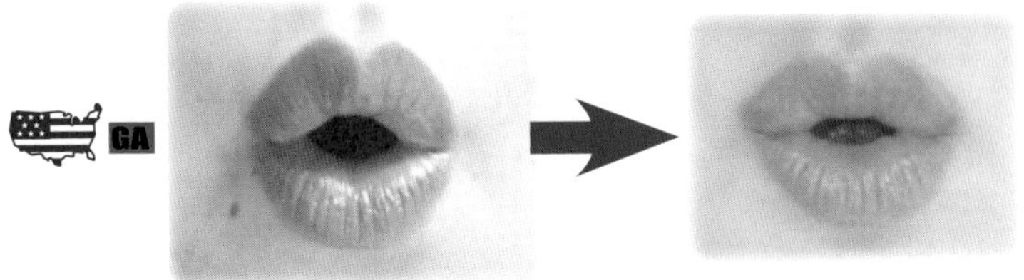

口の構え（正面）[oʊ]

一方で、標準イギリス英語 RP の [əʊ] の場合、あいまい母音から「緊張感のないウ」に移行します。あいまい母音は、**ため息をつくような感じで「あ～」と言ったときのような音**を出します。

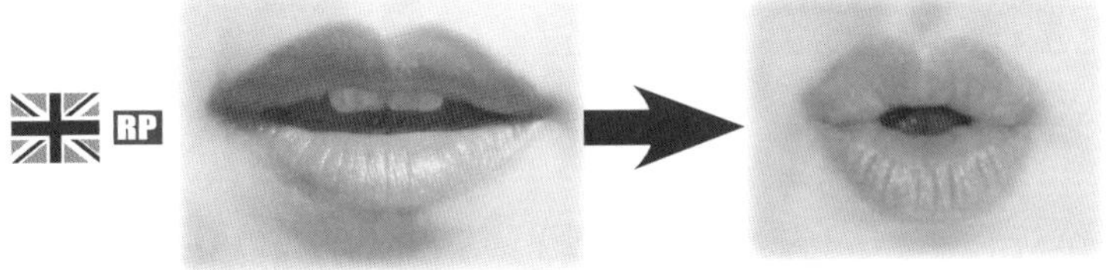

口の構え（正面）[əʊ]

動画のココに注目

動画 No.25 で確認しましょう。
デモンストレーターは標準アメリカ英語 GA 話者なので、[oʊ] と発音しています。最初の要素 [o] で口の丸めをしっかりと作り、その後、後ろの要素 [ʊ] に滑らかに移行していますが、後ろの要素 [ʊ] で、唇の開きが狭くなっている、つまり、口のすぼめが強くなっている点に注意しましょう。
動画 No.15 や No.16 とも見比べてみましょう。

まぎらわしい発音記号のポイント：[ɔ] と [o] の違い

	発音の仕方
[ɔː] Must 18 [ɔːr] Must 19 [ɔɪ] Must 22	日本語の「お」よりもやや口をあけて発音します。 唇はしっかり丸めます。
[oʊ] Must 27	日本語の「お」に「う」を足した音。日本語の「お」よりも唇を軽く突き出す感じで発音します。

●——どう聞こえるの？

前述のように、bowl の [oʊ] は「オゥ」と聞こえるのですが、以下の注意が必要です。

日本人が注意したいポイント

まず、日本語の「（サラダ）ボウル」は「ボ」/bo/ と「ウ」/u/ なので、母音が/o/ と /u/ に分かれていますが、英語では [oʊ] は１つの母音なので、音の感覚が日本語と英語では異なります。

次に、[oʊ] の最初の要素である [o] は、**日本語の「お」に「う」を足した音**ですので、人によっては、「う」に聞こえる場合があります。このことから [oʊ] が「ウー」（英語だと、[uː] か [ʊ] のいずれか）と聞こえてしまうことがあり、bowl [oʊ] と Boole [uː]（意味：[人の名字] ブール）や bull [ʊ]（意味：[去勢していない] 雄牛）が同じ発音と認識する人がいるので注意しましょう。

ここではミニマルペア（ \Check it out!/ (6) 参照）を使って、その違いをしっかりと練習しましょう。①の聞き取りが特に難しいのではないでしょうか。

113

ミニマルペアで違いをチェック！　[oʊ] と [ʊ][uː] の違い

① **bowl vs. bull**	[bóʊl][bʊ́l]
② **boat vs. boot**	[bóʊt][búːt]
③ **blow vs. blue**	[blóʊ][blúː]

語注：① bull（去勢していない）雄牛、② boot　長靴、ブーツ、③ blow 吹く

●——どこで出てくるの？

一般的なのは、know、bowl、grow のようにつづり字が 'ow' の場合、coat や coast のようにつづり字が 'oa' の場合、soul、shoulder のようにつづり字が 'ou' の場合です。

また、so や cold、donut のようにつづり字が 'o' のこともあります。それから、rose や bone のようにつづり字が 'o＋子音字＋e' のときにもつづり字 'o' が [oʊ|əʊ] になることがあります。

標準アメリカ英語 GA の [oʊ] の [o] は、日本語の「お」よりも唇をほんの軽く突き出す感じで発音する「お」に「う」を足した音。そこから「緊張感のない短いウ」[ʊ] に移行。一方、標準イギリス英語 RP の [əʊ] は、あいまい母音から「緊張感のないウ」[ʊ] に移行。

Step 2　発音記号を練習する

ここでは [oʊ|əʊ] を含む単語の発音を練習しましょう。何度か聞いてから、発音練習をすることがポイントです。下線部に注意して発音してください。

最初の標準アメリカ英語 GA と、その後の標準イギリス英語 RP を聞き比べましょう。

1. cold　GA　RP
2. coat　GA　RP
3. boat　GA　RP
4. tomorrow　GA　RP
5. bowl　GA　RP

RP のちが あいまいに なることを確認してください

語注：5. bowl（サラダや汁物などを入れる）お椀、ボウル

次に、上記の単語を使った文を発音練習しましょう。下線部に注意して行ってください。

6. It is cold outside.　GA　RP　（外は寒いです）
7. My grandmother loved fur coats.　GA　RP
（祖母は毛皮のコートが好きでした）
8. You can access the island by boat.　GA　RP
（その島には船で行けます）
9. I will see you tomorrow.　GA　RP　（また明日ね）
10. I eat a bowl of fruit every morning.　GA　RP
（毎朝、ボール１杯のフルーツを食べます）

Step 3　発音記号を単語に置き換える

ここでは [oʊ|əʊ] を含む単語を発音記号で書いてありますが、その発音記号を単語に変えてみましょう。未学習のものもありますが、クイズ感覚で試してみてください。

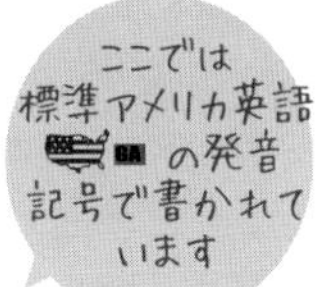

1. [hóʊp]
2. [sóʊp]
3. [lóʊ]
4. [ʃóʊ]
5. [hóʊl]

答 1. hope　2. soap　3. low　4. show　5. hole, whole

注：5. hall は [hɑ́ːl][hɔ́ːl] なので混同しないように注意。

Step 4　発音記号を読む練習

Step 3 では発音記号を単語にする練習をしましたが、ここではその発音記号を見ながら、発音練習をしましょう。

最初の標準アメリカ英語 GA と、その後の標準イギリス英語 RP を聞き比べましょう。

1. [hóʊp]	GA	[hə́ʊp]	RP
2. [sóʊp]	GA	[sə́ʊp]	RP
3. [lóʊ]	GA	[lə́ʊ]	RP
4. [ʃóʊ]	GA	[ʃə́ʊ]	RP
5. [hóʊl]	GA	[hə́ʊl]	RP

第３章
子音

第２章では、母音についてしっかりと学んできましたが、この章では、**子音**について見ていきましょう。

まず「母音と子音の違いは何か」を考えることから始めます。

一般的には、**声帯から唇**（あるいは鼻の穴）**までの音を主に作る場所**で（これを専門用語では「**声道**」と言います）、妨害や干渉がないものを「母音」、妨害や干渉があるものを「子音」と定義づけます。が、少し説明が難しいですね。

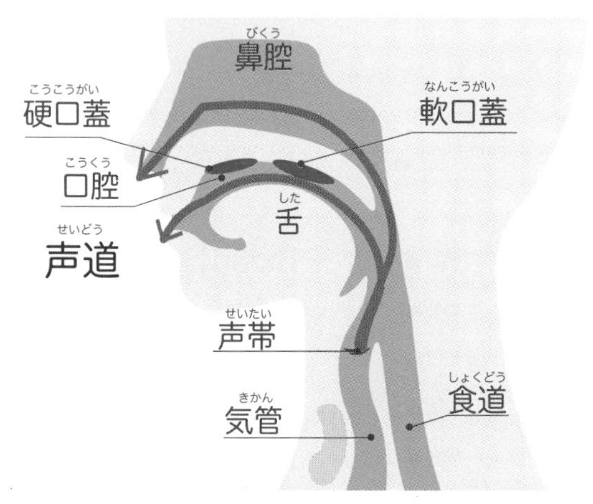

もっと簡単に言うと、「音を作る道［これを「ストロー」にたとえましょう］のどこかで詰まったり、止まったりしたら、それは子音で、スムーズに流れたら母音ということ」です。つまり、子音は音を作る道のどこかで「詰まり」「狭め」「滞り」があるということになります。

母音のイメージ　子音のイメージ

この章では、便宜上、専門用語を多く使っていきます。

難しく感じることもあると思うのですが、その専門用語が音の特徴をうまく説明しているので、あえて使いながら説明していきます。

筆者も経験があるのですが、音声学での一番の難関は専門用語が難解なことで、その時点で、音声学を嫌いになってしまいがちです。わかりやすく説明しますので、どうか音声学を嫌いにならないでください！

●——子音に必要な３つの定義づけ

1）有声音・無声音：声帯が震えるか？

はじめに、子音を定義づける際に、「**有声音**（ゆうせいおん）」と「**無声音**（むせいおん）」という特徴があります。

これは、「のどぼとけ」の内側にある声帯が振動しているか否かということで区別するのですが、「有声音」であれば声帯は振動します。一方で、「無声音」は声帯が振動しません。

本書では、顔の断面図を使って声帯の振動を表す際に、声帯の振動がある場合には（＝有声音）声帯部分にある ∿∿∿ （波線）で表すこととします。

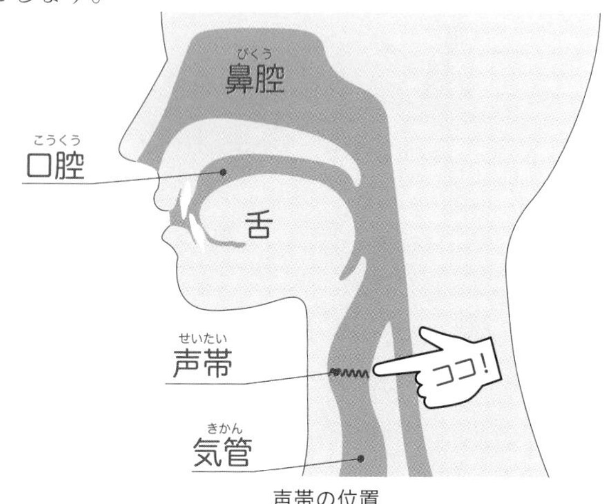

声帯の位置

さて、ここで[s]と[z]の違い、つまり「無声音」か「有声音」かの違いに関する実験をしてみましょう。

耳の穴に指を入れて耳をふさぐか、あるいは、のどぼとけ付近に手を軽く当ててみてください。

それから[sssssssss]、[zzzzzzzzz]と発音してみましょう。少し長めに発音するのがコツです。

そうすると、振動が感じられる[z]のほうは「有声音」で、振動が感じられない[s]のほうが「無声音」となります。

2)　調音位置：どこで音を作るか？

２つ目に、先ほど「声道」をストローにたとえて、「ストロー（＝声道）のどこかで、妨害または干渉がある音が子音である」と書きましたが、その妨害または干渉がある位置のことを、「**調音位置**」と言います。もっと平易に言うと、「**どこで音を作るか**」ということです。

たとえば、[p]の音は両唇を閉じることによって作りますから、調音位置は「両唇」となります。これを**両唇音**（りょうしんおん）と言います。

3) 調音様式：どのように音を作るか？

3つ目に、「**どのように音を作るか**」という「**調音様式**」が重要になりますが、本書では「どのように音を作るのか＝調音様式」の点から分類して、説明していきます。

たとえば、先ほど出てきた[p]は両唇を閉じた後、肺からの空気がパッと破裂するように音が作られます。これを**破裂音**(はれつおん)と呼びます。

子音の分類で押さえてほしいこと！

有声音 or 無声音	調音位置	調音様式
声帯が振動しない（無声音） 声帯が振動する（有声音）	どこで 音を作るか	どのように 音を作るか

この章で押さえたいのが、先ほどの破裂音を含めた以下の6種類の音です。

① **破裂音** 3.1. p.208 ～ p.247

② **摩擦音** 3.2. p.248 ～ p.300

③ **破擦音** 3.3. p.301 ～ p313

④ **鼻音** 3.4. p.314 ～ p.332

⑤ **側（面）音** 3.5. p.333 ～ p.343

⑥ **接近音** 3.5. p.344 ～ p.352

先にも述べましたが、この章では専門用語が出てきて、少し難しく感じるかもしれませんが、それぞれの音の特徴をよく表しているので、あえて使います。

●――特におさえたい音

一般的に、「日本人は英語の子音が苦手」と言われます［筆者は、母音の一部も難しいと考えていますが］。たとえば、「[r] や [l] が苦手」とよく言われるのではないでしょうか。

ここでは、英語のすべての子音について解説していきますが、特に「**日本語にない英語の子音**」は特に力点を置いて学習することをおすすめします。

母音に続き、発音要注意というロゴのところは重点的に勉強しましょう！

3.1. 破裂音

この項では、英語の１つ目の子音の種類である破裂音を見ていきます。破裂音は全部で６つ、[p], [t], [k], [b], [d], [g] がありますが、１つ１つ見ていきましょう。

破裂音を作る過程ですが、３つあります。

Step 1 **閉鎖**

唇から声帯（＝声道）のどこかで「**閉鎖**」を作ります。

Step 2 **持続**

[Step 1]をしばらく持続させると、肺からの空気がそこでたまります。

Step 3 **開放（破裂）**

[Step 2]で高まった空気が、外にポンと出て音が作られます。⇒この過程から「破裂音」と言われます。

英語の破裂音の種類

では、英語の破裂音にはどのような音があるのか見ていきましょう。

破裂音表

番号	発音記号	例　下線がその発音記号の音	動画の番号
①	[p] Must 28	pin	No. 26
	[b] Must 29	bus	
②	[t][t̬] Must 30	tea, water	No. 27
	[d][d̬] Must 31	dog, ladder	
③	[k] Must 32	kid	No. 28
	[g] Must 33	glass	

では、それぞれの音を見ていきましょう。

Must
28

pinの[p]は「プッ」

ここでは、pin の最初の [p] について学びましょう。

発音記号はアルファベットではないので、[p] は「ピー」と発音してはいけません。「プッ」と発音します。

Step 1 発音記号を学ぶ

●——どうやって発音するの？

[p] は破裂音なので、以下の３つのステップで音が作られます。

そのメカニズムは、まず両唇を閉じて、「構え」を作ります。この音は調音位置の観点からは、両唇を閉じる（= Step 1 閉鎖）ことから、「両唇音」と呼ばれます。次に、肺からの空気が閉じられた両唇に上がってきて（= Step 2 持続）、それが、最後に「プッ」と吐き出されます（= Step 3 開放）。

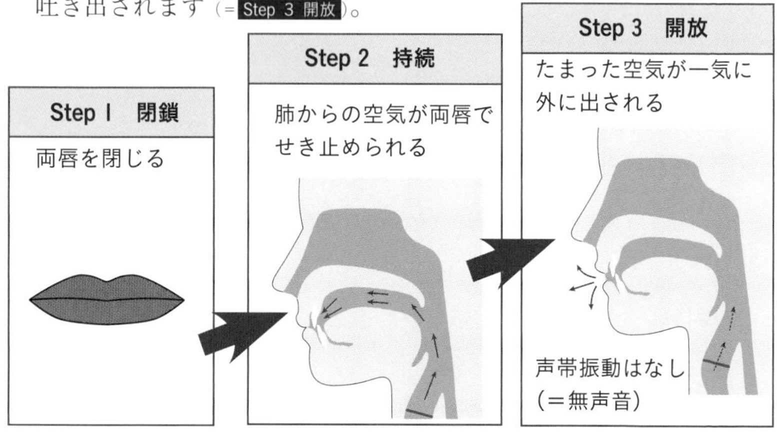

[p] を発音するときは、友人が面白いことを言って、思わず「プッ」と勢いよく吹き出す感じをイメージしてみてください。

動画のココに注目

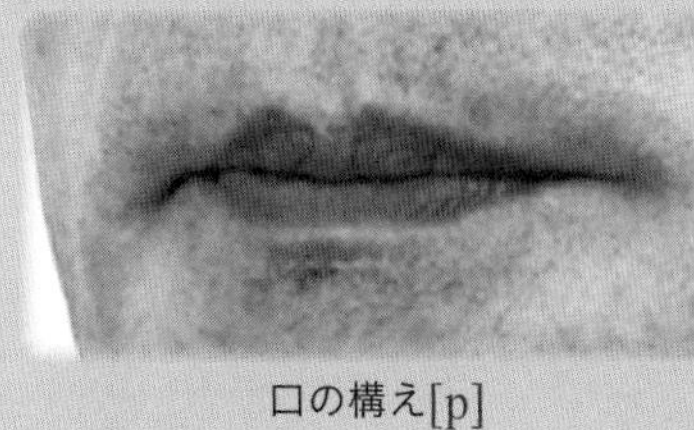
口の構え[p]

動画 No.26 で確認しましょう。
唇を軽く閉じてから、唇をパッとはなしていることがわかります。
わかりやすくするために、[p] の後にあいまい母音を軽く添えているため（特に2回目、3回目）、聞こえやすくなっています。

●——どう聞こえるの？

現れる位置にもよりますが、「プッ」という音として聞こえます。

しかし、注意しなくてはならないのは、この [p] は破裂音であるため、**一瞬で音が消えてしまう**という点です。

特に、破裂音で注意する必要があるのが、語末に出てくる [p] です。たとえば、I went to the shop yesterday. と言った場合、[p] は明確に発音されないことがしばしばあり、場合によっては「音がない」とすら感じることもあるので、注意を払わなくてはなりません。

一方で、I went to the shop in Yokohama. のように、shop の

後に、次の語がきていて、その語が母音で始まる場合（例 in）、しばしば「**音の連結**（＝音同士がくっつくこと）」が起きます。ここでは通常は「ショップ　イン」ではなく「ショッピン」となります。

また、語頭に出てくる [p] にも注意が必要です。

たとえば、pin と発音した場合、[p] の後に、「**気音**」（下記参照）と言われる特徴が英語にはあるのです。

Check it out!　(10) 気音とは

無声破裂音、英語では [p]、[t]、[k] が音節（Check it out! (2) 音節とは参照）のはじめにくる場合、それらの音の後に、文字通り、**空気がたっぷりと出る**という特徴があります。

ティッシュペーパーのような薄紙を口元にかざすと、それが「ふわっと」浮くような感じになります。それを「**気音**」あるいは「**帯気音**（たいきおん）」と呼びます。

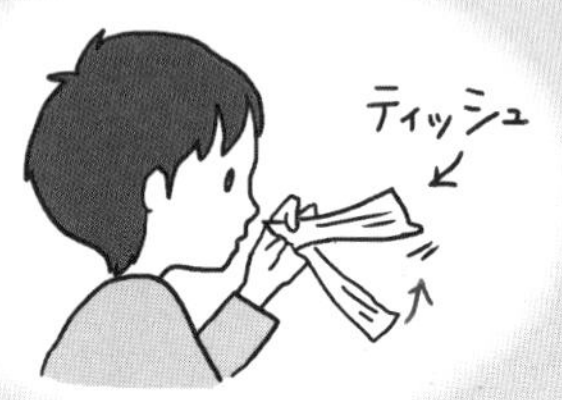

実は、この「**気音**」は、英語において重要な要素で、有声音である [b]、[d]、[g] と区別するための「目印」になるものです。つまり、音節のはじめにおいて「破裂音の後に空気が流れる感じがある」と無声音 [p]、[t]、[k] のいずれかで、「破裂音の後に空気が流れる感じがない」と有声音 [b]、[d]、[g]

と判断するということです。

具体的に例をあげると、アメリカで活躍する野球の大谷翔平（おおたにしょうへい）選手がいますが、テレビ中継のときなどに、現地の野球解説者やアナウンサーが英語で大谷選手の名前を呼ぶ際に、「Ohtani san!」と言っているのをよく聞くのではないでしょうか。そのとき、[t] の後にこの気音があるので、「おーたはーにさん」のように「た」の後に「息の漏れ」のようなものを感じることができます。この正体が「気音」です。

両唇を閉じて、肺からの空気がたまったら、一気に開放。
声帯の振動はなし。

●——どこで出てくるの？

基本的には、pin, shop, example のように、つづり字が 'p'で、語頭、語中、語末に出てきます。また shopping のように、つづり字を重ねた 'pp'が [p] になることもあります。

注意しなくてはならないのは、「発音しないつづり字 'p'」です。たとえば、psychology（意味：心理学）など psy- で始まる単語や receipt（意味：レシート）、raspberry（意味：ラズベリー）、pneumonia（意味：肺炎）などの 'p'は発音しません。

Step 2　発音記号を練習する

ここでは [p] を含む単語の発音を練習しましょう。何度か聞いてから、発音練習をすることがポイントです。下線部に注意して発音してください。[p] が出てくる場所、特に語頭と語末で音の感じが違うことを確認しましょう。

1. cup
2. pick
3. apple
4. chop
5. laptop

次に、上記の単語を使った文を発音練習しましょう。下線部に注意して行ってください。

6. Could you give me a cup of coffee?（コーヒーを一杯お願いします）
7. I will pick it up for you.（拾ってあげますよ）
8. My family loves apple pie.（我が家はアップルパイが大好きです）
9. I will chop this meat in pieces.（この肉を小さな塊に切ります）
10. I bought a new laptop PC yesterday.
（昨日、ノート型パソコンを買いました）

Step 3 発音記号を単語に置き換える

ここでは [p] を含む単語を発音記号で書いてありますが、その発音記号を単語に変えてみましょう。未学習のものもありますが、クイズ感覚で試してみてください。

1. [péɪn]
2. [páʊɚ]
3. [slíːpɪŋ]
4. [tʃíːp]
5. [skáːləʃɪp]

答 1. pain　2. power　3. sleeping　4. cheap, cheep　5. scholarship

語注：1. pain 痛み、4. cheep ピヨピヨなく、5. scholarship 奨学金

Step 4 発音記号を読む練習

Step 3 では発音記号を単語にする練習をしましたが、ここではその発音記号を見ながら、発音練習をしましょう。

1. [péɪn]
2. [páʊɚ]
3. [slíːpɪŋ]
4. [tʃíːp]
5. [skáːləʃɪp]

Must
29

busの[b]は「ブッ」

ここでは、busの[b]に注目しましょう。

発音記号はアルファベットではないので、[b]は「ビー」と発音してはいけません。「ブッ」と発音します。

Step I　発音記号を学ぶ

●——どうやって発音するの？

Must 28 [p]と同様に、破裂音なので、3つの過程を経て[b]を発音しますが、[p]との違いは最後の過程 Step 3 において、「声帯を振動させる（=**有声音**）」ことです。

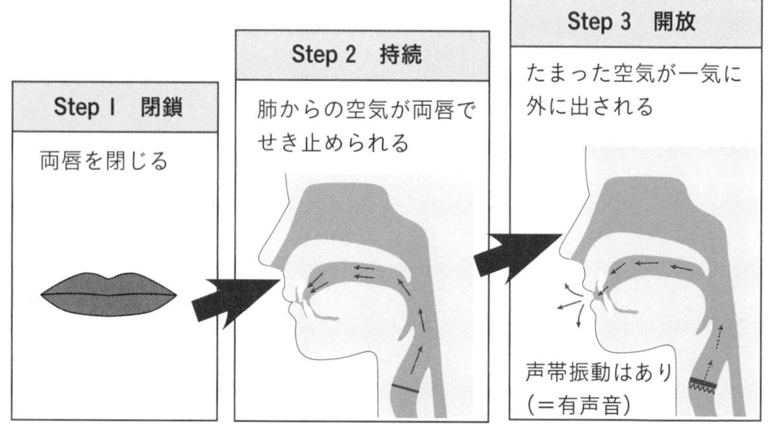

[b] を発音するときのイメージとしては、友人がつまらないギャグを言って、思わず「ブッ」というような感じで発音しましょう。

動画のココに注目

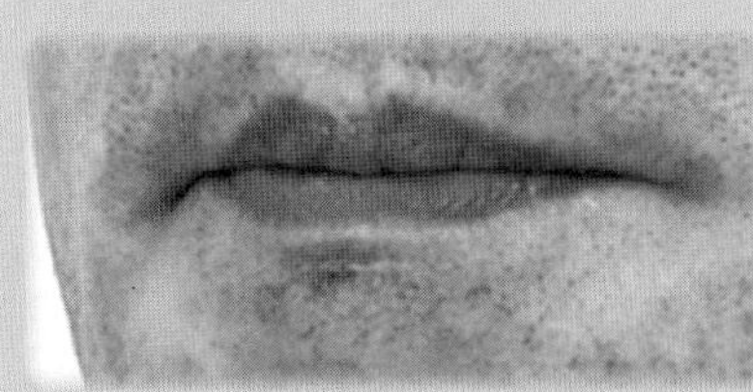

口の構え [b]

動画 No.26 で確認しましょう。唇を軽く閉じてから、唇をパッとはなしていることがわかります。Must 28 [p] と比べると、まったく同じ唇の動き方をしていることがわかります。

つまり、調音位置と調音様式が同じで、違いは声帯振動の有無（無声音か有声音か）になることを確認しましょう。

●――どう聞こえるの？

[b] は「ブッ」と聞こえます。

ただし、ほかの「破裂音」と同様に、破裂音は一瞬の音なので、注意が必要です。

特に語末にくる場合には、[p] と同様に、音がはっきり聞こえないことがあります。

たとえば、Bob told me so.（ボブはそう言っていた）と言う場合のBobの語末の[b]は、Bobの語頭にある[b]よりもはっきりとは聞こえません。少し音を飲み込んだように聞こえるのではないでしょうか。

というのも、日本語の「ボブ」の「ブ」は、子音と母音の組み合わせ/bu/で、子音の後に母音があるためにはっきり聞こえるのですが、英語は子音[b]だけなので、明確に聞こえる度合いが低くなるというわけです。

特に、次の語(例 told)が子音で始まる場合には、その特徴が顕著です。

●――どこで出てくるの？

基本的には、Bobのように語頭や語末、habitのように語中にもきて、つづり字は'b'です。また、lobbyのようにつづり字が'bb'のこともあります。

ただし、debtやdoubt、climbのようにつづり字'b'を発音しないもの、つまり「発音しないつづり字'b'」もありますので、注意が必要です。

[b]は両唇を閉じて、肺からの空気がたまったら、一気に開放。声帯の振動はあり。

Step 2　発音記号を練習する

ここでは [b] を含む単語の発音を練習しましょう。何度か聞いてから、発音練習をすることがポイントです。下線部に注意して発音してください。[b] が出てくる場所、特に語頭と語末で音の感じが違うことを確認しましょう。

1. big
2. business
3. object
4. job
5. bamboo

語注：3. object 目的、5. bamboo 竹

次に、上記の単語を使った文を発音練習しましょう。下線部に注意して行ってください。

6. You have a big project.　（大きな計画があるんだね）
7. What business are you in?
   （どのようなお仕事をなさっているのですか？）
8. Sam explained the object of this meeting.
   （サムはこのミーティングの目的を説明しました）
9. I went to a job interview last week.（先週、仕事の面接に行きました）
10. Giant pandas love to eat bamboo.
   （ジャイアントパンダは笹を食べるのが好きです）

Step 3 発音記号を単語に置き換える

ここでは [b] を含む単語を発音記号で書いてありますが、その発音記号を単語に変えてみましょう。未学習のものもありますが、クイズ感覚で試してみてください。

1. [bǽk]
2. [bélt]
3. [béɪkəri]
4. [sʌ́bdʒekt]
5. [dɪstə́ːb]

答 1. back　2. belt　3. bakery　4. subject　5. disturb

語注：5. disturb 妨げる

Step 4 発音記号を読む練習

Step 3 で発音記号を単語にする練習をしましたが、ここではその発音記号を見ながら、発音練習をしましょう。

1. [bǽk]
2. [bélt]
3. [béɪkəri]
4. [sʌ́bdʒekt]
5. [dɪstə́ːb]

Must
30

teaの[t]は「トゥッ」で waterの[ṭ]は「ら行の音」

ここでは、teaの[t]とwaterの[ṭ]を見てみましょう。

発音記号はアルファベットではないので、[t]は「ティー」ではなく「トゥッ」と発音します。

また、標準アメリカ英語で出てくる特徴でwaterの[ṭ]もあわせて学びましょう。

Step I　発音記号を学ぶ

●——どうやって発音するの？

通常の[t]

Must 28 [p]やMust 29 [b]と同様に、破裂音は3つの過程を経て[t]を発音しますが、[p]との違いは、最初の過程 Step I の「調音位置」、つまり「どこで音を作るか」ということです。

[t]の音は基本的に、上部の前歯の後ろ（＝歯茎）に舌先を当ててから、発音します。

このことから、英語の[t]は「**歯茎音**（しけいおん）」と呼ばれます。

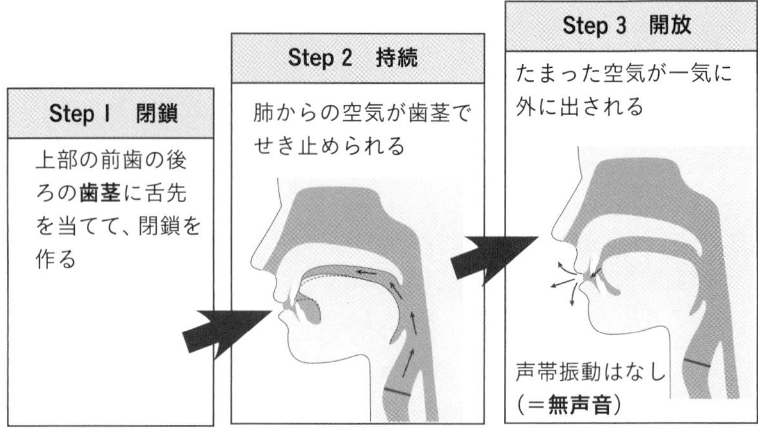

ところで、人によっては、日本語の「た」の /t/ と同じだと思う人もいると思うのですが、実は少し違います。日本語の「た」/ta/ の /t/ と英語の /t/ を比べてみましょう。

日本語の「た」は舌先を上部の歯の内側に舌先を当てている（＝歯音）のではないでしょうか。「た、ち、つ、て、と」と発音してみてください。ただし、「ち」と「つ」は例外です。

一方で、先ほど説明しましたが、英語は**上部の歯茎のうしろに舌先を当てて発音します（＝歯茎音（しけいおん））**。よって、下の図のように、日本語のほうが口の先の部分で発音をしていることがわかります。

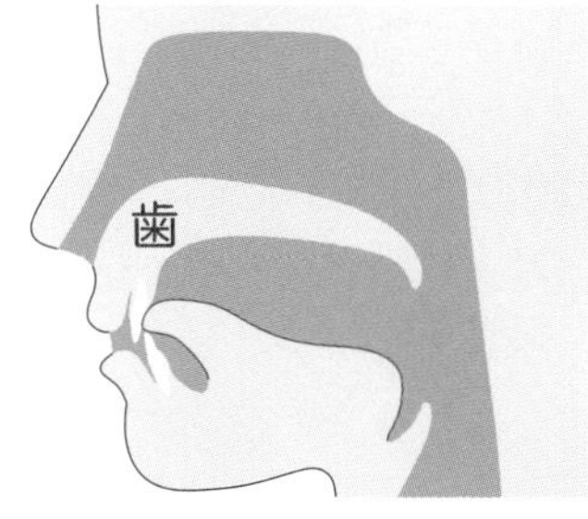

日本語の「た行」の舌の位置

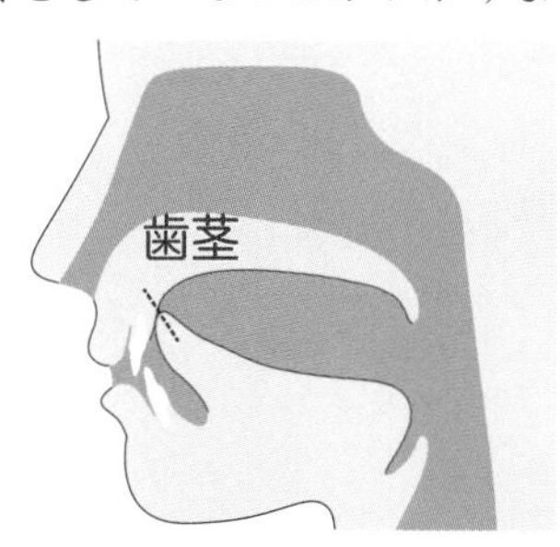

英語の[t]の舌の位置

同じ [t] でも、言語によって、少しばかり「音を作る場所」＝「調音位置」が異なっています。

ただし、英語でも、出てくる環境によっては、「調音位置」が若干ずれることがあります。

[t] を発音するときのイメージとしては、机の角に足の小指をぶつけて「ッタ～」といった感じです。そのとき、上の歯茎のうしろにつけて発音することを忘れないようにしましょう。

動画のココに注目

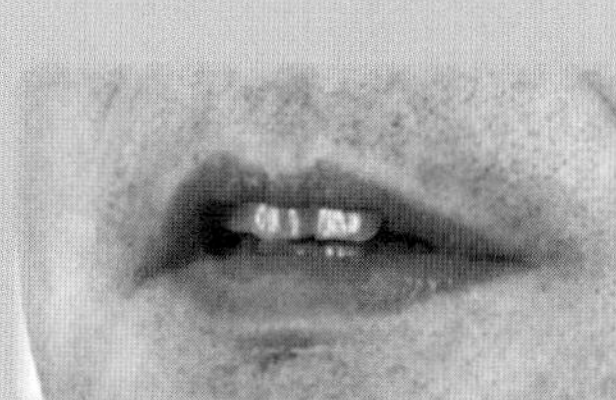
口の構え[t]

動画 No. 27 で確認しましょう。
まず、[t] の調音位置は、歯茎ですので、上の前歯の後ろに舌先をつけます。
口が閉じているので、明確には見えませんが、歯と歯の隙間から舌先を上の前歯の後ろの歯茎あたりにつける様子がうかがえますので、確認しましょう。

たたき音の [ṭ]

次に、[ṭ] を学びましょう。

これは「**たたき音**」で、その音の特徴を名前がよく表しています。[t] の下についている [̬] という小さなv字が、「たたき音」を表す補助記号です。これも「オプション」ととらえてください。

簡単に言うと、[ṭ] と表示されている場合、通常、標準アメリカ英語 GA では「たたき音」になりますが、標準イギリス英語 RP では「たたき音」にならないということを表しています。

なぜなら、[̬] は補助記号だからです。

頻出の補助記号については第1章でまとめましたが、この記号はそれらと比べると使われる頻度がそれほど多くないことと、辞書や教科書などでは使っているものとそうでないものがあるので、ここで説明します。

[ṭ] は、基本的に、標準アメリカ英語 GA で出てきます。具体的に言うと water が「ワリャー」、little が「リル」になる現象のことを言います。

一方で、標準イギリス英語 RP では、つづり字通りの発音になりますので、water は「ウォータ」、little は「リトゥル」となります。

この「たたき音」は、日本語の「ら行」のように、すべて舌先で口の中の上部を軽くたたく［あるいは、はじく］ようにして音を作ります。

もう少し具体的に言うと、舌先を口の中の上部に向かって軽く折り返すようにして付けてから、それを素早く元に戻して音を作ります。日本語の「ら、り、る、れ、ろ」と発音してみると、舌の動きがわかるでしょう。

この「たたき音」は[d̬]でも同様に見られます。

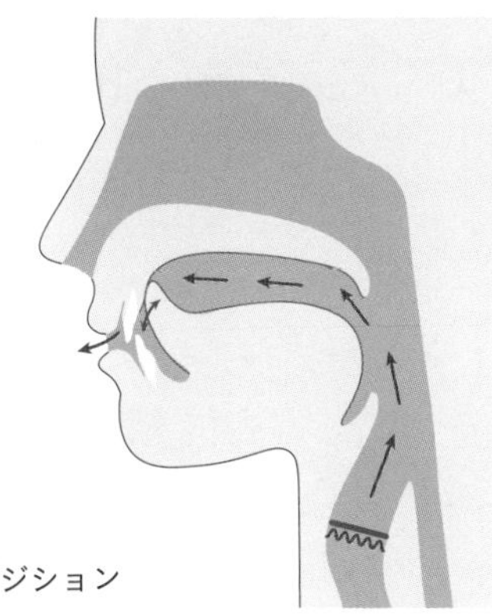

たたき音[t̬]の舌のポジション

動画のココに注目

動画 No. 27 で確認しましょう。
[t̬] は単音では扱いがありませんが、water のところで出てきます。舌先で上部の歯茎付近を素早くたたいている様子が見られますので、確認してください。動画の速度を遅くするとよくわかります。

[t]　**上部の前歯の後ろの歯茎に舌先を当てて、肺からの空気がたまったら、一気に開放。声帯の振動はなし。**
[t̬] **「ら行の音」。**

●――どう聞こえるの？

基本的には、[t] は「トゥッ」と聞こえます。たとえば、tea や top などにおいてです。

この音は、特に語頭にきた際には、「**気音**（きおん）」（Must 28 を参照）を伴います。具体的に言うと、tea の場合、[t] の後に息を吐くようにしてから、母音 [iː] を発音しますので、「ティヒー」といった感じになります。

一方で [t] が pet のように語末にきた際には、[t] が明確には聞こえないことがあります。これは、Step 3 の「開放」が顕著ではないからです。したがって、自然な発話では、pet は「ペットゥ」ではなく、「ペッ」と聞こえることが往々にしてあります。

次に、[t̬] ですが、日本語の「ら行の音」になります。具体的に言うと water が「ワリャー」、little が「リル」になります。

●――どこで出てくるの？

tea や pet、dentist のように [t] は語頭、語中、語末においてつづり字が 't' のときに現れます。また、little のようにつづり字が 'tt' の場合もあります。

次に、「**たたき音**」[t̬] ですが、標準アメリカ英語 で出てきて、water のように前後が母音に挟まれた場合や、little のように [l] の前にきた際に、[t] が日本語の「ら行の音」、つまり、「たたき音」になることがあります。

Step 2　発音記号を練習する

ここでは[t]と[t̬]を含む単語の発音を練習しましょう。何度か聞いてから、発音練習をすることがポイントです。下線部に注意して発音してください。[t]と[t̬]の音の感じの違いを確認しましょう。さらに、4.と5.では標準アメリカ英語GAと標準イギリス英語RPの違いを聞き比べてみましょう。

1. tea
2. television
3. meet
4. butter　　GA　RP
5. letter　　GA　RP

音声注：4. butterと5. letterでは「たたき音」となります。

次に、上記の単語を使った文を発音練習しましょう。下線部に注意して行ってください。9.と10ではGAとRPの違いを聞き比べましょう。

6. What kind of tea would you like?
（どのような種類のお茶がよろしいですか？）
7. Tim doesn't own a television set.
（ティムはテレビを所有していません）
8. I'll meet John two times tomorrow.　（明日ジョンに二回会います）
9. I prefer butter to margarine.　GA　RP
（私はマーガリンより、バターが好きです）
10. I received a letter from my grandfather.　GA　RP
（祖父から手紙をもらいました）

音声注：9. margarineのアクセントの位置がGAとRPで違います。

Step 3　発音記号を単語に置き換える

ここでは [t][t̬] を含む単語を発音記号で書いてありますが、その発音記号を単語に変えてみましょう。未学習のものもありますが、クイズ感覚で試してみてください。

1. [táʊn]
2. [tɑ́ːk]
3. [stóʊn]
4. [teknɑ́ːlədʒi]
5. [wɔ́ːt̬ɚ]

答 1. town　2. talk　3. stone　4. technology　5. water

Step 4 発音記号を読む練習

Step 3 で発音記号を単語にする練習をしましたが、ここではその発音記号を見ながら、発音練習をしましょう。2. と 5. では標準アメリカ英語 GA と標準イギリス英語 RP の違いを聞き比べてみましょう。

1. [táʊn]
2. [tɑ́ːk] GA　[tɔ́ːk] RP
3. [stóʊn]
4. [teknɑ́ːlədʒi]
5. [wɔ́ːt̬ɚ] GA　[wɔ́ːtə] RP

Must
31

dogの[d]は「ドゥッ」で、ladderの[d̬]は「ら行の音」

ここでは、dogの[d]とladderの[d̬]を見てみましょう。

発音記号はアルファベットではないので、[d]は「ディー」と発音してはいけません。「ドゥッ」と発音します。また、標準アメリカ英語 GA で出てくる特徴でladderの[d̬]も学びましょう。

Step 1　発音記号を学ぶ

●──どうやって発音するの？

通常の[d]

この[d]は、「調音位置（＝音を作る場所）」（＝**歯茎音**(しけいおん)）と「調音様式（＝どのように音を作るか）」（＝**破裂音**）が Must 30 [t]と同じです。異なる点は「有声音か無声音か」です。[t]は無声音ですが、[d]は**有声音**です。

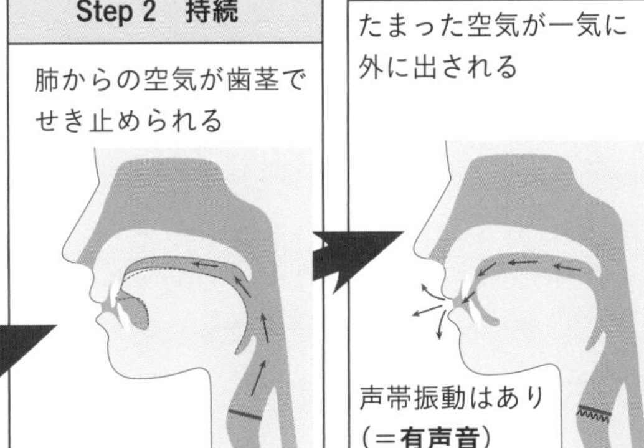

したがって、上部の歯茎に舌先を当てて、[d] を一気に発音しましょう。

[d] を発音するときは、机に足の小指をぶつけて、その痛みを我慢しているときに「ッダッダッ」とうずくまるような感じをイメージしましょう。

動画のココに注目

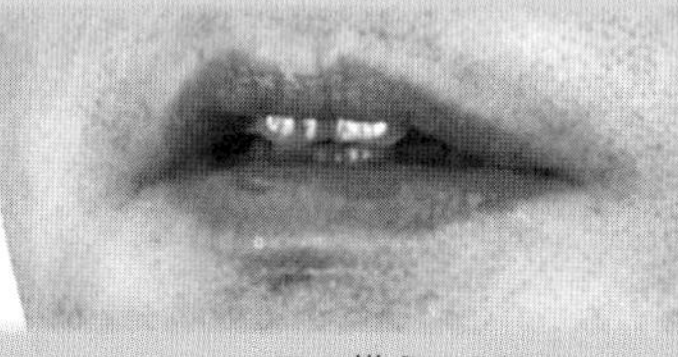
口の構え [d]

動画 No.27 で確認しましょう。[d] は口を軽く閉じてから、舌先を歯茎の後ろにつけてパッとはなしているのが歯のわずかな隙間からうかがえます。Must 29 [t] と比べると、まったく同じ唇の動き方をしていることがわかります。

つまり、調音位置と調音様式が同じで、違いは声帯振動の有無（無声音か有声音か）になることを確認しましょう。

たたき音の [d̬]

数は少ないのですが、[d] にも Must 30[t] [t̬] で説明した「たたき音」[d̬] があります。

具体的に言うと、標準アメリカ英語 GA では ladder が「ララ」に聞こえるということです。音の作り方は、Must 30[t] の**「たたき音の舌のポジション」**の図を参考にしてください。

動画のココに注目

動画 No. 27 で確認しましょう。
[d̬] は単音ではありませんが、ladder のところで出てきます。舌先で上部の歯茎付近を素早くたたいている様子が見られますので、確認してください。water よりも舌先でたたく様子が明確です。動画ソフトで速度を遅くするとよくわかりますので、使ってみることをおすすめします。

●――どう聞こえるの？

基本的には、[d] は「ドゥッ」と聞こえます。特に、語頭にくる dog や dentist などにおいてです。

ただし、[d] が kid や bed のように語末にきた際には、[t] と同様に [d] が明確には聞こえないことがあります。これも Step 3 の「開放」が顕著ではないからです。

したがって自然な発話では、kid は「キドゥ」ではなく「キッ」、bed は「ベッドゥ」ではなく「ベッ」と聞こえますが、後ろに母音がきた場合には、基本的に音がつながり、たとえば、kid is ～. の場合、「キッド　イズ」ではなく「キッディズ」となります。

次に、[d̬] ですが、標準アメリカ英語 GA では、日本語の「ら行の音」(Must 30 参照) になることがあります。具体的に言うと ladder が「ララ」、kidding が「キリン」になります。

[d] 歯の後ろの歯茎に舌先を当てて、肺からの空気がたまったら、一気に開放。声帯の振動はあり。
[d̬]「ら行の音」。

●――どこで出てくるの？

dog、kid などのようにつづり字が ‘d’のときに、[d] になります。また、ladder や kidding のようにつづり字が ‘dd’のときにも [d] になりますが、標準アメリカ英語 GA の場合、これらの例では、たたき音 [d̬] になることもあります。

Step 2　発音記号を練習する

ここでは [d] を含む単語の発音を練習しましょう。何度か聞いてから、発音練習をすることがポイントです。下線部に注意して発音してください。

[d] と [d̬] の音の感じの違いを確認しましょう。さらに、5. では標準アメリカ英語 GA と標準イギリス英語 RP の違いを聞き比べてみましょう。

1. diligent
2. dance
3. advantage
4. kidding
5. ladder　　GA　RP

音声注 5. ladder の [d] は「たたき音」になっています。

次に、上記の単語を使った文を発音練習しましょう。下線部に注意して行ってください。

6. I've never seen such a diligent student in our class.
（このクラスであんなに勤勉な生徒がいるなんて見たことありません）
7. I saw Dorothy dance.　（私はドロシーが踊っているのを見ました）
8. What advantage do you have?
（どのような強みを持っていますか？）
9. You're kidding!　（冗談言わないで！）
10. I fell off the ladder.　（はしごから落下しました）GA　RP

Step 3 発音記号を単語に置き換える

131

ここでは [d] を含む単語を発音記号で書いてありますが、その発音記号を単語に変えてみましょう。未学習のものもありますが、クイズ感覚で試してみてください。

1. [dɔ́ːg]
2. [blʌ́d]
3. [méladi]
4. [bɝ́ːd]
5. [ʃrédɚ]

答 1. dog　2. blood　3. melody　4. bird　5. shredder

語注：5. shredder（いらなくなった書類などを細かく切る）シュレッダー

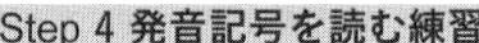

Step 4 発音記号を読む練習

Step 3 で発音記号を単語にする練習をしましたが、ここではその発音記号を見ながら、発音練習をしましょう。

1. [dɔ́ːg] GA [dɒ́g] RP
2. [blʌ́d]
3. [mélədi]
4. [bɜ́ːd] GA RP
5. [ʃrédɚ] GA RP

Must

32

kidの[k]は「クッ」

ここでは、kidの[k]を見てみましょう。

発音記号はアルファベットではないので、[k]は「ケィ」と発音してはいけません。「クッ」と発音します。

Step 1　発音記号を学ぶ

●――どうやって発音するの？

簡単に言うと、日本語の「く」の最初の子音と基本的には同じです。「く」と注意深く発音すると、舌の後部に力が入り、**軟口蓋**（次ページ参照）に向かって舌の後部が盛り上がる感じがあると思います。このことから、[k]は「**軟口蓋音**」と呼ばれます。

「クッ」と勢いよく発音してみてください。舌が盛り上がった後は、そこで息が止まりますが、それを一気に開放して、[k]と発音します。声帯は振動しません。

Step 1　閉鎖

日本語の「く」のように舌の後ろの部分が**軟口蓋**に向かって盛り上がって、閉鎖を作る

Step 2　持続

肺からの空気が**軟口蓋**で妨害される

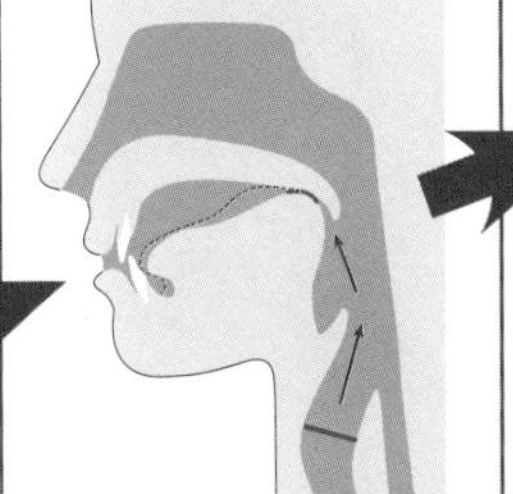

Step 3　開放

たまった空気が一気に外に出される

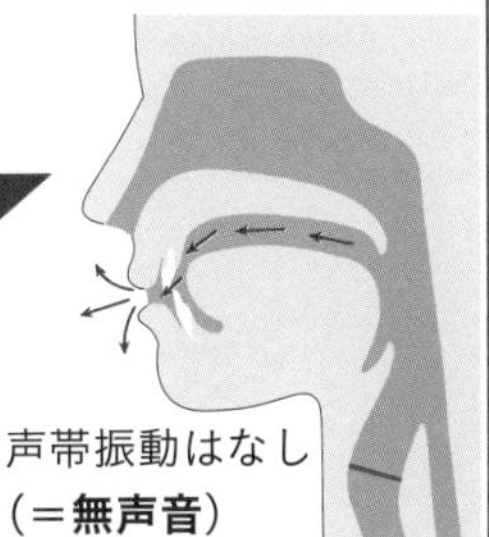

そもそも**軟口蓋**がどこにあるのかを確認しておきましょう。

舌先で口の中の上部を前から後ろになぞっていくと、一定のところまでは骨があるので堅いのですが（この部分を**硬口蓋**(こうこうがい)と呼びます）、その奥にはプニプニとしたやわらかい部分があり、そこを軟口蓋と言います。

つまり、「口の中の軟らかい蓋(ふた)の部分＝軟口蓋」というわけです。

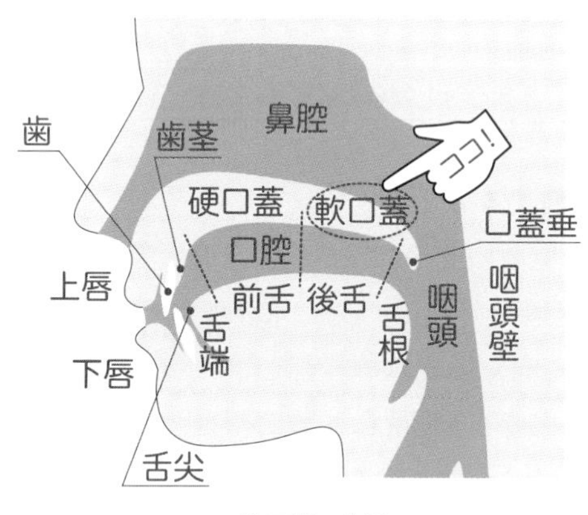

軟口蓋の位置

[k] を発音するときのイメージとしては、苦笑するときの「クッ」といった感じです。

動画のココに注目

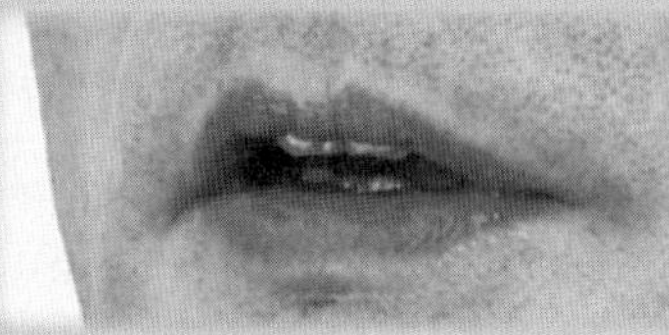
口の構え　[k]

動画 No.28 で確認してみましょう。

[k] の調音位置は口の中で奥側（＝軟口蓋）なので、正面からは見えませんが、舌の後部が盛り上がっている際には、舌先が素早く下がることを確認しましょう。

日本語の「く」を発音するときのように、舌の後部を軟口蓋に向かって盛り上げ、肺からの空気がたまったら、一気に開放。
声帯の振動はなし。

●——どう聞こえるの？

基本的には、[k] は「クッ」と聞こえます。特に、語頭にくるkid や kind などにおいてです。

ただし、他の破裂音と同様に、[k] が ask や bank のように語末にきた際には、[k] が明確には聞こえないことがあります。これは、Step 3 の「開放」が顕著ではないからです。

したがって、自然な発話では、ask は「アースクゥ」ではなく「アースッ」、bank は「バーンクッ」ではなく「バーンッ」と聞こえます。ただし、ask や bank の次の語の語頭に母音がきた際には、「音の連結」が起きるので、たとえば、bank in が「バンクイン」ではなく「バンキン」になります。

●——どこで出てくるの？

基本レベル

基本的には、kingのようにつづり字が'k'のときと、catのようにつづり字'c'がつづり字'a'の前（例 cat)、'o'の前(例 cop)、'u'の前(例 cup)と、子音の直前(例 clock)にくるときです。

一方、つづり字が'e'、'i'、'y'の直前のつづり字'c'の場合は、centのように[s]と発音することが多いです（詳しくは Must 38 [s] を参照のこと）。

次に、pickやbackのようにつづり字が'ck'のときにも[k]と発音します。ただし、つづり字'ck'が語頭にくることは基本的にはありません。

上級レベル

questionのようにつづり字が'qu'のときに[kw]になります。

schoolやchorusのようにつづり字が'ch'が[k]になる場合もありますが、これらの語はギリシャ語源であることが多いです。

それから、つづり字が'cc'のときで、後ろのつづり字が'a'(例 occasion 意味：場合、時、時機)、'o'(例 accounting 意味：会計学)、'u'(例 accumulate 意味：積み上げる)の場合に、[k]と発音することもあります。ただし、'cc'のうしろのつづり字が'e'(例 accent)または'i'(例 accident)のときには、基本的に[ks]と発音します。

最後に、knowやknifeのように「発音しないつづり字'k'」もありますので、注意しましょう。

Step 2 発音記号を練習する

ここでは [k] を含む単語の発音を練習しましょう。何度か聞いてから、発音練習をすることがポイントです。下線部に注意して発音してください。[k] が出てくる場所、特に語頭と語末で音の感じが違うことを確認しましょう。3. では「音の連結」があります。

1. kick
2. basket
3. check-in
4. blank
5. cutting-edge

語注：5. cutting-edge 最先端の、最前線の

次に、上記の単語を使った文を発音練習しましょう。下線部に注意して行ってください。

6. Did you kick the wall? （壁を蹴ったの？）
7. The basket is full of bread and fruit.
   （バスケットはパンとフルーツでいっぱいです）
8. What is the check-in time ? （チェックインの時間は何時ですか？）
9. I need a blank sheet. （白紙が一枚必要です）
10. This machine was developed using cutting-edge technology.
   （この機械は最先端の技術を使って開発されました）

Step 3 発音記号を単語に置き換える

ここでは [k] を含む単語を発音記号で書いてありますが、その発音記号を単語に変えてみましょう。未学習のものもありますが、クイズ感覚で試してみてください。

1. [kíːp]
2. [káɪnd]
3. [kǽptən]
4. [bʊ́kkeɪs]
5. [dάːrk]

答 1. keep 2. kind 3. captain 4. bookcase 5. dark

Step 4 発音記号を読む練習

Step 3 で発音記号を単語にする練習をしましたが、ここではその発音記号を見ながら、発音練習をしましょう。

1. [kíːp]
2. [káɪnd]
3. [kǽptən]
4. [bʊ́kkeɪs]
5. [dάːrk]

Must
33

glassの[ɡ]は「グッ」

ここでは、glass の [ɡ] を見てみましょう。

発音記号はアルファベットではないので、[ɡ] は「ジー」と発音してはいけません。「グッ」と発音します。

注意しなくてはならないのは、発音記号の形です。「**はじめに　なぜ発音記号は重要なのか？**」でも、「発音記号はアルファベットではなく、**記号（symbols）**である」と述べました。ですから、この発音記号は [ɡ] であり、[g] と書いてはいけません。

Step 1　発音記号を学ぶ

●——どうやって発音するの？

日本語の「ぐ」の最初の子音と同じです。

後ろの母音がないので、「グッ」と勢いよく発音してみてください。「グッ」と発音すると、[k] と同様に、舌の後部に力が入り、軟口蓋（なんこうがい）（前項の図参照）に向かって舌が盛り上がる感じがあると思います。

このことから、[k] と同様に「**軟口蓋音**（なんこうがいおん）」と呼ばれますが、[k] との違いは、[ɡ] が**有声音**である点です。

Step 1　閉鎖

日本語の「ぐ」のように舌の後ろの部分（=**軟口蓋**）が盛り上がって、閉鎖を作る

Step 2　持続

肺からの空気が軟口蓋で妨害される

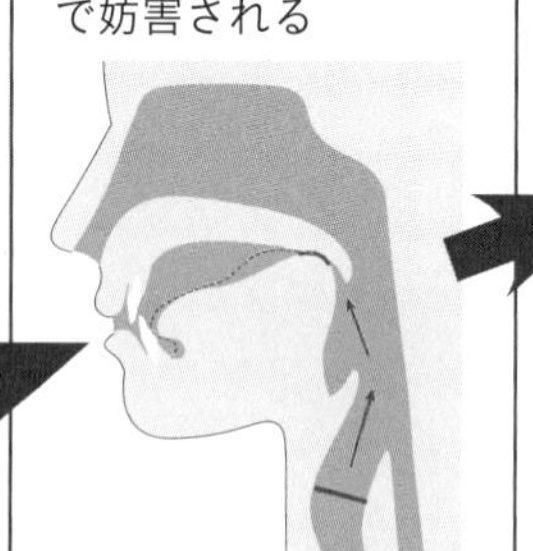

Step 3　開放

たまった空気が一気に外に出される

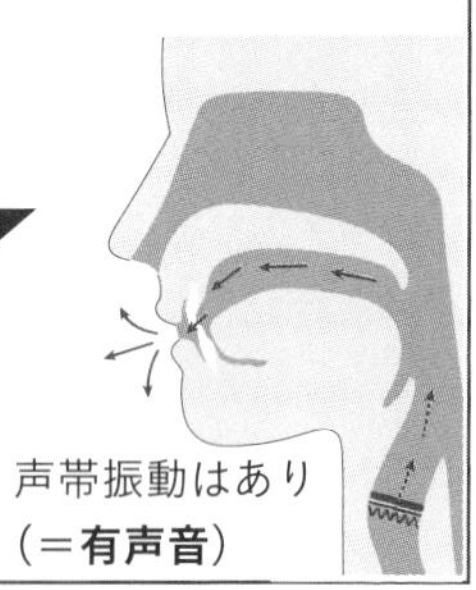

声帯振動はあり（＝**有声音**）

このとき、舌の後ろが盛り上がっていることに注意！
[k] も同様！！

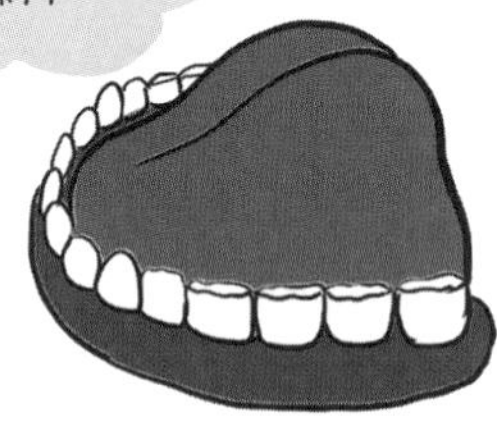

[g] を発音するときのイメージとしては、模試や仕事などで、期待していた結果にならず、「がっかり！」と言うときの [g] をイメージして発音しましょう。

動画のココに注目

動画 No.28 で確認しましょう。
口が少しあき、動画では見えませんが、舌の後部が上部の軟口蓋に向かって盛り上がった際に舌先は下がっています。Must 32 [k]と比べると、まったく同じ唇の動き方をしていることがわかります。つまり、調音位置と調音様式が同じで、違いは声帯振動の有無（無声音か有声音か）になることを確認しましょう。

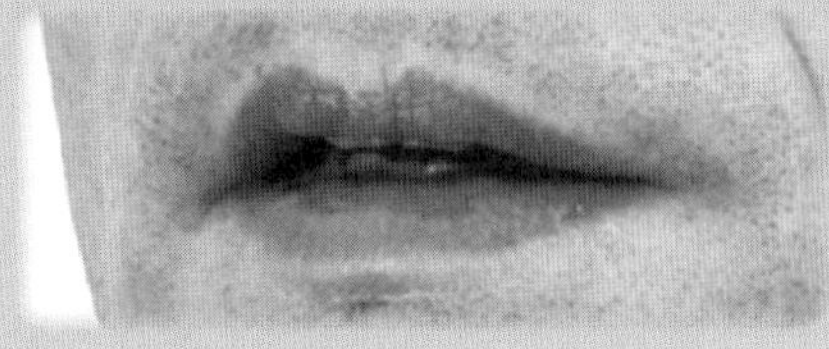

口の構え　[g]

**日本語の「ぐ」を発音するときのように、舌の後部が軟口蓋に向かって盛り上がり、肺からの空気がたまったら、一気に開放。
声帯の振動はあり。**

●――どう聞こえるの？

基本的には、[g] は「グッ」と聞こえます。特に、語頭にくるgive や gain などにおいては明確です。

ただし、[g] が pig や beg のように語末にきた際には、他の破裂音と同様に、[g] が明確には聞こえないことがあります。

これは、Step 3 の「開放」が顕著ではないからです。したがって、自然な発話では、pig は「ピッグ」ではなく「ピッ」、beg は「ベッグ」ではなく「ベッ」と聞こえることがあります。ただし、pig や beg の次の語の語頭に母音が来た際には、「音の連結」が起きるので、たとえば、beg of が「ベッグ　オヴ」ではなく「ベゴヴ」になります。

●——どこで出てくるの？

基礎レベル

基本的には、goalのようにつづり字が'g'のときです。もう少し詳しく言うと、語末に来るつづり字'g'(例 big) や、'g'のうしろのつづり字が'a'(例 gas)、'o'(例 god)、'u'(例 gun)のときや、子音の直前の'g'(例 grass や glass)のときには[g]と発音することが多いです。

上級レベル

また、つづり字'g'の後ろのつづり字が'e'(例 get) や'i'(例 give)のときにも[g]と発音するものがありますが、gene、gist (意味：要点、骨子) のように[dʒ](Must 43参照)と発音するものもありますので、注意が必要です。

Step 2　発音記号を練習する

ここでは[g]を含む単語の発音を練習しましょう。何度か聞いてから、発音練習をすることがポイントです。下線部に注意して発音してください。[g]が出てくる場所、特に語頭と語末で音の感じが違うことを確認しましょう。

1. goal
2. fig
3. agriculture
4. congratulate
5. linguistics

語注：2. fig イチジク、3. agriculture 農業、5. linguistics 言語学

次に、上記の単語を使った文を発音練習しましょう。下線部に注意して行ってください。

6. What is the goal of this project?
   （このプロジェクトの目的は何ですか？）
7. I love fig chocolate.　（イチジクチョコレートが好きです）
8. My family is engaged in agriculture.
   （家族は農業に従事しています）
9. I congratulate you on your marriage.
   （ご結婚おめでとうございます）
10. My research area is linguistics.
   （私の研究領域は言語学です）

Step 3 発音記号を単語に置き換える

ここでは [g] を含む単語を発音記号で書いてありますが、その発音記号を単語に変えてみましょう。未学習のものもありますが、クイズ感覚で試してみてください。

1. [géɪm]
2. [gǽləri]
3. [ɪgnɔ́ːr]
4. [ímɪgrənt]
5. [jóʊgət]

答 1. game　2. gallery　3. ignore　4. immigrant　5. yogurt

語注：3. ignore 無視する、4. immigrant 移民、移住者、5. yogurt ヨーグルト

Step 4 発音記号を読む練習

Step 3 で発音記号を単語にする練習をしましたが、ここではその発音記号を見ながら、発音練習をしましょう。

5. では標準アメリカ英語 GA と標準イギリス英語 RP の違いを聞き比べてみましょう。

1. [géɪm]
2. [gǽləri]
3. [ɪgnɔ́ːr]
4. [ímɪgrənt]
5. [jóʊgət] GA　　[jɒ́gət] RP

破裂音のまとめ

どのように音を作るか

どこで音を作るか

声帯に振動があるか

	調音様式	調音位置	有声音か無声音か
[p] Must 28	破裂音	両唇(音)	無声音
[b] Must 29			有声音
[t] Must 30		歯茎(音)	無声音
[d] Must 31			有声音
[k] Must 32		軟口蓋(音)	無声音
[g] Must 33			有声音

破裂音の調音位置一覧

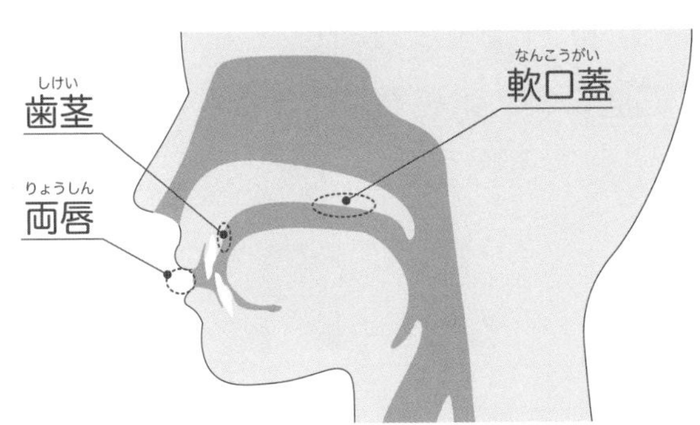

3.2. 摩擦音

ここでは、英語の子音で2つ目の種類である**摩擦音**（まさつおん）を学びます。

摩擦音は、その名前が示す通り、それぞれの調音位置（第3章 子音 「子音に必要な3つの定義づけ」参照）において、摩擦が起こる音のことを言います。

ポイントは、「摩擦」があるということです。摩擦とは、こすれるような現象が起きるということを指します。

それではここで摩擦音の簡単なメカニズムを説明しましょう。

下記の図を参考にすると、声帯より上あたりから唇の間（これを**口腔**（こうくう）と言います）のどこかで狭めが起こって、そこを肺からの空気が通るときに摩擦が起きるのです。

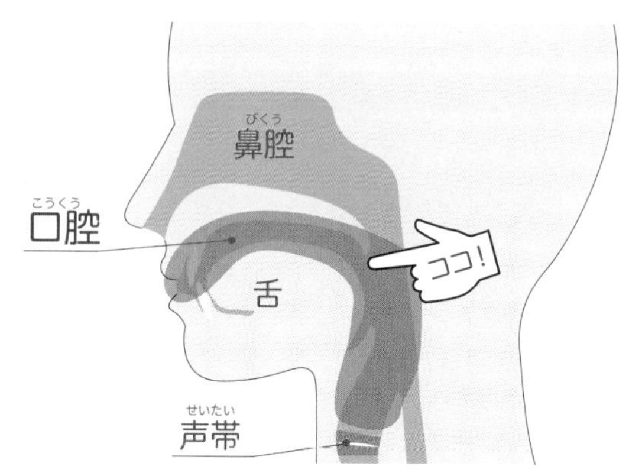

口腔の位置

このメカニズムを、幼少のころに使っていたような簡易なおもちゃを使って説明しましょう。

ストローの先にプラスチックの弁がついたものを想像してください。このとき、ストローが「口腔」で、弁が「狭め（せば）」と考えてください。

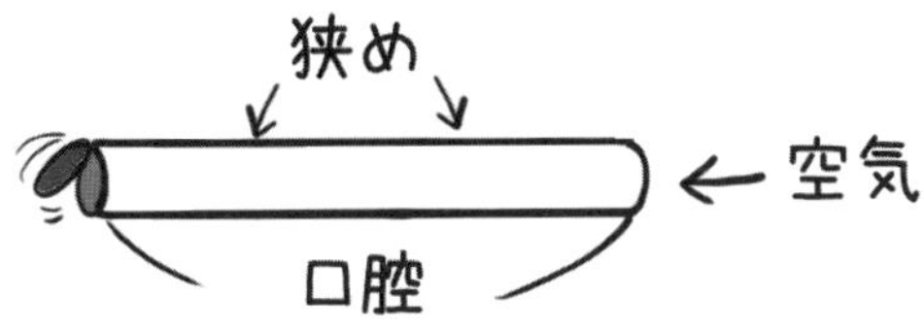

ストローに口をつけて息を吐くと、プラスチック弁が小刻みに揺れますが、このメカニズムが摩擦音に似ています。

この小刻みに揺れる感じは、一瞬では起こりませんね。一定時間継続して、息を吐くことによって、摩擦は起こります。

言い換えると、摩擦は一瞬では起こりませんので、摩擦を起こすには、しばらく空気を出し続ける必要があるのです。専門用語を使って説明すると、3.1. の破裂音は**一時音**なのに対して、3.2. の摩擦音は**継続音**です。

この「**継続**」という概念が、摩擦音では重要なわけです。

●——英語の摩擦音の種類

では、英語の摩擦音にはどのような音があるのか見ていきましょう。

摩擦音表

番号	発音記号	例　下線がその発音記号の音	動画の番号
④	[f] Must 34	fish, photo	No. 29
	[v] Must 35	victory, very	
⑤	[θ] Must 36	think, thin	No. 30
	[ð] Must 37	this, father	
⑥	[s] Must 38	see, cent	No. 31
	[z] Must 39	zoo	
⑦	[ʃ] Must 40	ship, tension	No. 32
	[ʒ] Must 41	casual	
⑧	[h] Must 42	hat	No. 33

では、それぞれの音を見ていきましょう。

Must
34

fishの[f]は「フーーーーー」

ここでは、fish や photo の最初の [f] について学びましょう。

これまで何度も言及してきたことですが、**発音記号はアルファベットではない**ので、[f] は「エフ」と発音してはいけません。「フーーーーー」と発音します。

Step 1　発音記号を学ぶ

●――どうやって発音するの？

まず、日本語の「ふ」から始めましょう。「ふ」は両唇を少し丸めて「ふ」と発音している (= 両唇音) のに対して、英語の [f] は下唇に上の前歯を軽く添えて、音を作っています。

これを調音位置の観点からは、「**唇歯音**（しんしおん）」と言います。

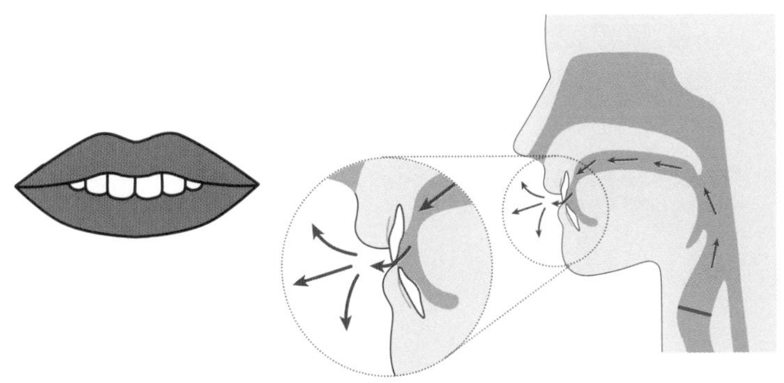

構え　　唇歯音　[f]　　音が出ているとき

ここで重要なのは、「**軽く添えて**」という部分です。

よく学校などでは、[f] を発音する際に、「下唇をかむ」と教えることがあるのですが、決して「かんで」はいけません。

「かんで」しまうと、肺からの空気がスムーズに口の外に出なくなりますし、それに伴って、下唇と上部の前歯をパッとはなすので、破裂音になってしまうのです。

[f] を発音するときのイメージとしてはビーバー（beaver）になった気分で、下唇に前歯をのせてみましょう！そして、かわいらしく、はにかむように [fffff] と言ってみましょう。

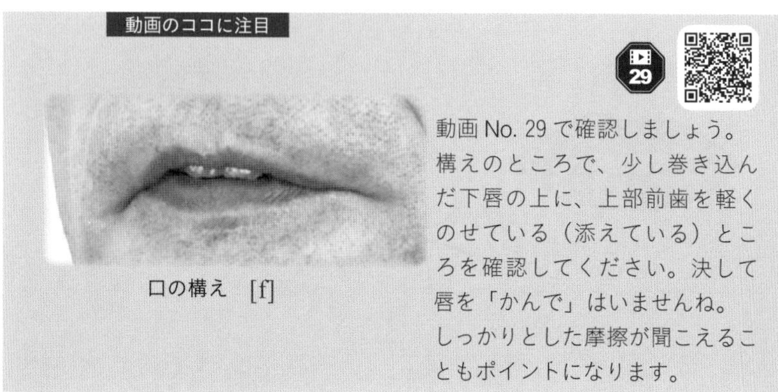

口の構え [f]

Check it out!

(11) 調音位置による名称の意味：なぜ唇歯音と言う？

第2章のはじめで「音声学での一番の難関は専門用語が難解なことですが、専門用語が音の特徴をうまく説明しています」と述べましたが、この「唇歯音」という名前は、まさに調音位置を正確に表しています。

唇歯音の最初の「唇」は口の下部の調音器官を、唇**歯**音の２番目の「歯」は口の上部の調音器官を示しています。黒丸●がそれぞれを表しています。

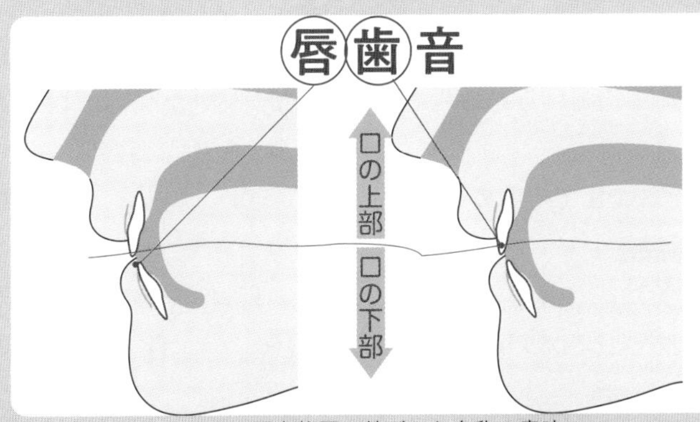

調音位置に基づいた名称の意味

口の下の調音器官は基本的には「舌」なので、調音器官をベースにした名称には、通常は、上部の調音器官が使われます。たとえば、Must 40 [ʃ]やMust 41 [ʒ]は「後部歯茎音」ですが、これは「上部の歯茎の後ろ（後部）が調音位置」であることを表しています。このように専門用語は、音を作る際の重要な情報を表してくれます。

[f]は下唇に上の前歯を軽く添えて（＝唇歯音）、しばらく空気を歯と歯の間から出す音。声帯振動はなし。

●——どう聞こえるの？

日本語の「ふ」は「やわらかい印象」の音ですが、それに対して英語の [f] は日本語の「ふ」よりも**「鋭い印象」**があります。

これは、日本語の「ふ」は唇が少し丸まっているので空気の流れがスムーズですが、[f] の場合、歯と歯の間などの狭い隙間から空気が勢いよく抜けなくてはならないので、「鋭い印象」を持ちやすいのです。

また、この音は無声音なので、「音」と言うよりも、「細かい空気が勢いよく漏れる感じ」と言ったほうが良いかもしれません。

●——どこで出てくるの？

基本レベル

基本的には fish のようにつづり字が 'f' のことが多いですが、off のように、つづり字が 'ff' となるときにも [f] と発音することがあります。

上級レベル

また、photo や telephone、phonetics（意味：音声学）のようにつづり字が 'ph' のときや enough のようにつづり字が 'gh' のときにも [f] と発音することがあります。

Step 2　発音記号を練習する

ここでは[f]を含む単語の発音を練習しましょう。何度か聞いてから、発音練習をすることがポイントです。下線部に注意して発音してください。[f]の摩擦を意識して聞いてみましょう。

1. finish
2. left
3. benefit
4. rough
5. philosophy

語注：3. benefit 利益、4. rough 粗い、5. philosophy 哲学

次に、上記の単語を使った文を発音練習しましょう。下線部に注意して行ってください。

6. Have you finished your homework?　（宿題は終わらせましたか？）
7. Turn left and you'll see the fire station.
（左に曲がると、消防署が見えます）
8. This precious experience was of great benefit to me.
（この貴重な経験は私にとって、とてもためになりました）
9. Could you give me a rough estimate?
（概算を教えてくださいますか？）
10. My uncle is a philosophy professor in the Philippines.
（おじはフィリピンで哲学の教授をしています）

Step 3 発音記号を単語に置き換える

ここでは [f] を含む単語を発音記号で書いてありますが、その発音記号を単語に変えてみましょう。未学習のものもありますが、クイズ感覚で試してみてください。

1. [fíʃɪŋ]
2. [bjúːt̬əfl]
3. [fríːdəm]
4. [kʌ́lɚfli]
5. [dífərnt]

答 1. fishing　2. beautiful　3. freedom　4. colorfully　5. different

Step 4 発音記号を読む練習

ここでは Step 3 で発音記号を単語にする練習をしましたが、その発音記号を見ながら、発音練習をしましょう。

1. [fíʃɪŋ]
2. [bjúːt̬əfl]
3. [fríːdəm]
4. [kʌ́lɚfli]
5. [dífərnt]

Must

35

victory の[v]は「ヴーーーーー」

ここでは、victory や very の最初の [v] について学びましょう。

これまで何度も言及してきたことですが、**発音記号はアルファベットではない**ので、[v] は「ブイ」と発音してはいけません。「ヴーーーーー」と発音します。

Step I　発音記号を学ぶ

●――どうやって発音するの？

まず日本語の「ぶ」は両唇を少し丸めて「ぶ」と言っているのに対して、英語の [v] は下唇に上の前歯を軽く添えて、音を作っています。

これを調音位置の観点からは、「**唇歯音**（しんしおん）」（Check it out!（11）参照）と言います。Must 34 [f] との違いは、[v] は声帯が振動している音（＝**有声音**）であるということです。

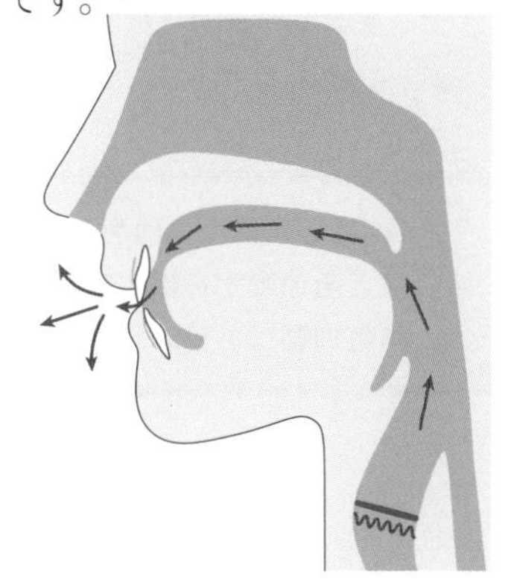

構え　　唇歯音　[v]　　音が出ているとき

ここで重要なのは、Must 34 [f] と同じく「**軽く添えて**」という部分です。噛んでしまうと、空気がスムーズに出ません。

[v] を発音するときのイメージとしては [f] と同様に、ビーバーになった気分で、[vvvvv] と発音してみましょう。

動画のココに注目

口の構え [v]

動画 No.29 で確認しましょう。
上部の前歯が、少し巻き込まれた下唇に軽く添えられているのがわかります。
Must 34 [f] と比べると、同じ唇と歯の動き方をしていることがわかります。
つまり、調音位置と調音様式が同じで、違いは声帯振動の有無（無声音か有声音か）になることを確認しましょう。

[v]は下唇に上の前歯を軽く添えて（＝唇歯音）、しばらく空気を歯と歯の間から出す音。
声帯振動はあり。

●——どう聞こえるの？

日本語の「ぶ」は「ふ」と同様に「やわらかい印象」の音ですが、英語の [v] は日本語の「ぶ」よりも**「鋭い印象」**があります。

これは、Must 34 [f] でも説明しましたが、日本語の「ぶ」は唇の部分が少し丸まって音を作っている（＝両唇音）ので、空気の流れがスムーズですが、[v] の場合、歯と歯の間などの狭い隙間から空気が勢いよく抜けるので、「鋭い音」という印象を持ちやすいのです。

[f] との違いは、[v] は**有声音**という点です。したがって、[f] よりは、はっきりと「音」という感じがするでしょう。

[vvvvv] と伸ばして単独で発音した際や victory のように語頭にきた際などには、口先において虫の羽がすれるような細かい「摩擦」が聞こえるのではないでしょうか。

ただし、その後に別の音がくるときや前後に別の音がくるときなどには、その「摩擦」の量が減ります。

これは、Step 2 の単語の発音と、文の発音を聞き比べると実感できると思います。単語の発音のほうがはっきりと [v] と聞こえるでしょう。

●——どこで出てくるの？

victory や very のようにつづり字が 'v'のときです。また、of のようにつづり字が 'f'のときもあります。

Step 2　発音記号を練習する

ここでは[v]を含む単語の発音を練習しましょう。何度か聞いてから、発音練習をすることがポイントです。下線部に注意して発音してください。[v]が出てくる場所、特に語頭と語末で音の感じが違うことを確認ましょう。

1. victory
2. advertisement
3. achieve
4. curve
5. convey

> 語注：2. advertisement 広告、3. achieve 達成する、4. curve 曲線、カーブ、5. convey 伝える

次に、上記の単語を使った文を発音練習しましょう。下線部に注意して行ってください。

6. Our victory is due to his efforts.
   （私たちの勝利は彼の努力によります）
7. How much did you pay for this advertisement?
   （この広告にいくら払いましたか？）
8. Dr. Smith achieved fame.　（スミス博士は名声を得ました）
9. This road has many curves.
   （この道路はたくさんのカーブがあります）
10. It is sometimes difficult to convey the message to others.
   （他人にそのメッセージを伝えることは、ときどき難しいことがあります）

Step 3 発音記号を単語に置き換える

ここでは [v] を含む単語を発音記号で書いてありますが、その発音記号を単語に変えてみましょう。未学習のものもありますが、クイズ感覚で試してみてください。

1. [lʌ́v]
2. [veɪkéɪʃn]
3. [vǽljuː]
4. [ətrǽktɪv]
5. [ɪmprúːv]

答 1. love　2. vacation　3. value　4. attractive　5. improve

語注：2. vacation 休暇、4. attractive 魅力的な

Step 4 発音記号を読む練習

Step 3 で発音記号を単語にする練習をしましたが、ここではその発音記号を見ながら、発音練習をしましょう。

1. [lʌ́v]
2. [veɪkéɪʃn]　GA　RP
3. [vǽljuː]
4. [ətrǽktɪv]
5. [ɪmprúːv]

音声注：2. RP では [vəkéɪʃn] の発音も多いですが、ナレーターは GA と変わらない発音をしています。

Additional Practice

語末の子音が有声音のときは動詞で、無声音なら名詞かそれ以外というケースがよく見られます。ただし、②は動詞ではなく形容詞です。

そのペアを以下で練習しましょう。

[v] 有声音　動詞 / 形容詞 vs. [f] 無声音 名詞

① **prove** （動詞） [prúːv] vs. **proof** [prúːf]
② **live** （形容詞） [láɪv] vs. **life** [láɪf]
③ **save** （動詞） [séɪv] vs. **safe** [séɪf]

注：②. live 生きている、生きた、生きたままの、生の。[lív] と発音した場合は、動詞。

Must
36 発音要注意

thinkの[θ]は「スゥーーーーー」

ここでは、think や thin の最初の子音 [θ] について学びましょう。

この記号は数学で出てきたかと思いますが、「シータ」ではなく、「スゥー」と発音します。また、[s] ではありません。

この音は日本語にはないものなので、注意して学習しましょう。

Step I　発音記号を学ぶ

●——どうやって発音するの？

まず、この音は「**歯音**（しおん）」と呼ばれ、上下の歯で舌を軽くはさんで、肺からの空気を外に出します。＼Check it out!／ (11) で説明したように、上部の「歯」が調音器官なので、歯音というわけです。

さて、[f] や [v] と同様に、学校などでは、「舌をかむ」と教えることがありますが、「かんで」はいけません。**舌を上下の前歯で「軽くはさむ」**ようにしましょう。というのも、かんでしまうと、空気がスムーズに外に出ないからです。

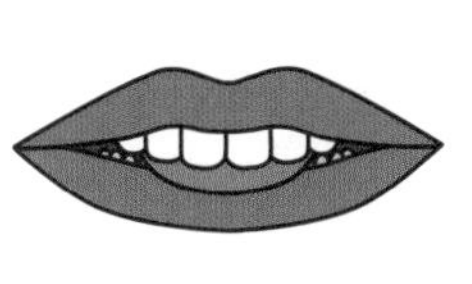

構え

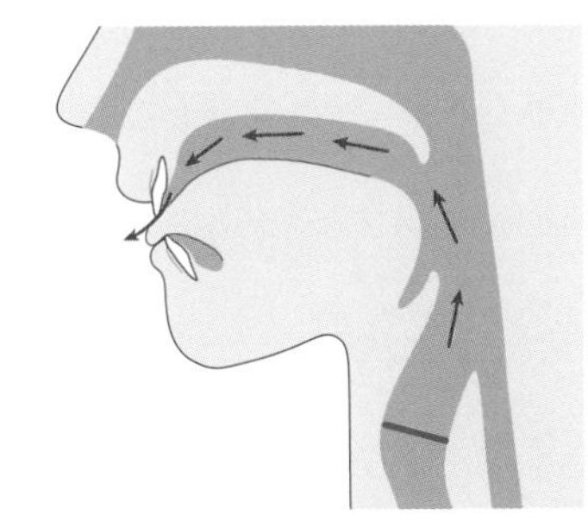

歯音　[θ]　音が出ているとき

発音のポイントですが、単独で [θθθθθ] と発音する場合には、舌先を 1cm くらい出すような感覚で行いましょう。

これまで発音指導をしてきた筆者の経験ですが、学生に「舌先から 1cm くらいのところに上の前歯を置きましょう！」と言っても、実際には、舌先から 3 〜 5mm くらいのところに上の前歯を置いています。

ネイティブスピーカーもこれくらいの位置に前歯をおいて発音することが多いようですし、実際の発話において、舌先はかなり引っ込めても [θ] の音は作れるのですが、場合によっては [s] と間違えられることが起きます。

このような理由から、少し大げさに、練習を行うことをおすすめします。

[θ] を発音するときのイメージとしては、「テヘッ。失敗しちゃった！」と照れ笑いをするように、舌先を上下の前歯にはさんで、発音してみましょう。スマイルを忘れずに！

動画のココに注目

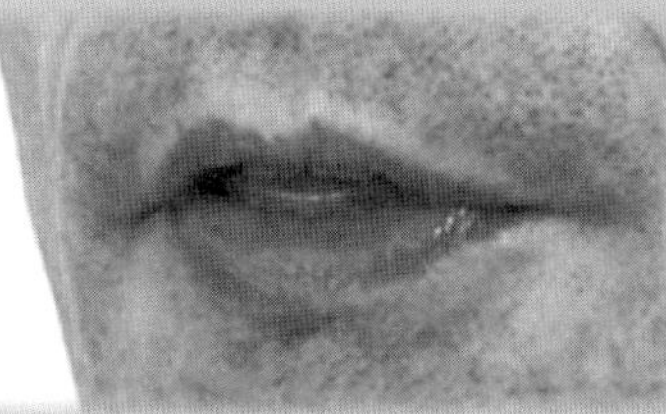
口の構え　[θ]

動画 No.30 で確認しましょう。まず、舌先を上下の前歯で軽くはさんで、[θ] と発音しているのがわかります。デモンストレーターも舌先から 5mm ほどのところを軽くはさんでいることがわかります。映像で確認してください。それから舌の動きがスムーズということは、決して舌をかんでいるのではないことがわかるでしょう。

[θ]は舌を上下の前歯で軽くはさんで（＝歯音）、空気を歯と歯の間からしばらく出す音。
声帯振動はなし。

●――どう聞こえるの？

よく起こるのが、[s] と [θ] の混同です。

一般に、[sssss] と発音したほうが、[θθθθθ] よりも音程が高く聞こえます。したがって、[θ] のほうが [s] よりも「音程が低い」と感じるでしょう。

[sssssθθθθθsssssθθθθθ] と交互に発音してみると、その違いがわかるので試してみてください。

それから、[sssss] のほうが、蛇が出すような「スーーーーー」というような、少し甲高く細かい摩擦が聞かれます。一方で、

[θθθθθ] は、**歯と歯の間から空気が漏れ出るような「スゥーーーーー」**といった感じになります。

リスニングの際に [s] と [θ] の区別は「音程」に着目すると、聞き取りやすいでしょう。ここではミニマルペア（＼Check it out!／(6) 参照）を使って、その違いをしっかりと練習しましょう。

ミニマルペアで違いをチェック！ **[s] と [θ] の違い**

① **sink vs. think**	[síŋk]	[θíŋk]
② **sin vs. thin**	[sín]	[θín]
③ **face vs. faith**	[féɪs]	[féɪθ]

語注：② sin 罪、③ faith 信頼、信念

●――どこで出てくるの？

基本的に think や thin のようにつづり字が 'th' のときに、[θ] になります。

ただし、Thames [témz]（意味：[イギリスのオックスフォードやロンドンを経て北海にそそぐ] テムズ川）や Thomas [tɑ́ːməs|tɔ́məs]（意味：[男性の名前] トーマス）など、'th' を [t] と発音する場合もあります。

Step 2　発音記号を練習する

ここでは [θ] を含む単語の発音を練習しましょう。何度か聞いてから、発音練習をすることがポイントです。下線部に注意して発音してください。[θ] は歯と歯の間から空気が漏れる感じを確認しましょう。

1. think
2. thought
3. depth
4. Athens
5. warmth

発音要注意
「アテネ」
ではない

語注 : 3. depth 深さ、5. warmth 温かさ

次に、上記の単語を使った文を発音練習しましょう。下線部に注意して行ってください。

6. What do you think about this theory?
   (この学説についてどう思いますか？)
7. Could you tell us your own thoughts?
   (あなた自身の考えを教えていただけますか？)
8. Lake Tazawa has a depth of about 423m.
   (田沢湖の水深は約 423 メートルです)
9. My favorite city is Athens.　(私の一番好きな都市はアテネです)
10. At last some warmth is returning to Hokkaido.
   (ついに北海道にいくぶんかの暖かさが戻りつつあります。)

音声注 : 8. 3 = three

Step 3 発音記号を単語に置き換える

ここでは [θ] を含む単語を発音記号で書いてありますが、その発音記号を単語に変えてみましょう。未学習のものもありますが、クイズ感覚で試してみてください。

1. [θɝ́ːd]
2. [θíːm]
3. [fɔ́ːrθ]
4. [bɝ́ːθdeɪ]
5. [hélθ]

発音要注意
「テーマ」
ではない

答 1. third　2. theme　3. forth, fourth　4. birthday　5. health

語注：3. forth 前へ、先へ、fourth 4 番目の

Step 4 発音記号を読む練習

Step 3 では発音記号を単語にする練習をしましたが、ここではその発音記号を見ながら、発音練習をしましょう。

1. [θɝ́ːd]
2. [θíːm]
3. [fɔ́ːrθ]
4. [bɝ́ːθdeɪ]
5. [hélθ]

Must

37

発音要注意

thisの[ð]は「ズゥーーーーー」

ここでは、this、fatherの最初の[ð]について学びましょう。

この記号は初めて見たという人も多いと思いますが、これは Must 36 [θ]の有声音です。この音も日本語にはないものなので、注意して学習しましょう。

Step I　発音記号を学ぶ

●——どうやって発音するの？

まず、この[ð]は Must 36 [θ]の**有声音**なので、同様に舌先をしっかり（1cmくらい）出して、その舌を上下の歯で軽くはさんで発音するようにします。

歯と歯の隙間から、しっかりと空気が外に出るようにしましょう。すきま風のような空気の流れが舌の上側で特に感じられることを意識してください。その際に、舌がこそばゆい感じがするのではないでしょうか。

Must 36 [θ]でも書きましたが、単音あるいは単語で発音練習をする際には、舌先を十分に出してから大げさに発音することから始めるとよいでしょう。

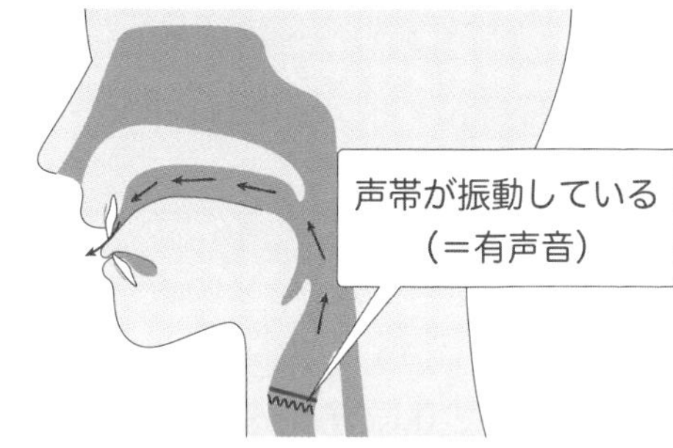

歯音[ð]

[ð] を発音するときのイメージとしては、[θ] と同様に、「テヘッ。失敗しちゃった！」と照れ笑いをするように、舌先を上下の前歯にはさんで、発音してみましょう。

有声音なので、声をしっかり出しましょう。

動画のココに注目

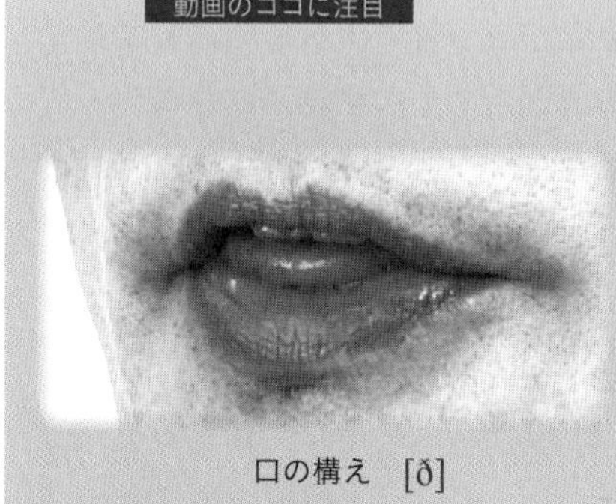

口の構え　[ð]

動画 No.30 で確認しましょう。舌先 5mm くらいのところを上下の歯で軽くはさんでいますね。Must 36 [θ] と比べると、まったく同じ歯と舌の動き方をしていることがわかります。つまり、調音位置と調音様式が同じで、違いは声帯振動の有無（無声音か有声音か）になることを確認しましょう。

**[ð]は舌を上下の前歯で軽くはさんで(＝歯音)、
空気をしばらく歯と歯の間から出す音。
声帯振動はあり。**

●——どう聞こえるの？

[ð]は Must 36 [θ]の有声音なので、[θ]よりも「ズゥーーーーー」というような感じで、摩擦がはっきりと聞き取れる音です。

注意したいのは、[z]と[ð]の違いです。[ð]のほうが[z]よりも「**音程が低い**」と感じるのに加えて、口の先のほうで摩擦を作っている感じがします。

●——どこで出てくるの？

基本的には Must 36 [θ]と同様で、this や these のようにつづり字が 'th'です。

Step 2　発音記号を練習する

ここでは[ð]を含む単語の発音を練習しましょう。何度か聞いてから、発音練習をすることがポイントです。下線部に注意して発音してください。

1. clothing
2. father
3. mother
4. breathe
5. another

発音要注意
breath
[bréθ]
との違い

語注：1. clothing 衣類、4. breathe 息を吸う

次に、上記の単語を使った文を発音練習しましょう。下線部に注意して行ってください。

6. People need food, clothing and shelter to live.
（人は生きるため衣食住が必要です）
7. My father is a physician.　（父は内科医です）
8. My mother loves cooking.　（母は料理するのが大好きです）
9. I laughed so much that I couldn't breathe.
（笑いすぎて息ができませんでした）
10. May I see another one?　（もう１つ見せていただけますか？）

Step 3 発音記号を単語に置き換える

ここでは [ð] を含む単語を発音記号で書いてありますが、その発音記号を単語に変えてみましょう。未学習のものもありますが、クイズ感覚で試してみてください。

1. [ðís]
2. [brʌ́ðɚ]
3. [gǽðɚ]
4. [sʌ́ðɚn]
5. [bɑ́ːðɚ]

答 1. this　2. brother　3. gather　4. southern　5. bother

語注：5. bother　～に面倒をかける、困らせる

Step 4 発音記号を読む練習

Step 3で発音記号を単語にする練習をしましたが、ここではその発音記号を見ながら、発音練習をしましょう。

1. [ðís]
2. [brʌ́ðɚ]
3. [gǽðɚ]
4. [sʌ́ðən]
5. [bɑ́ːðɚ]

Additional Practice

語末の子音が有声音のときは動詞で、無声音なら名詞かそれ以外というケースがよく見られます。そのペアを以下で練習しましょう。

ここでは、母音も異なっているので、注意してください。

[ð] 有声音　動詞　vs.　[θ] 無声音 名詞

① **bathe** [béɪð] vs. **bath** [bǽθ]
② **breathe** [bríːð] vs. **breath** [bréθ]
③ **clothe** [klóʊð] vs. **cloth** [klɔ́ːθ]

語注：① bathe 入浴させる、（水などを）浴びる、③ clothe 洋服を着せる

Must
38

seeの[s]は「スーーーーー」

ここでは、see や cent の最初の [s] について学びましょう。これまで何度も言及してきたことですが、**発音記号はアルファベットではない**ので、[s] は「エス」と発音してはいけません。「スーーーーー」と発音します。

Step 1　発音記号を学ぶ

●――どうやって発音するの？

まず、この [s] は日本語の「さ」の母音「あ」を抜かした音になります。

[sssss] と言うと、舌先は右ページの中央の図にあるように歯茎の後ろにきますので、「**歯茎音**（しけいおん）」と言います。舌先に少し力を入れて、[sssss] と発音しましょう。

もう少し専門的に、詳しく説明します。

[sssss] と言った場合、舌先は歯茎に接触することはありませんが、とても近づきます。同時に、舌の両側が次のページの右図のように盛り上がるので（＝中央がくぼむ）、空気の通り道は狭くなります。それから唇は左図のように、若干、横に開きますが、リラックスしています。

肺からの空気は、右図のように中央のくぼみから一気に外に出ますので、緊張感のある音です。ですから、日本語の「さ」よりも、空気がたくさん出る、勢いのある音になります。

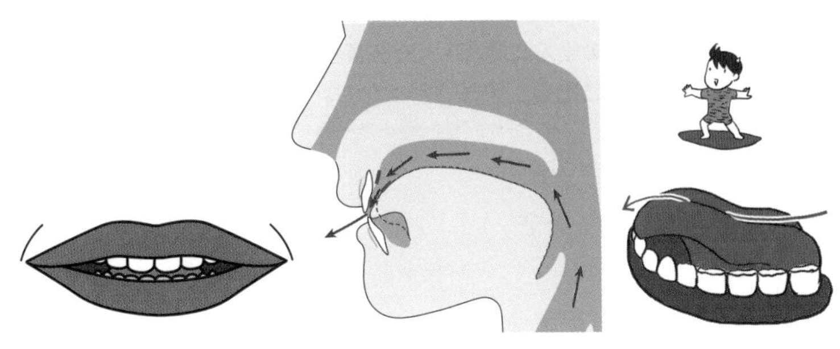

歯茎音　[s]

構え　　音が出ているとき　　舌の状態

[s] を発音するときのイメージとしては、ヘビになった気分で、[sssss] と発音してみましょう。

動画のココに注目

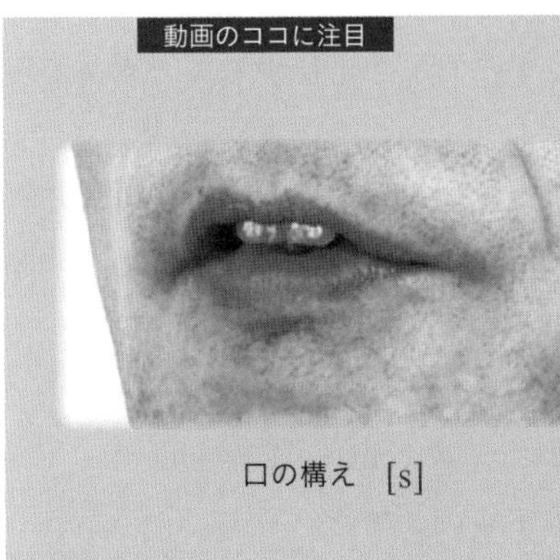

口の構え　[s]

動画 No. 31 で確認しましょう。
[s] と言う際に、まず口元は比較的リラックスしていますが、[s] を言い始めると、口が閉じ加減になります。また、動画の口元をよく見ると、舌先が上部前歯の後ろの歯茎あたりに近づき、口が閉じ加減になっていますが、その際に、舌の両側が盛り上がり、中央にくぼみができる様子が少しわかりますので、注目してみてください。

日本語の「さ」の最初の音 [s]。
舌先は歯茎の後ろにきて(=歯茎音)、空気が勢いよく舌の中央部などから外に出る。声帯振動はなし。

●――どう聞こえるの？

[s] は「スーーーーー」と聞こえますので、聞き取りで間違えることはあまりありません。

ただし、日本語の「さ行の音」(正確に言うと「し」は除きます)のように母音が [s] の後にこない場合があります。そうなると、日本語の「さ行の音」と比べると、はっきりと聞こえない場合があるので、注意が必要です。

●――どこで出てくるの？

基本レベル

基本的には、sing や sink のようにつづり字 's' を [s] と発音しますが、つづり字 's' は rise のように [z] と発音することもあります。

また、boss のようにつづり字が 'ss' のときにも [s] と発音することがあります。

上級レベル

つづり字 'c' の直後がそれぞれ 'e'(例 cent)、'i'(例 cider*)、'y'(例 cyber)の場合は、[s] と発音することが多いです。

次に、つづり字 'e'(例 scene)と 'i'(例 science)、例がかなり少ないですが 'y'(例 scythe [sáɪð] 意味：大鎌)の前のつづり字 'sc' も

*意味：[アメリカ、カナダにおいては] リンゴジュース、
[イギリスにおいては] リンゴから作るアルコール飲料のシードル

[s] と発音することが多く見られます。それ以外は、つづり字 'sc' は scale、screen のように [sk] と発音することがあります。

また、psychology のようにつづり字が 'ps' の場合、'p' を発音せずに [s] と読むケースがあります。

Step 2　発音記号を練習する

ここでは [s] を含む単語の発音を練習しましょう。何度か聞いてから、発音練習をすることがポイントです。下線部に注意して発音してください。

1. research
2. risk
3. solution
4. psychology
5. homelessness

[s] の摩擦を意識して聞くようにしましょう

語注：1. research 調査、研究、3. solution　解決（法）、4. psychology 心理学、5. homelessness ホームレスの状態

次に、上記の単語を使った文を発音練習しましょう。下線部に注意して行ってください。

6. My research topic is population growth in Sweden.
（私の研究テーマはスウェーデンにおける人口増についてです）
7. There are risks in everything.　（すべてにリスクがあります）
8. What is your solution to this problem?
（この計画の解決策は何ですか？）
9. I studied psychology in the United States.
（私はアメリカで心理学を勉強しました）
10. Homelessness is an increasingly serious problem.
（ホームレス問題は増えつつある深刻な問題です）

Step 3 発音記号を単語に置き換える

ここでは [s] を含む単語を発音記号で書いてありますが、その発音記号を単語に変えてみましょう。未学習のものもありますが、クイズ感覚で試してみてください。

1. [síːt]
2. [saíbɚ]
3. [səsáɪəṱi]
4. [téɪst]
5. [kéɪs]

答 1. seat　2. cyber　3. society　4. taste　5. case

語注 : 2. cyber サイバー、インターネット上の、3. society 社会

Step 4 発音記号を読む練習

Step 3 で発音記号を単語にする練習をしましたが、ここではその発音記号を見ながら、発音練習をしましょう。

1. [síːt]
2. [saíbɚ]
3. [səsáɪəṱi]
4. [téɪst]
5. [kéɪs]

Additional Practice

語末の子音が有声音のときは動詞で、無声音なら名詞かそれ以外というケースがよく見られます。そのペアを以下で練習しましょう。

ただし、③は母音も異なりますので、注意してください。

[z] 有声音　動詞 vs. [s] 無声音 名詞など

① **close**(動詞) [klóʊz] **vs.** **close** (形容詞) [klóʊs]

② **use** (動詞) [júːz] **vs.** **use** (名詞) [júːs]

③ **lose** (動詞) [lúːz] **vs.** **loss** (名詞) [lɔ́ːs]

Must
39

zooの[z]は「ズーーーーー」

このセクションでは、zoo の [z] について学びましょう。

これまでも何度も言及してきたことですが、**発音記号はアルファベットではない**ので、[z] は「ゼッド」（アメリカで多い読み方）や「ジー」（イギリスで多い読み方）と発音してはいけません。「ズーーーーー」と発音します。

Step 1　発音記号を学ぶ

●——どうやって発音するの？

この [z] は日本語の「ざ」の母音「あ」を抜かした音になります。Must 38 [s] の有声音なので、Must 38 も参考にしてください。

発音の仕方ですが、[zzzzz] と言うと、中央図のように、舌先は上部の歯茎の後ろに近づきますがくっつきません（＝**歯茎音**（しけいおん））。

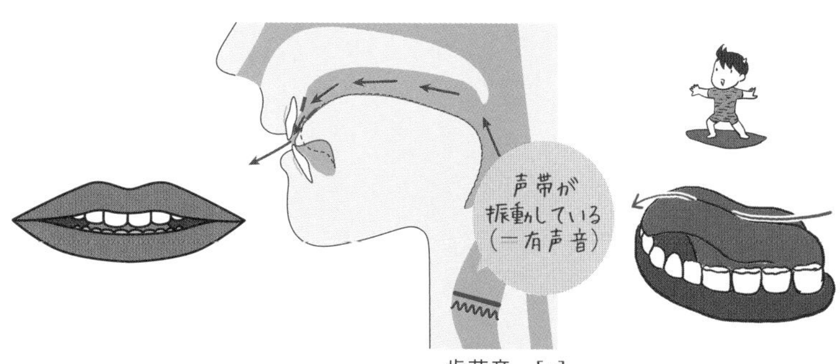

歯茎音　[z]

構え　音が出ているとき　舌の状態

また、前ページの右図からわかるように、[s]と同様で、舌の中央にくぼみができて、その狭い隙間から息が勢いよく出ます。声帯は振動するので**有声音**です。左図のように口は少しあけます。

[z]を発音するときのイメージとしては、嫌な仕事や課題を押し付けられて、「ウッザー」とうんざりしているときの[z]です。うんざりしているので、[zzzzz]を長めに発音しているのではないでしょうか？

動画のココに注目

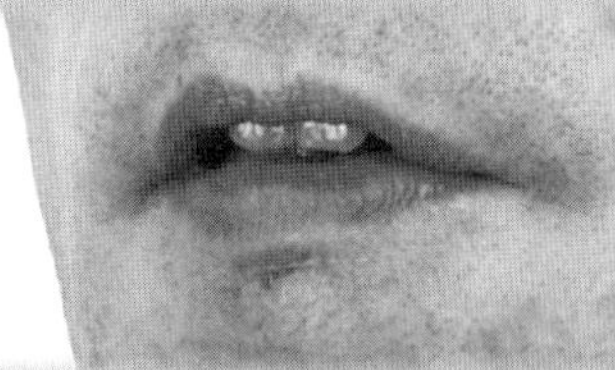
口の構え　[z]

動画 No.31 で確認しましょう。
口元がリラックスし、少しあいています。口元をよく見ると、舌の両側が盛り上がり、中央がくぼんでいることがわかります。
Must 38 [s]と比べると、まったく同じ舌の動き方をしていることがわかります。

つまり、調音位置と調音様式が同じで、違いは声帯振動の有無（無声音か有声音か）になることを確認しましょう。

日本語の「ざ」の最初の音 [z]。
舌先は歯茎の後ろにきて（＝歯茎音）、空気が勢いよく舌の中央部などから外に出る。
声帯振動はあり。

●——どう聞こえるの？

[z] は「ズーーーーー」と聞こえますので、聞き間違いはあまりありませんが、単音の場合、日本語のように母音が [z] の後にこないので、日本語の「ざ行の音」と比べると、はっきりと聞こえません。

特に、英語の zee と日本語の「ジー」は音調が違い、英語のほうが、口の中の前方中央部分で、細かい摩擦が多く聞かれます。

●——どこで出てくるの？

基本レベル

基本的には、zoo や zebra のようにつづり字が 'z' のときに [z] と発音します。また、buzz のようにつづり字が 'zz' のときにも [z] と発音することがあります。

上級レベル

語中や語末に出てくるつづり字 's' は has, nose, rise, visit のように [z] になることも多いです。

Step 2　発音記号を練習する

ここでは[z]を含む単語の発音を練習しましょう。何度か聞いてから、発音練習をすることがポイントです。下線部に注意して発音してください。

1. zoo
2. zebra
3. advertisement　GA　RP
4. crazy
5. bronze

> 語注：2. zebra シマウマ、3. advertisement 広告、5. bronze 銅
> 音声注：3. advertisement は GA と RP では「アクセントの位置」と「母音の発音」が違うので要注意。

次に、上記の単語を使った文を発音練習しましょう。下線部に注意して行ってください。

6. London Zoo is the oldest zoo in the world.
   （ロンドン動物園は世界最古の動物園です）
7. There are several differences between a horse and a zebra.
   （馬とシマウマではいくつか違いがあります）
8. Our company created the advertisement for this supermarket.
   （弊社はこのスーパーの広告を作成しました）　GA　RP
9. Pat is crazy about food and drink.
   （パットは食べ物と飲み物にうるさいです）
10. Naomi won a bronze medal in the track and field competition.
   （ナオミは陸上の大会で銅メダルを獲得しました）

Step 3 発音記号を単語に置き換える

ここでは [z] を含む単語を発音記号で書いてありますが、その発音記号を単語に変えてみましょう。未学習のものもありますが、クイズ感覚で試してみてください。

1. [zíŋk]
2. [kóʊzi]
3. [róʊz]
4. [krítəsaɪz]
5. [kwíz]

答 1. zinc　2. cozy　3. rose　4. criticize　5. quiz

語注：1. zinc 亜鉛、2. cozy 居心地の良い、こじんまりした、
4. criticize 批判する

Step 4 発音記号を読む練習

Step 3 で発音記号を単語にする練習をしましたが、ここではその発音記号を見ながら、発音練習をしましょう。

1. [zíŋk]
2. [kóʊzi]
3. [róʊz]
4. [krítəsaɪz]
5. [kwíz]

Must
40 発音要注意

shipの[ʃ]は「シューーーーーー」

ここでは、ship や tension の [ʃ] について学びましょう。この記号を初めて見た人もいるかもしれません。[s] と間違えないようにしましょう。

Step 1　発音記号を学ぶ

●——どうやって発音するの？

[ʃ] は「シューーーーー」という音なので、日本語の「しゅ」と同じと思うかもしれませんが、実は少しばかり違います。

1つ目に、「唇の構え」が異なります。Must 14 [uː] のように唇を丸めて（＝少しとがらせるようにして）発音します。一方で、日本語の「しゅ」はそれほど唇を丸めることはありません。

2つ目に、「調音位置」が少し異なります。

次ページの右図のように舌先が歯茎の後ろあたりで盛り上がって、狭めが起こっています。このことから、この [ʃ] を「**後部歯茎音**（こうぶしけいおん）」と呼びます。

調音位置は、日本語の「しゅ」と比べると、英語のほうが、口の中のやや前方にありますが、実際には、それほど大きな違いではありません。

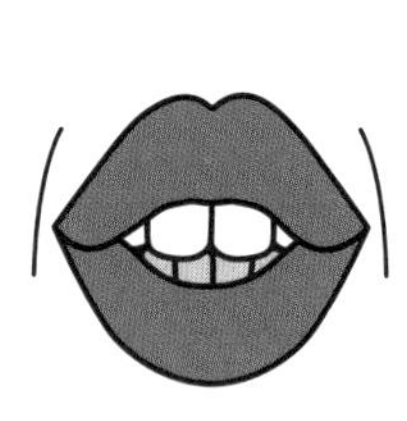

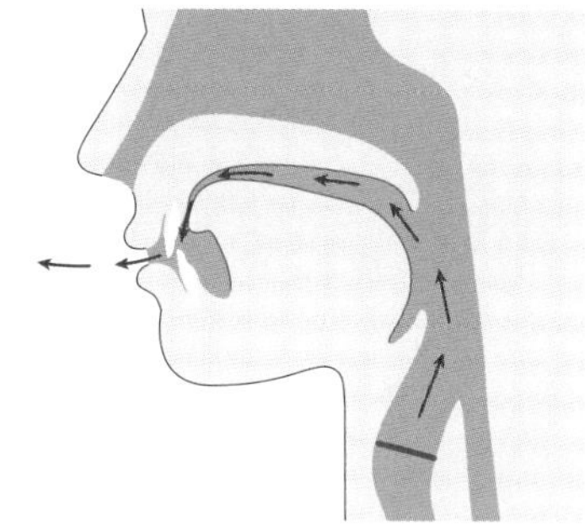

後部歯茎音　[ʃ]

左図　構え　　右図　音が出ているとき

[ʃ] を発音するときのイメージとしては、タコになった気分で唇を少しとがらせて、口から墨を吐くように「シュ――」と発音してみてください。

動画のココに注目

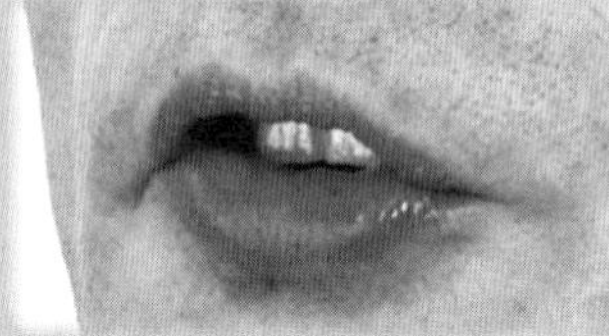

口の構え [ʃ]

動画 No.32 で確認しましょう。
まず、唇が丸まって少し突き出すような感じの構えから、「シューーー」と息が勢いよく出ている感じがありますので、確認してください。

[ʃ]は唇を丸めて（＝少しとがらせるようにして）、「しゅー」と発音。声帯振動はなし。

●——どう聞こえるの？

この音は「シューーーーー」と聞こえるので、まず聞き取りに問題はないでしょう。

ただ、日本語のように後ろに「う」という母音がこないので、日本語で「しゅ」と言うのよりも、息が漏れ出る感じが強いと感じたり、スプレーが噴射するときのような音に感じたりするかもしれません。

●——どこで出てくるの？

基本レベル

基本的に ship や shop のようにつづり字が 'sh' のときに [ʃ] と発音します。

また、sugar や pressure のように、つづり字が 's(s)'+ 'u' のときに [ʃʊ] や [ʃɚ] になることがあります。

上級レベル

アクセントがこない音節（＝弱音節）において、ténsion などのようにつづり字 's'+ 'i' のとき、delícious などのようにつづり字が 'c'+ 'i' のとき、ocean などのようにつづり字が 'c'+ 'e' のときに [ʃ] になります。

加えて、フランス語から入った単語で、machine のようにつづり字が 'ch' のときに、[ʃ] と発音することがあります。

Step 2　発音記号を練習する

ここでは[ʃ]を含む単語の発音を練習しましょう。何度か聞いてから、発音練習をすることがポイントです。下線部に注意して発音してください。[ʃ]の摩擦をしっかりと意識しましょう。

1. shower
2. shrimp
3. ashamed
4. shred
5. cherish

語注：2. shrimp エビ、3. ashamed 恥じて、4. shred 細かく切る、(一片の)細長いきれ、5. cherish 大事にする、かわいがる

次に、上記の単語を使った文を発音練習しましょう。下線部に注意して行ってください。

6. There will be showers tonight.（今晩、にわか雨があるでしょう）
7. The North Shore of Oahu Island is famous for garlic shrimp.
（オアフ島のノースショアはガーリックシュリンプで有名です）
8. I am ashamed of telling a lie.（嘘をついたことを恥じています）
9. I shred a lettuce for a salad.（サラダ用にレタス1個を刻みます）
10. Sarah cherished her grandson.（サラは孫をかわいがった）

Step 3 発音記号を単語に置き換える

ここでは [ʃ] を含む単語を発音記号で書いてありますが、その発音記号を単語に変えてみましょう。未学習のものもありますが、クイズ感覚で試してみてください。

1. [ʃɔ́ːrt]
2. [ʃríŋk]
3. [fréndʃɪp]
4. [kǽʃ]
5. [skwɑ́ːʃ]

> 注：3. [*d*] はイタリック体（斜体）になっていますが、これは Must 3「r 音化の表示の仕方（1）：イタリック体で書く [*r*]」でも書いたように、その音が省略される可能性があるということを表しています。ナレーターも [d] をほとんど発音していません。

答 1. short 2. shrink 3. friendship 4. cash 5. squash

> 語注：2. shrink 縮む、4. cash 現金、5. squash 押しつぶす、ぺちゃんこにする [レモンスカッシュ (lemon squash) などに使われる]

Step 4 発音記号を読む練習

Step 3 で発音記号を単語にする練習をしましたが、ここではその発音記号を見ながら、発音練習をしましょう。

1. [ʃɔ́ːrt]
2. [ʃríŋk]
3. [fréndʃɪp]
4. [kǽʃ]
5. [skwɑ́ːʃ]

Must
41

発音要注意

casualの[ʒ]は「ジューーーーー」

このセクションでは、casualの最初の[ʒ]について学びましょう。この記号を初めて見た人も多いのではないでしょうか。

Step 1　発音記号を学ぶ

●——どうやって発音するの？

まず、この[ʒ]は、Must 40 [ʃ]の**有声音**ですので、[ʃ]と同様に**唇を丸めて（＝少しとがらせて）**構えを作ります。その後は、「ジューーーーー」と発音します。そうすると、以下の右図のように、舌の表面が少しアーチを描くようになって、舌先が歯茎の後ろあたりにきて、そこで狭めが起こります（＝**後部歯茎音**（こうぶしけいおん））。

また、摩擦音なので、息が続く限り、継続して「ジューーー」と発音することが可能です。

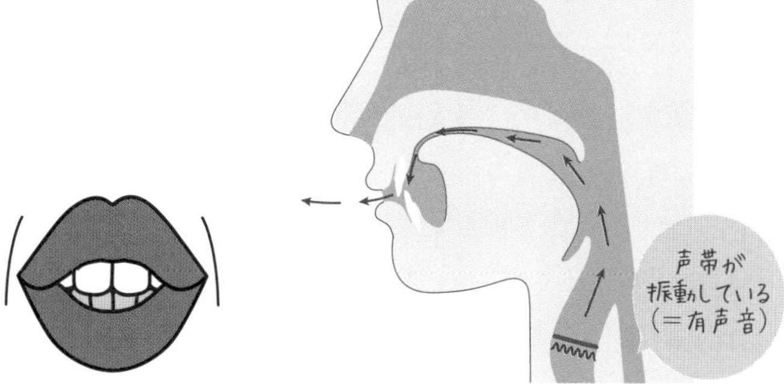

構え

後部歯茎音　[ʒ]
音が出ているとき

日本語の「ジュ」と同じと思う学習者もいるでしょうが、唇の丸めと調音位置などが少しばかり異なります。

[ʒ] を発音するときのイメージとしては、[ʃ] と同様に、タコになった気分で、唇を少しとがらせて「ジューーー」と発音してみてください。

ところで、人によっては「[ʒ] は judge の最初と最後の音だ」と思うかもしれませんが、それは違います。judge を発音記号で書くと、[dʒʌ́dʒ] となりますので、どちらも [dʒ] なのです。

このように、[ʒ] と [dʒ] は別の音なのですが、混同しがちです。これは、[ʒ] は**摩擦音**であるのに対して、[dʒ]（Must 44 参照）は破擦音であるという違いです。「破擦音について」と「摩擦音 [ʒ] との違い」は、詳しくは Must 44 を見てください。

動画のココに注目

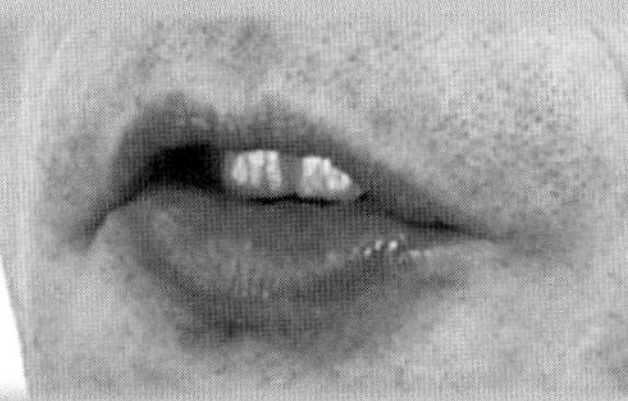

口の構え　[ʒ]

動画 No.32 で確認しましょう。唇が丸まり、少しすぼめられた状態で「ジューーー」と発音しています。Must 40 [ʃ] と比べると、まったく同じ唇の動き方をしていることがわかります。

つまり、調音位置と調音様式が同じで、違いは声帯振動の有無（無声音か有声音か）になることを確認しましょう。

[ʒ]は唇を丸めて(＝少しとがらせるようにして)、「じゅー」と発音。声帯振動はあり。

●——どう聞こえるの？

基本的には日本語の「じゅ」に近い音に聞こえますが、casual の [ʒ] は継続音（の中の摩擦音）なので、「じゅ」のやや「**やわらかい音**」という印象があります。

一方で、judge の [dʒ] は一気に吐き出されるので「鋭い音」という感じがします。[ʒʒʒʒʒ] と伸ばして、感覚をつかんでみましょう。

●——どこで出てくるの？

基本レベル

まず、基本的にこの発音 [ʒ] は語頭にはこないということを覚えておきましょう。つまり、「judge のような発音の最初で出てくる」と思っている場合には、[ʒ][dʒ] の区別ができていないということになります。なぜなら、judge を改めて発音記号で書くと [dʒʌ́dʒ] だからです。ただし、フランス語源の genre [ʒɑ́ːnrə] など、例外はあります。

一般には、beige などつづり字が 'g' のときや decision のようにつづり字が 's'+ 'i' のとき、casual のように 's'+ 'u' のときに [ʒ] になります。

上級レベル

例は少ないのですが、azure（意味：空色（の）、青空（の））のように 'z'+ 'u' の場合があります。

Step 2　発音記号を練習する

ここでは [ʒ] を含む単語の発音を練習しましょう。何度か聞いてから、発音練習をすることがポイントです。下線部に注意して発音してください。[ʒ] は「やわらかい感じのジュ」であることを確認しましょう。

1. rouge
2. beige
3. television
4. luxury
5. usual

> 音声注 :4. luxury は標準イギリス英語 では [lʌ́kʃəri] と発音する人が9割ほどいます。ナレーターもそのように読んでいます。

次に、上記の単語を使った文を発音練習しましょう。下線部に注意して行ってください。

6. I love your rouge coat.　（口紅のような赤いコート、素敵ね）
7. Is this beige sweater yours?
   （このベージュ色のセーターはあなたのですか？）
8. I sold a television set last week.　（先週、テレビを1台売りました）
9. Have you bought any luxury items recently?
   （最近、ぜいたく品は買いましたか？）
10. There are some very unusual animals in the zoo.
   （その動物園にはとても珍しい動物が何種類かいます）

Step 3 発音記号を単語に置き換える

ここでは[ʒ]を含む単語を発音記号で書いてありますが、その発音記号を単語に変えてみましょう。未学習のものもありますが、クイズ感覚で試してみてください。

1. [jú:ʒuəli]
2. [kənklú:ʒn]
3. [víʒn]
4. [pléʒɚ]
5. [əkéɪʒn]

答 1. usually　2. conclusion　3. vision　4. pleasure　5. occasion

語注：2. conclusion 結論、 3. vision 見えること、見抜く力、 5. occasion 機会

Step 4 発音記号を読む練習

Step 3で発音記号を単語にする練習をしましたが、ここではその発音記号を見ながら、発音練習をしましょう。

1. [jú:ʒuəli]
2. [kənklú:ʒn]
3. [víʒn]
4. [pléʒɚ]
5. [əkéɪʒn]

Must
42

hatの[h]は「ハーーーーー」

このセクションでは、hatの最初の[h]について学びましょう。

これまで何度も言及してきたことですが、**発音記号はアルファベットではない**ので、[h]は「エイチ」と発音してはいけません。声帯を振動させずに「ハーーーー」と発音します。

Step 1　発音記号を学ぶ

●——どうやって発音するの？

この音は、簡単に言うと「肺からの息」という感じです。寒い日に手を温めるときに、「ハーーーーー」と息を吹きかけますが、あの音が[h]です。

下の図のように、肺からの空気が声道（第3章　p.202参照）で妨害を受けることなく、スムーズに口の外に空気が出ます。

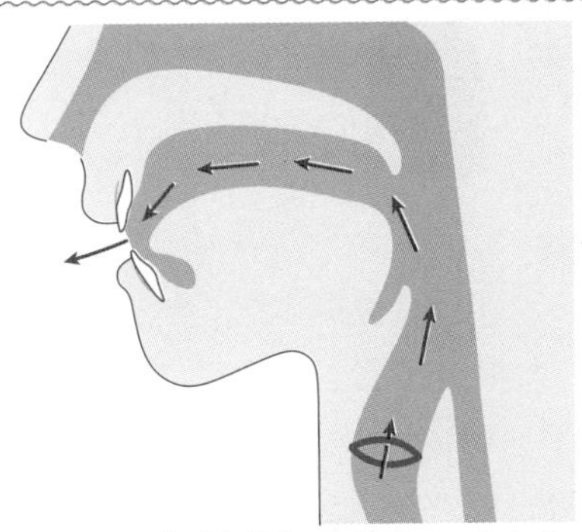

声門音[h]　音が出ているとき

[h] は専門用語で「**声門音**（せいもんおん）」と呼ばれます。

声門とは、これまでの口の中の部位（両唇や歯茎など）を指すものではなく、簡単に言えば「**声の通り道にある門**」のことを言い、その場所は以下の図のようにのどぼとけの内側にあります。ですから、この音だけ「部位」ではなく、「場所」の名前ということです。

これまで第３章の子音に必要な３つの定義づけ　(p.204) などで「無声音と有声音の違いは、声帯の振動があるかないかで、声帯の振動は声帯の外側（＝のどぼとけ付近）に手を当てるとわかりやすい」と説明してきました。この声帯が素早く小刻みに閉じたり、開いたりすることによって声帯の振動が起こるのが有声音です。一方、声帯の振動がない無声音のときには、声門は図のように開いているのです。

有声音＝
声門は閉じたり
開いたりしている

無声音＝
声門は開いている

ところで、この [h] は無声音で、英語ではこの有声音のペアはありません。摩擦音では、これまで、[f] と [v]、[θ] と [ð]、[s] や [z]、[ʃ] と [ʒ] のように無声音と有声音のペアがありましたが、この [h] は有声音がないということを覚えておきましょう。

動画のココに注目

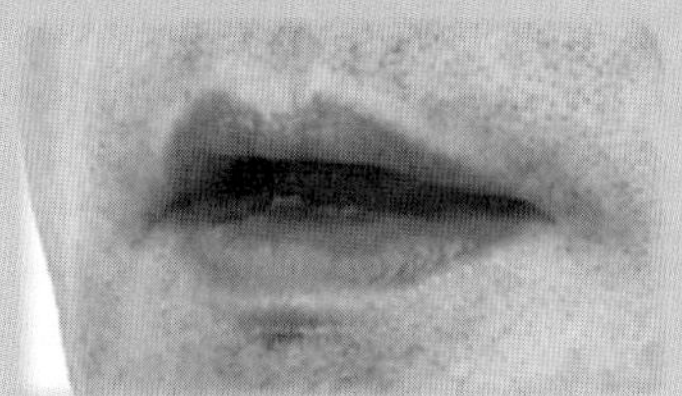

口の構え　[h]

動画 No. 33 で確認してみましょう。動画を見ると、舌が奥に引かれるように下がって、喉の奥から息が勢いよく出ているのがわかります。まさしく「息の音」です。
[h] を発音している間、唇の形は全く変わらないことにも注意しましょう。

[h]は寒い日に手を温めるときの、「ハーーーーー」の音。
声帯振動はなし。

●——どう聞こえるの？

前述にある通り、[h] は「強い息」という感じです。だからこそ、人によっては聞き逃してしまうことがあります。例をあげると、hat が at に聞こえてしまうということです。もちろん意味を考えれば間違える可能性は低くなりますが、注意が必要です。

●——どこで出てくるの？

基本的に、語頭と語中で、hat や rehearsal のようにつづり字が'h'のときに [h] と発音します。語末には現れません。

Step 2　発音記号を練習する

ここでは [h] を含む単語の発音を練習しましょう。何度か聞いてから、発音練習をすることがポイントです。下線部に注意して発音してください。[h] が強い息のような感じであることを確かめましょう。

1. habit
2. horror
3. horizon
4. rehearsal
5. adhere

語注：1. habit 慣習、2. horror 恐怖、3. horizon 水平線、5. adhere くっつく、従う

次に、上記の単語を使った文を発音練習しましょう。下線部に注意して行ってください。

6. Biting your nails is a bad habit.　(爪をかむのはよくない癖です)
7. Do you like to watch horror movies?
   (ホラー映画を見るのは好きですか？)
8. The sun sank below the horizon.
   (太陽は水平線の下に沈みました)
9. We finished the final rehearsal for tomorrow's show.
   (明日の公演のための最終リハーサルを私たちは終えました)
10. All citizens must adhere to the rules.
   (すべての市民は規則に従わなければなりません)

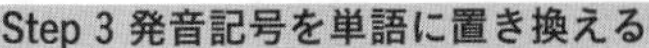

Step 3 発音記号を単語に置き換える

ここでは [h] を含む単語を発音記号で書いてありますが、その発音記号を単語に変えてみましょう。未学習のものもありますが、クイズ感覚で試してみてください。

1. [héd]
2. [háʊs]
3. [hɑ́ːrməni]
4. [hə́ːt]
5. [bihéɪv]

答 1. head　2. house　3. harmony　4. hurt　5. behave

語注 : 3. harmony ハーモニー、調和、5. behave ふるまう

Step 4 発音記号を読む練習

Step 3 で発音記号を単語にする練習をしましたが、ここではその発音記号を見ながら、発音練習をしましょう。

1. [héd]
2. [háʊs]
3. [hɑ́ːrməni]
4. [hə́ːt]
5. [bihéɪv]

摩擦音のまとめ

どのように音を作るか

どこで音を作るか

声帯に振動があるか

	調音様式	調音位置	有声音か無声音か
[f] Must 34	摩擦音	唇歯（音）	無声音
[v] Must 35			有声音
[θ] Must 36		歯（音）	無声音
[ð] Must 37			有声音
[s] Must 38		歯茎（音）	無声音
[z] Must 39			有声音
[ʃ] Must 40		後部歯茎（音）	無声音
[ʒ] Must 41			有声音
[h] Must 42		声門（音）	無声音

摩擦音の調音位置一覧

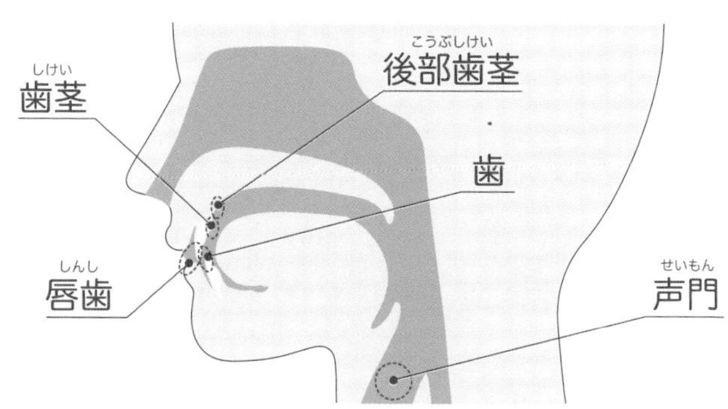

3.3. 破擦音

この項では、英語の3つ目の子音の種類である**破擦音**(はさつおん)を見ていきます。

●—— 英語の破擦音の種類

では、英語の破擦音にはどのような音があるのか見ていきましょう。

破擦音表

番号	発音記号	例　下線がその発音記号の音	動画の番号
⑨	[tʃ] Must 43	<u>ch</u>eese, ma<u>tch</u>	No. 34
⑩	[dʒ] Must 44	<u>j</u>am, <u>j</u>u<u>dg</u>e	No. 35

表のように、破擦音は全部で2つ[tʃ]と[dʒ]があります。[tʃ]が**無声音**、[dʒ]が**有声音**です。

ここでのポイントは、この発音記号は一見、2つの記号のようですが、1つの記号であるということです。英語の発音記号で、このような「2つで1つ」として表されるのは、この2つのみです。

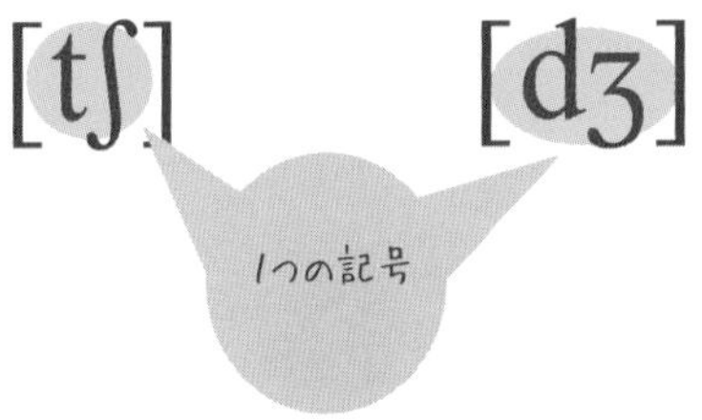

[tʃ]　　[dʒ]

1つの記号

次に、この記号の「破擦音」という名前に注目しましょう。

まず、この記号は1つの記号ですが、最初の要素が**破**裂音で、後ろの要素が摩**擦**音からなっているというのが、ポイントです。

より丁寧に言うと、[tʃ] の最初の要素の [t] は Must 30 で扱った**破**裂音で、後ろの要素 [ʃ] は Must 40 で扱った摩**擦**音です。[dʒ] の最初の要素の [d] は Must 31 で扱った**破**裂音で、後ろの要素 [ʒ] は Must 41 で扱った摩**擦**音です。これが「破擦音」なのです。

破裂音のように**開放**（＝肺からの高まった空気が、外にポンと出ること）が一瞬で起こるのではなく、**緩やかに起こる**ので、少し摩擦が感じられるのが破擦音の特徴です。

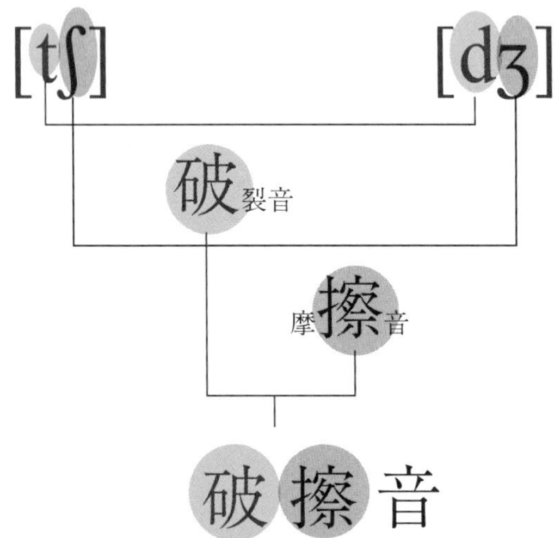

Must
43

cheeseの[tʃ]は「チュ」

ここでは、cheese と match の [tʃ] の発音を見ましょう。

一見、２つの発音記号があるので、[t][ʃ]「トゥッシューーーーー」と発音してしまいそうになりますが、これは１つの発音ですので注意しましょう。

Step I　発音記号を学ぶ

●──どうやって発音するの？

まず、この音は cheese の最初の [tʃ] の発音ですので、「チュ」になります。日本語にも「チュ」があるのですが、構えの時点で、唇を丸める（＝少しとがらせる）必要があります。

[tʃ]の唇の構え

次に、もう少し詳しく説明すると、[tʃ] において、下記の左図のように、舌先を [t] の調音位置である歯茎のほんの少し後ろにつけます（＝**後部歯茎音**（こうぶしけいおん）あるいは**硬口蓋歯茎音**（こうこうがいしけいおん））。

その後、舌が右図のように下にはなれて、息が出ます。音の後半において細かい摩擦が聞こえます。

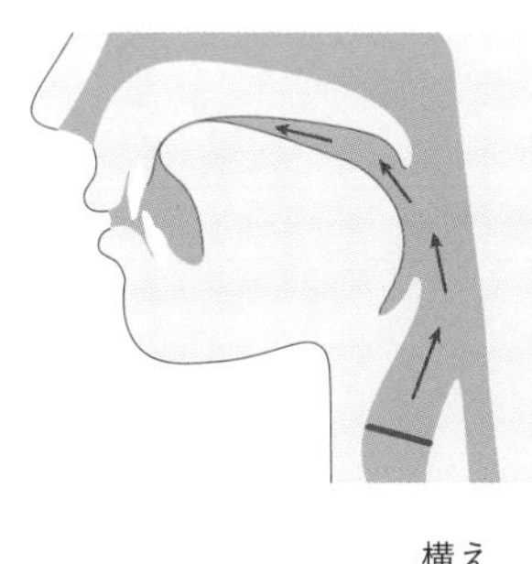

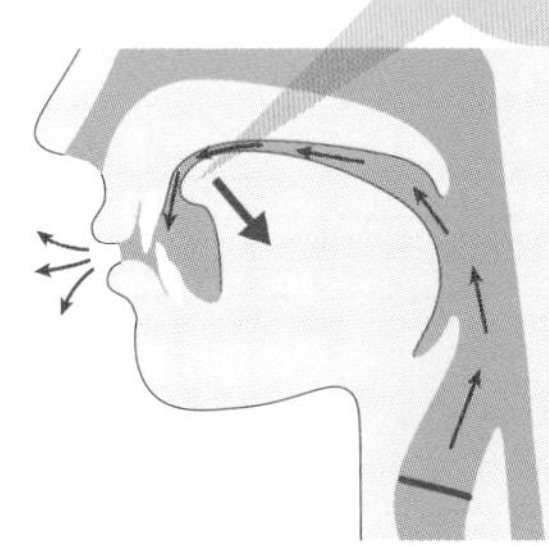

構え　　[tʃ]　　開放

この破擦音は、摩擦音のように息が続く限り音を出し続けることができる継続音ではなく、**一時音**なので、ほんの短い間、音が出るのにとどまるという特徴があります。そこが [ʃ](Must 40) との違いです。

[tʃ] を発音する際のイメージとしては、可愛く投げキッスをするように、「チュッ」です。

動画のココに注目

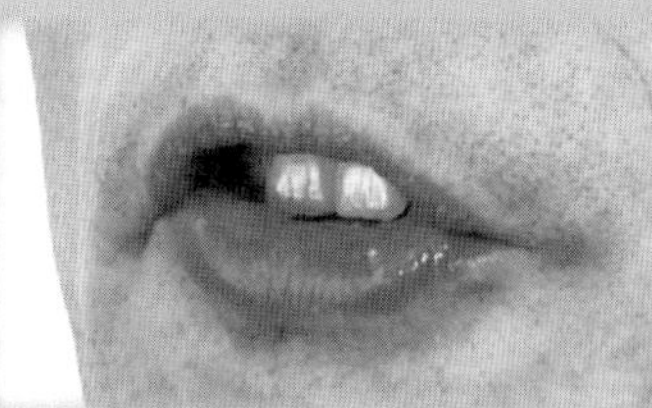

口の構え　[tʃ]

動画 No. 34 で確認しましょう。
唇を少しとがらせるように丸めてから、「チュ」と発音しているのがわかります。破擦音の最後の要素をここでは少し丁寧に長めに発音しているので、摩擦が顕著です。
一方で、単語の cheese, match では、自然に発音しているので、あわせて参考にしてください。

●——どう聞こえるの？

[tʃ] は「チュ」と聞こえるので、聞き取りの際にはそれほど問題はありません。ただし、日本語の聞こえ方と違って、母音「う」がなく、また英語の [tʃ] のほうが摩擦が強いため、後半で細かいこすれる音が感じられます。

●——どこで出てくるの？

基礎レベル

基本的につづり字が 'ch' (例 child) のときや、'tch'(例 match) のときに [tʃ] と発音することが多いです。

上級レベル

また、náture のようにアクセントがこないつづり字が 't'+ 'u' のときに [tʃ] になることがあります。

[tʃ]は唇を丸めて（＝少しとがらせて）、「チュ」。
声帯振動はなし。

Step 2　発音記号を練習する

ここでは [tʃ] を含む単語の発音を練習しましょう。何度か聞いてから、発音練習をすることがポイントです。下線部に注意して発音してください。

1. children
2. cherry
3. chimney
4. kitchen
5. church

語注：3. chimney 煙突

次に、上記の単語を使った文を発音練習しましょう。下線部に注意して行ってください。

6. Children should go to bed early.
   （子どもは早く床につくべきです）
7. Everyone enjoys cherry blossom in spring.
   （春にはみんな桜の花を楽しんでいます）
8. It is believed that Santa Claus comes down the chimney into the house. （サンタクロースは煙突から家に入ると信じられています）
9. My kitchen has two ovens.
   （うちのキッチンにはオーブンが２つあります）
10. My brother's wedding took place at the church.
   （兄（弟）の結婚式はその教会で行われました）

Step 3 発音記号を単語に置き換える

ここでは [tʃ] を含む単語を発音記号で書いてありますが、その発音記号を単語に変えてみましょう。クイズ感覚で試してみてください。

1. [tʃɔ́ːklət]
2. [tʃúː]
3. [ətʃíːv]
4. [mǽtʃ]
5. [əpróʊtʃ]

答 1. chocolate　2. chew　3. achieve　4. match　5. approach

語注：2. chew 噛む、3. achieve 達成する、4. match 調和する、配合する

Step 4 発音記号を読む練習

184

Step 3 で発音記号を単語にする練習をしましたが、ここではその発音記号を見ながら、発音練習をしましょう。

1. [tʃɔ́ːklət]
2. [tʃúː]
3. [ətʃíːv]
4. [mǽtʃ]
5. [əpróʊtʃ]

Must
44 発音要注意

jamの[dʒ]は「ジュッ」

ここでは、2つ目の破擦音でjamやjudgeの[dʒ]の発音を見ましょう。

これは一見、2つの発音記号があるので、[d][ʒ]「ドゥジューーーーー」と発音してしまいそうになりますが、前項 Must 43 [tʃ]と同様に、1つの発音ですので注意しましょう。

Step 1　発音記号を学ぶ

●——どうやって発音するの？

まず、この音はjamの最初の[dʒ]の発音ですので「ジュ」と発音し、Must 43 [tʃ]の**有声音**になります。

日本語にも「ジュ」があるのですが、構えの時点で、英語の[dʒ]は唇を丸める（＝少しとがらせる）必要があります。

[dʒ]の唇の構え

それから、Must 43 [tʃ] の有声音ですので、[dʒ] と発音する際にも、下記の左図のように、最初に舌先を歯茎の少し後ろ（＝**後部歯茎音**）につけます。その後、舌が右図のように下にはなれて、息が出ます。そうすると、音の後半において軽く摩擦が聞こえるでしょう。

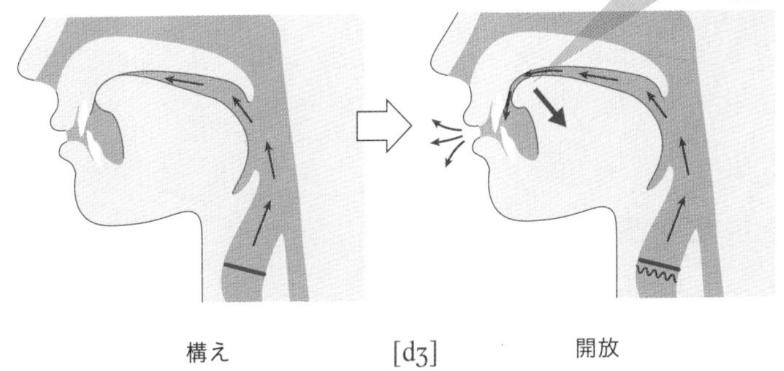

構え　　[dʒ]　　開放

[dʒ] を発音する際のイメージとしては、おいしそうな肉が「ジュ」と焼けるのを見ながら、唇を丸めて「ジュ」と発音する感じです。

Must 41 [ʒ] において、「[dʒ] と [ʒ] は別の音なのですが、混同しがち」と書きました。

その違いですが、[ʒ] は摩擦音なので、この音を出し続けている間は、舌の位置や唇の構えなどが、基本的に変わりません。加えて、継続音なので、息が続く限り、[ʒʒʒʒʒ] と出し続けることができます。

一方で、[dʒ] は一時音なので、継続することができず、一瞬で終わる音です。一瞬で終わるということは、それだけ一時的なエネルギーが強いということです。また、舌の位置が最初と最後で変化するのも [ʒ] と異なる点です。

動画のココに注目

動画 No. 35 で確認しましょう。
特に Must 41 [ʒ]（動画 No.32）と [dʒ] は混同しがちですので、見比べてみましょう。
まず、摩擦に関して見てみると、[ʒ] ではしっかりと摩擦の音が感じられるのではないでしょうか。一方、[dʒ] では摩擦はそれほど感じられません。
次に、唇の形を見てみましょう。Must 43 [tʃ] と同様で、唇を丸めて、少しとがらせるようにしてから、「ジュ」と発音しています。
それから、Must 43 [tʃ] と比べると、まったく同じ唇と歯の動き方をしていることがわかります。つまり、調音位置と調音様式が同じで、違いは声帯振動の有無（無声音か有声音か）になることを確認しましょう。

口の構え [dʒ]

●――どう聞こえるの？

基本的には、[dʒ] は「ジュッ」と聞こえます。先ほど、この [dʒ] は破擦音なので、「一瞬で終わる音」であると述べましたが、その結果、少し勢いを感じる「ジュッ」という感じの音になります。

一方で、混同しやすい音である Must 41 [ʒ] は「継続して発音される音」なので、やわらかい感じの「ジューーーーー」です。

●――どこで出てくるの？

基本レベル

まず、jam や jet のようにつづり字が 'j' のときや badge や judgment のようにつづり字が 'dg(e)' のときに [dʒ] になることが多いです。

上級レベル

次に、つづり字が 'g' で後ろのつづり字が 'e'(例 age)、'i'(例 ginger)、'y'(例 gym) のときに [dʒ] と発音することが多いです。それ以外は基本的に gap のように [g] (Must 33 参照) と発音します。

また gradually のように、つづり字が 'du' のときにも [dʒu] となることがあります。

[dʒ] は唇を丸めて (=少しとがらせて)、「ジュ」。
声帯振動はあり。

Step 2　発音記号を練習する

ここでは[dʒ]を含む単語の発音を練習しましょう。何度か聞いてから、発音練習をすることがポイントです。下線部に注意して発音してください。

1. judge
2. Japan
3. Jupiter
4. jump
5. page

語注：3. Jupiter 木星

次に、上記の単語を使った文を発音練習しましょう。下線部に注意して行ってください。

6. How do you judge this issue?
   （この問題をどのように判断しますか？）
7. I've never been out of Japan.
   （私は日本から出たことはありません）
8. You can see Jupiter at night.　（夜に木星が見えますよ）
9. Don't jump off a double-decker .
   （[2階建てバスの] ダブルデッカーから飛び降りてはいけません）
10. Shall we turn over the page?　（次のページに行きましょうか？）

Step 3 発音記号を単語に置き換える

ここでは [dʒ] を含む単語を発音記号で書いてありますが、その発音記号を単語に変えてみましょう。クイズ感覚で試してみてください。

1. [dʒúːəl]
2. [dʒéləs]
3. [kéɪdʒ]
4. [dʒéli]
5. [dʒʌ́ŋgl]

答 1. jewel　2. jealous　3. cage　4. jelly　5. jungle

語注：1. jewel 宝石、2. jealous 嫉妬心から出た、やきもちやきの、
3. cage（犬などを入れる）おり、（鳥などの）カゴ

Step 4 発音記号を読む練習

Step 3 で発音記号を単語にする練習をしましたが、ここではその発音記号を見ながら、発音練習をしましょう。

1. [dʒúːəl]
2. [dʒéləs]
3. [kéɪdʒ]
4. [dʒéli]
5. [dʒʌ́ŋgl]

3.4. 鼻音

この項では、英語の４つ目の子音の種類である「**鼻音**（びおん）」を見ていきます。

英語の鼻音は全部で３つ、[m]、[n]、[ŋ] があります。**鼻音はすべて有声音**になります。

鼻音の特徴は、その名の通り、空気が鼻から出ることです。一方、これまで扱ってきた母音も鼻音以外の子音もすべて空気が口から出ていました。この点が鼻音とそれ以外の音との大きな違いです。

鼻音のメカニズムについて、少し詳しく説明すると、下の左図のように、口蓋垂（こうがいすい）[いわゆる「のどちん○」] が下がって、鼻から息が出るのです。一方、鼻音以外の音は、口蓋垂が上がって、口から息が出ます。

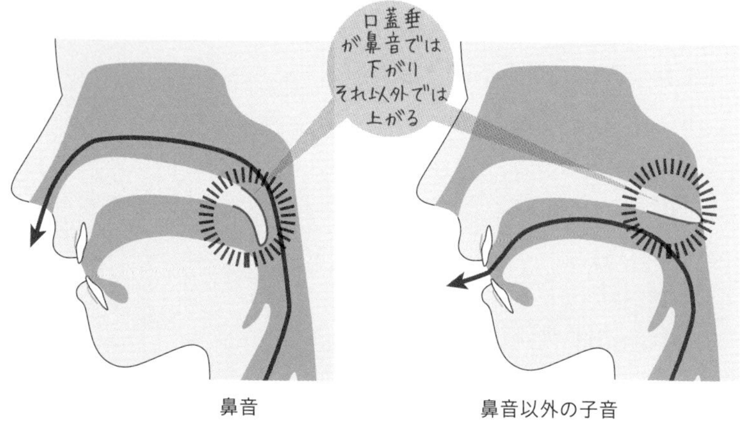

●——英語の鼻音の種類

英語の鼻音は [m]、[n]、[ŋ] の 3 種類で、すべて有声音です。

鼻音表

番号	発音記号	例　下線がその発音記号の音	動画の番号
⑪	[m] Must 45	mouse, enemy, ham	No. 36
⑫	[n] Must 46	nice, neck, tunnel	No. 37
⑬	[ŋ] Must 47	king, sing, Hong Kong	No. 38

それぞれの音を詳しく見ていきましょう。

Must
45

mouseの[m]は「ムーーーーー」

ここでは、mouse、enemy、hamの[m]について学びましょう。

これまで何度も言及してきたことですが、**発音記号はアルファベットではない**ので、[m]は「エム」と発音してはいけません。「ムーーーーー」と発音します。

Step I　発音記号を学ぶ

●――どうやって発音するの？

まず、[m]の唇の構えは左図のように唇を閉じます（=**両唇音**（りょうしんおん））。その後、右図のように鼻から息が抜けます。

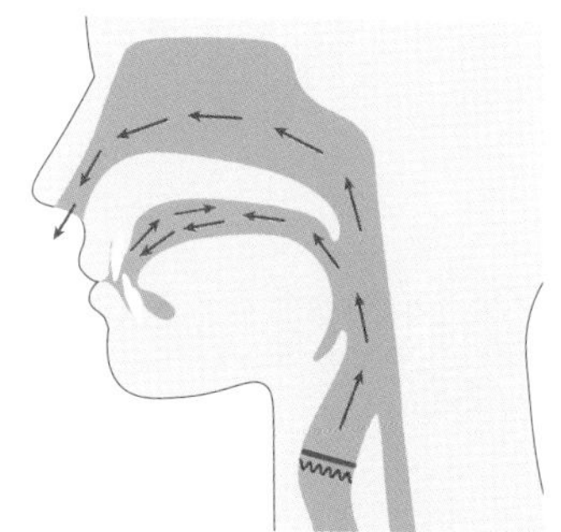

唇の形　　[m]　　音が出ているとき

[m]を含む鼻音全体が**継続音**なので、息が続く限り、続けることができる音です。この音は、日本語の「ま行の音」の最初の

子音なので、なじみがある音だと思います。

発音する際のイメージとしては、考え事をしているときに、両唇を閉じて、[mmmmm] と悩んでいる感じです。

動画のココに注目

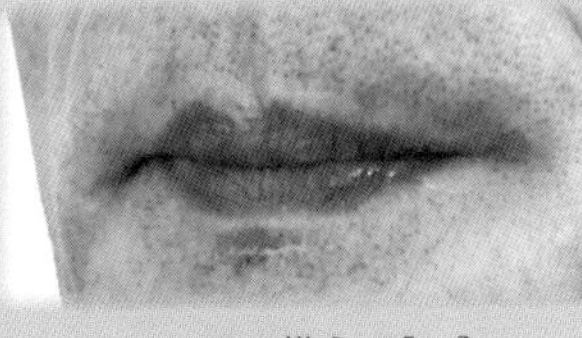
口の構え　[m]

動画 No.36 で確認しましょう。唇をしっかりと閉じて、鼻から息が出ていることがわかります。

●——どう聞こえるの？

[m] は「ムーーーーー」なので、聞き取りの際に問題になることはあまりありません。ただし、[m] が語末にきた際には、Ki<u>m</u>（意味：[男性または女性の名前] キム）なのか、ki<u>n</u>（意味：親族、親類）なのか、ki<u>ng</u> なのか聞き間違えることがありますので、注意しましょう。

●——どこで出てくるの？

基本的には、[m] は <u>m</u>ouse、ene<u>m</u>y、ha<u>m</u> のように語頭、語中、語末の 'm'のときに出てきます。また、su<u>mm</u>er のようにつづり字が 'mm'のときにも [m] と発音することがあります。

[m]**は両唇を閉じて（＝両唇音）、鼻から息を抜く。**

Step 2　発音記号を練習する

ここでは [m] を含む単語の発音を練習しましょう。何度か聞いてから、発音練習をすることがポイントです。下線部に注意して発音してください。

1. medicine
2. nightmare
3. measure
4. maintain
5. moderate

> 語注：2. nightmare 悪夢、3. measure 測る、4. maintain 保つ、
> 5. moderate 節度のある、適度の

次に、上記の単語を使った文を発音練習しましょう。下線部に注意して行ってください。

6. How often do you take this medicine?
   （どれくらいの頻度でこの薬を飲んでいますか？）
7. I had a nightmare last night.　（昨晩、悪夢を見ました）
8. Let me tell you how to measure your height by yourself.
   （自分で身長を測る方法を教えましょう）
9. My mother is obsessed with maintaining her youth.
   （母は若さを保つのに熱中しています）
10. You need moderate exercise.　（適度な運動が必要ですよ）

Step 3 発音記号を単語に置き換える

ここでは [m] を含む単語を発音記号で書いてありますが、その発音記号を単語に変えてみましょう。クイズ感覚で試してみてください。

1. [tíːm]
2. [məʃíːn]
3. [míθ]
4. [méθəd]
5. [əkɑ́ːmplɪʃ]

答 1. team　2. machine　3. myth　4. method　5. accomplish

語注：3. myth 神話、4. method 方法、方式、5. accomplish 達成する

Step 4 発音記号を読む練習

Step 3 で発音記号を単語にする練習をしましたが、ここではその発音記号を見ながら、発音練習をしましょう。

1. [tíːm]
2. [məʃíːn]
3. [míθ]
4. [méθəd]
5. [əkɑ́ːmplɪʃ] GA　　[əkʌ́mplɪʃ] RP

Must
46

niceの[n]は「ヌーーーーーー」

ここでは、nice、neck、tunnelの[n]について学びましょう。

これまで何度も言及してきたことですが、**発音記号はアルファベットではない**ので、[n]は「エヌ」と発音してはいけません。「ヌーーーーーー」と発音します。

Step 1　発音記号を学ぶ

●——どうやって発音するの？

まず、[n]の構えは、右図のように上部の歯茎の後ろに舌先をつけます（＝歯茎音（しけいおん））。そのとき、左図のように少し口があきます。次に、右図のように鼻から息が抜けます。この音も、継続音なので、息が続く限り、続けることができる音です。

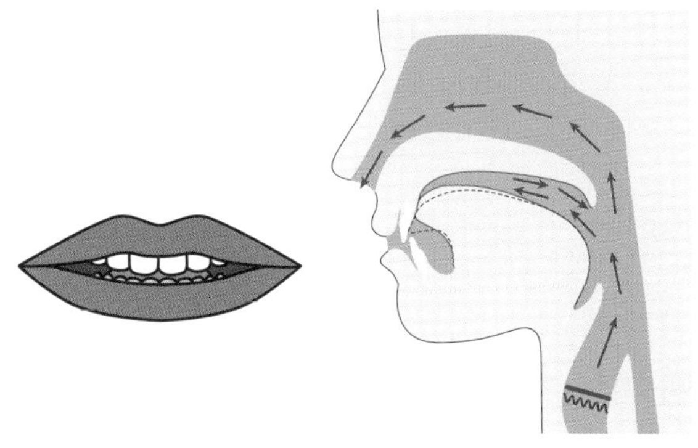

唇の形　　[n]　　音が出ているとき

学習者の中には、日本語の「ん」と英語の [n] が同じ発音であると思っている人がいるかもしれません。

しかし、日本語の「ん」と発音してみると、舌先が口の上部のどこにも触っていないことがわかると思いますが、英語の [n] は舌先が上部の歯茎につきます。つまり、それぞれ違う音であるということを覚えておきましょう。

[n] を発音する際のイメージとしては、部下から「○○社が倒産しました」と報告を受けた上司が、驚きで「なにーーーーー」と言うときを思い浮かべましょう。

はっきりと「な」を言うように、歯茎の後ろに舌先をつけ、鼻から息を抜きましょう。

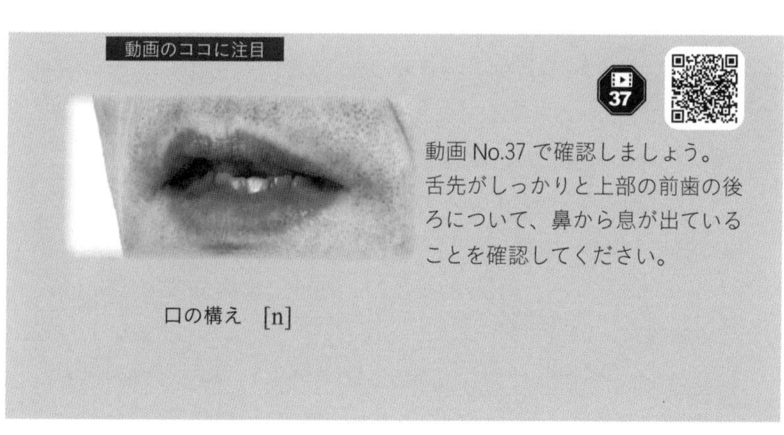

動画のココに注目

37

動画 No.37 で確認しましょう。舌先がしっかりと上部の前歯の後ろについて、鼻から息が出ていることを確認してください。

口の構え　[n]

●——どう聞こえるの？

この [n] は「ヌーーーーー」と聞こえますので、間違いはあまりないのですが、鼻音は鼻から空気が出るので、前後の音にフィルターがかかったように聞こえます。つまり、フィルターがかかるので、聞き取りづらい場合があるということです。

ゆえに人によっては、英語の鼻音 [m]、[n]、[ŋ] の聞き取りにおける区別が難しいことがあります。

語頭に [m] と [n] がきた場合（ただし、[ŋ] は語頭にこない）は、それほど問題にはならないのですが、語中にきた際や語末にきた際には注意が必要です。

そのとき、以下の ＼Check it out!／ (12)「調音位置の同化」のルールを知っていると、自然に発音するときや、つづり字に迷った際の役に立ちます。

＼Check it out!／ （12） 調音位置の同化

音は言いやすいように変化するのが常です。

鼻音が語中にきた際には、前後の音、特に後ろの音に気を配ってみると、その音がどのような鼻音なのかを予測できることがあります。

たとえば、camp の場合には、鼻音のうしろの [p] は両唇音で、前の鼻音が [m] という両唇音になっています。bank は鼻音のうしろの [k] は軟口蓋音で、前の鼻音が [ŋ] という軟口蓋音になっています。他方、money や principle の場合、鼻音のうしろが母音や [s] ですが、前の鼻音は歯茎音になっています。つまり、両唇音は両唇音、軟口蓋音は軟口蓋音になるということです。

この場合、先の音を予測して、調音位置が変化しているというわけですが、このような現象は、言語ではしばしば起こります。

このように、発音しやすくするために、調音位置が後ろの音の調音位置と同じになることを「**調音位置の同化**」と言います。

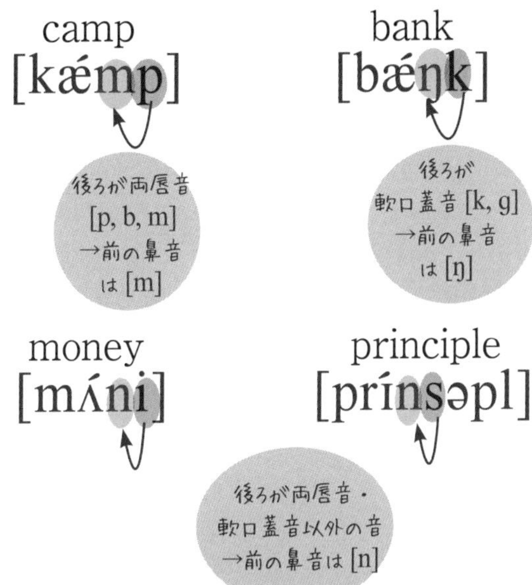

もちろん、例外もたくさんありますが、上記のように発音しやすくするために、後ろの音で鼻音の調音位置が変わっている点に注目すると、鼻音の聞き分けはしやすいかもしれません。

音も人間も、周りの環境に左右されるのです！

[n]は舌先を歯茎の後ろにつけて（＝歯茎音）、鼻から息を抜く。

●——どこで出てくるの？

基本的には nice や neck のようにつづり字が 'n' のときに [n] と発音します。また、tunnel や inn のようにつづり字が 'nn' のときにも [n] と発音することがあります。

また、know や knight のように、「発音しない [k]」の後ろのつづり字 'n' が [n] と発音することがあります。

Step 2 発音記号を練習する

ここでは [n] を含む単語の発音を練習しましょう。何度か聞いてから、発音練習をすることがポイントです。下線部に注意して発音してください。

1. knowledge
2. negotiation
3. neglect
4. connection
5. function

語注：1. knowledge 知識、2. negotiation 交渉、3. neglect 無視する、4. connection 結合、（人と人との）関係、5. function 機能

次に、上記の単語を使った文を発音練習しましょう。下線部に注意して行ってください。

6. This is now common knowledge. （これは今では一般的な知識です）
7. The treaty is under negotiation. （その条約は交渉中です）
8. Don't neglect your duty. （義務を怠ってはいけません）
9. Jonathan made good connections with local people.
（ジョナサンは地元の人と良い関係を築きました）
10. Nancy told us the functions of this software.
（ナンシーは私たちにこのソフトウェアの機能を教えてくれました）

Step 3 発音記号を単語に置き換える

ここでは [n] を含む単語を発音記号で書いてありますが、その発音記号を単語に変えてみましょう。クイズ感覚で試してみてください。

1. [néktaɪ]
2. [káɪnd]
3. [néɪkɪd]
4. [klíːnnəs]
5. [lǽn*d*slaɪd]

注：5. [*d*] はイタリック体（斜体）になっていますが、これは Must 3「r 音化の表示の仕方（1）：イタリック体で書く [*r*]」でも書いたように、その音が省略される可能性があるということを表しています。ナレーターはここでは [d] をほとんど発音していません。

答 1. necktie　2. kind　3. naked　4. cleanness　5. landslide

語注：3. naked 裸の、5. landslide 地すべり

Step 4 発音記号を読む練習

Step 3 で発音記号を単語にする練習をしましたが、ここではその発音記号を見ながら、発音練習をしましょう。

1. [néktaɪ]
2. [káɪnd]
3. [néɪkɪd]
4. [klíːnnəs]
5. [lǽn*d*slaɪd]

Must
47 発音要注意

kingの[ŋ]は「ンガーーーーー」？

ここでは、king、sing、Hong Kongの最後の子音[ŋ]について学びましょう。

この記号は初めて見る人もいるかと思いますので、以下で発音の仕方を学びましょう。

Step 1　発音記号を学ぶ

●——どうやって発音するの？

まず、Must 33 [g]を何度か[ggggg]のように発音してみましょう。そうすると、右図のように、舌の後部が軟口蓋に向かって盛り上がります（＝**軟口蓋音**（なんこうがいおん））。

[g]と[ŋ]の違いは、下の中央の図にあるように、鼻から息が出ることです。ですから、[g]を発音しながら、鼻から息を出すのがこの音です。

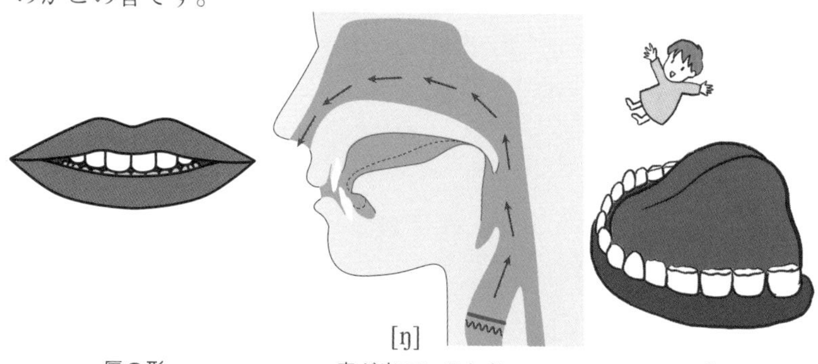

唇の形　　音が出ているとき　　舌の形

日本語の鼻濁音[ŋa]（「私が」の「が」を鼻から息を抜くように発音すること。「か゚」と書くこともある）の最初の音ですので、人によっては、感覚をつかむために鼻濁音から始めてもよいかもしれません。

[ŋ]を発音する際のイメージとしては、犬が少し怒ったときや不快に感じたときに、よく眉間にしわを寄せながら「がががが」と鼻から息を出すことがあります。そのような感じを思い浮かべると発音しやすいかもしれません。

動画のココに注目

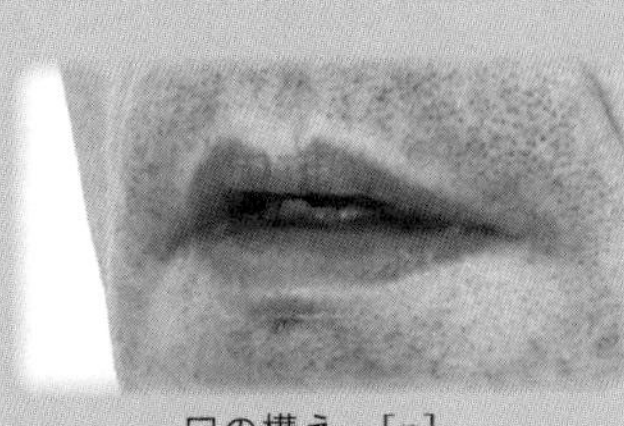
口の構え　[ŋ]

動画 No.38 で確認しましょう。
舌の後部が軟口蓋に向かって盛り上がる様子は、口の中なので見えませんが、舌が盛り上がるために口の中で、前方部分にスペースができていることがわかります。そして、舌先が口の奥に引かれているのが、口の狭い隙間から見えます。そして、鼻から息が出ています。

[ŋ]は[g]を鼻から抜く。

●——どう聞こえるの？

先ほど、「日本語の鼻濁音[ŋa]の最初の音」と表現しましたので、そのようなイメージをもてば聞きやすいのですが、注意しなくてはならないのが、[ŋ] は１つの音で、[ng] ではないという点です。

また、この発音に慣れない学習者は、[n] と [ŋ] の違いが聞き取れない場合があります。

単独で発音される場合を除いて、[n] と比べると [ŋ] は音が継続している時間がほんの少し長く、口の奥側で発音するので、深みのある感じの音に聞こえます。

以下のミニマルペアを何度も聞いて、その違いを確認してみましょう。その後、発音練習することも忘れないでください。

ミニマルペアで違いをチェック！ [n] と [ŋ] の違い 198

① **sin vs. sing**	[sín] [síŋ]
② **ban vs. bang**	[bǽn] [bǽŋ]

語注：① sin 罪、② ban 禁止、bang（バンと）たたく

●――どこで出てくるの？

基本レベル

まず、基本的には、sing や Hong Kong のようにつづり字が 'ng' のときに [ŋ] になります。

これまで「香港はなぜ英語のつづり字が Hong Kong と書くのに、ホングコングと発音しないのだろう？」と不思議に思った人はいませんか？ その理由はつづり字 'ng' は [ng] ではなく [ŋ] だからです。

上級レベル

ここで注意したいのは、finger と singer の下線部の発音です。それらが異なることを知っている英語学習者は少ないのではないかと思います。

発音記号で書くと、finger は [fíŋgɚ] で、singer は [síŋɚ] です。finger の方に [g] が入っている点に注目してください。つまり、つづり字が 'ng' だからと言って、同じ発音にはならない点に注意しなくてはなりません。

実はこれは「語の構成要素」と関係しています。

finger は一語ですが、singer は sing に人を表す 'er' という接尾辞がついて、語が形成されています。finger のように1語の場合、語中では [g] が入ると覚えておきましょう。

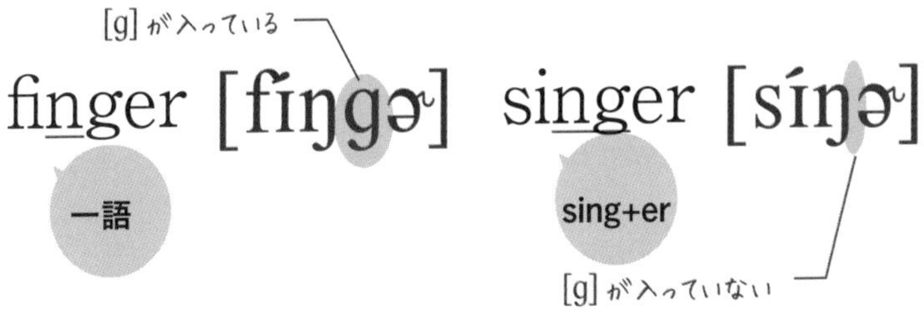

ただし、younger、longer、stronger では [ŋg] になり、例外がありますので、注意してください。

また、sink や skunk のように [k] の前のつづり字 'n' が [ŋ] と発音されますが、これは言いやすくするために「調音位置の同化」が起こっているのです。これに関しては Check it out! (12)「調音位置の同化」を参考にしてください。

Step 2　発音記号を練習する

ここでは [ŋ] を含む単語の発音を練習しましょう。何度か聞いてから、発音練習をすることがポイントです。下線部に注意して発音してください。

1. long
2. bank
3. kingdom
4. singing
5. amazing

語注：3. kingdom 王国、5. amazing 驚くべき、びっくりするような

次に、上記の単語を使った文を発音練習しましょう。下線部に注意して行ってください。

6. How long did it take to finish your homework?
（宿題を終えるまでにどれくらいかかりましたか？）
7. Do you have a bank account?　（銀行口座はお持ちですか？）
8. I went to Disney's Animal Kingdom in Florida this summer.
（今年の夏、フロリダにあるディズニーのアニマルキングダムに行きました）
9. Singing is good for our health.
（歌を歌うことは私たちの健康に良い）
10. Dr. Smith made an amazing scientific discovery.
（スミス博士は科学で素晴らしい発見をしました）

Step 3 発音記号を単語に置き換える

ここでは[ŋ]を含む単語を発音記号で書いてありますが、その発音記号を単語に変えてみましょう。クイズ感覚で試してみてください。

1. [píŋk]
2. [ʃɑ́ːpɪŋ]
3. [dɑ́ːŋki]
4. [kʊ́kɪŋ]
5. [fíʃmʌ̀ŋgɚ]

答 1. pink　2. shopping　3. donkey　4. cooking　5. fishmonger

語注：3. donkey ロバ、5. fishmonger 魚屋

Step 4 発音記号を読む練習

Step 3で発音記号を単語にする練習をしましたが、ここではその発音記号を見ながら、発音練習をしましょう。

1. [píŋk]
2. [ʃɑ́ːpɪŋ]
3. [dɑ́ːŋki]
4. [kʊ́kɪŋ]
5. [fíʃmʌ̀ŋgɚ]

3.5. 側（面）音・接近音

このセクションでは、**側面音**（**側音**とも言います）である [l] Must 48 と、**接近音**である [r] Must 49、[w] と [j] Must 50 を扱います。

ここで、簡単に音のメカニズムを説明すると、側面音 [l] とは「音が中央からではなく、**横（＝側面）から出ること**」で、接近音とは「舌が**口の中の天井部のどこにもつかないが、接近する**音のこと」を言います。

●—— 英語の側面音と接近音の種類

まず、3.5. の側面音と接近音にはどのような音があるのか見ていきましょう。

側面音・接近音表

番号	発音記号	例　下線がその発音記号の音	動画の番号
⑭	[l] Must 48	love, land, milk	No. 39
⑮	[r] Must 49	rice, mirror	No. 40
⑯	[w] Must 50	win, twin	No. 41
⑰	[j] Must 50	yacht, year	No. 42

では、それぞれの音を見ていきましょう。

Must
48
発音要注意

loveの[l]は明るい「ルーーーーー」

ここでは love、land、milk の最初の [l] について学びましょう。

これまで何度も言及してきたことですが、**発音記号はアルファベットではない**ので、[l] は「エル」と発音してはいけません。「ルーーーーー」と発音します。

この音は日本人が苦手とする発音なので、しっかりと発音の仕方を学びましょう。

Step I　発音記号を学ぶ

●――どうやって発音するの？

まず中央の図にあるように、上の前歯の後ろの歯茎あたりにしっかりと舌先をつけます。そうすると、右図のように空気が舌の真ん中からではなく、側面、つまり横から出ることがわかります。このことから「側面音」、「側音」と呼びます。

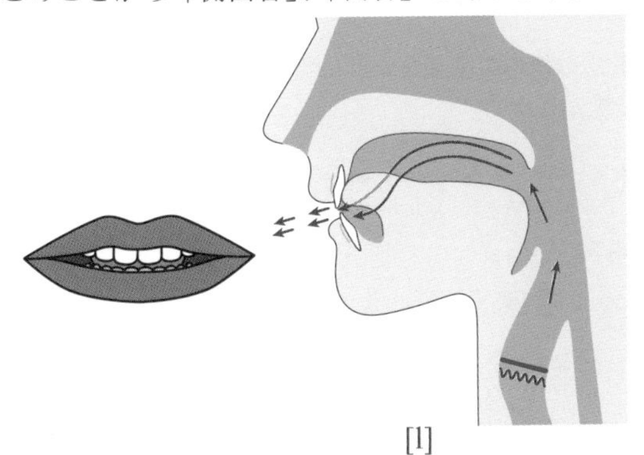

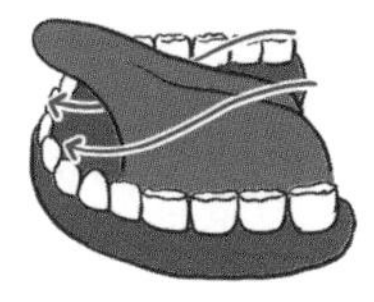

[l]

唇の形　　音が出ているとき　　舌の形

発音のポイントは舌先をすぐにはなさないことです。なぜなら、この [l] も**継続音**だからです。

[l] を発音する際のイメージとしては、とてもいいことがあって、気持ちをウキウキ弾ませるところを思い出しながら、舌先を歯の後ろにつけて、「ルンルン」と言ってみましょう。

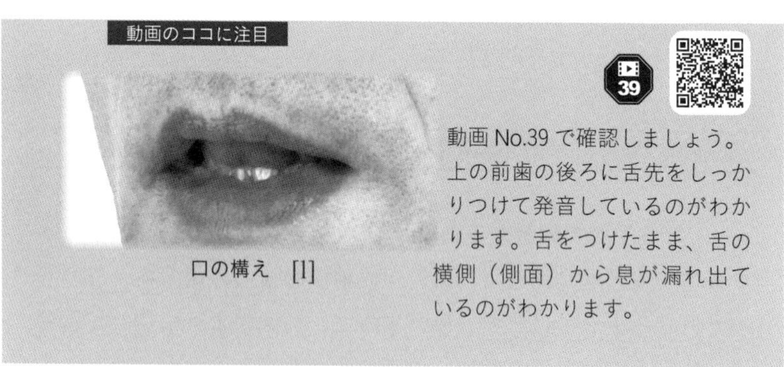

口の構え　[l]

動画 No.39 で確認しましょう。上の前歯の後ろに舌先をしっかりつけて発音しているのがわかります。舌をつけたまま、舌の横側（側面）から息が漏れ出ているのがわかります。

[l]は上部の前歯の後ろの歯茎あたりに舌先をしっかりとつけて、空気を舌の両側から抜く。

●――どう聞こえるの？

注意しなくてはならないのは、日本語の「ら行の音」と、英語の [l] と [r] は別の音なので、聞き分けが難しいということです。

日本語の「ら行の音」は、舌先を軽く弾くような感じで発音するので、軽い弾むような音に聞こえます。

一方、英語の[l]は舌が上部の調音位置（＝歯茎のこと）に接触している時間が日本語の「ら行の音」よりも長いので、[l]は若干長く明るい「ら行の音」に聞こえます。

日本語の「ランド」と英語のlandと比べてみましょう。

英語の[l]のほうが長く、少し明るい感じがするのではないかと思います。

ちなみに英語の[l]は、出てくる位置で少し音調が異なります。

たとえば、leafの[l]とmilkやtellの[l]を比べてみましょう。そうすると、leafの[l]が明るく聞こえる［これを「**明るいl**」と呼びます］のに対して、milkやtellの[l]は暗く、「ウ」に近い音として聞こえる［これを「**暗いl**」と呼びます］のではないでしょうか。

動画No.39では、loveとlandの「明るいl」と、milkの「暗いl」を発音しているので、併せて参考にしてください。詳しくは姉妹本『英語リスニングの鬼100則』（明日香出版社）**Must** 48を参照してください。

とはいえ、音調でいうと、[l]<[r]で[r]の音のほうが暗くこもって聞こえます。

●――どこで出てくるの？

つづり字が'l'のときに[l]になり、語頭（例 land）、語中（例 analog）、語末（例 pearl）のいずれの位置にも現れます。

また、tellのようにつづり字が'll'のときにも[l]と発音することがあります。

Step 2　発音記号を練習する

ここでは[l]を含む単語の発音を練習しましょう。何度か聞いてから、発音練習をすることがポイントです。下線部に注意して発音してください。

1. literature
2. limit
3. blink
4. curl
5. acceptable

語注：1. literature 文学、2. limit 極限、限度、3. blink まばたきする、目をぱちくりする、4. curl カールする、5. acceptable 許容できる、受け入れ可能な

次に、上記の単語を使った文を発音練習しましょう。下線部に注意して行ってください。

6. What kind of literature do you like ?
   （どのような文学が好きですか？）
7. The age limit for entry is twelve years old.
   （入場者の年齢制限は12歳です）
8. Lucy blinked in the sunlight.
   （ルーシーは太陽の光でまばたきをしました）
9. You have lovely curly hair.　（きれいなカーリーヘアね）
10. Luca's offer was not acceptable to our team.
   （ルカの申し出は私たちのチームに受け入れられるものではなかった）

Step 3 発音記号を単語に置き換える

ここでは [l] を含む単語を発音記号で書いてありますが、その発音記号を単語に変えてみましょう。クイズ感覚で試してみてください。

1. [lǽf]
2. [léŋθ]
3. [lǽŋgwɪdʒ]
4. [àːrkiáːlədʒi]
5. [krístl]

答 1. laugh　2. length　3. language　4. archaeology　5. crystal

語注 : 2. length 長さ、4. archaeology 考古学

Step 4 発音記号を読む練習

Step 3 で発音記号を単語にする練習をしましたが、ここではその発音記号を見ながら、発音練習をしましょう。

1. [lǽf]
2. [léŋθ]
3. [lǽŋgwɪdʒ]
4. [àːrkiáːlədʒi]
5. [krístl]

Must

49

発音要注意

riceの[r]は 舌を上に折り曲げた暗い「ル」

ここでは、rice、mirrorの最初の[r]について学びましょう。

これまで何度も言及してきたことですが、**発音記号はアルファベットではない**ので、[r]は「アール」と発音してはいけません。「ルーーーーー」と発音します。

ところで、パスポートなどに名前を書くとき、「れん」さんはRen、「れいこ」さんはReikoとつづるので、英語の[r]は日本語の「ら行の音」と同じだと考えている学習者がいるかと思いますが、実際にはかなり異なります。

では、どのように異なるかを学んでいきましょう。

Step I 発音記号を学ぶ

●——どうやって発音するの？

まず、英語の[r]は「**接近音**（せっきんおん）」だと記憶にとどめてください。

この「接近音」とは、上部の調音器官（例 歯茎）に下の調音器官［通常、舌］が近づきますが、つかない音のことを言います。

したがって、英語の[r]は、舌が口の中の天井部につかないというのがポイントです。

一方で、日本語の「ら行の音」は舌先が上部の歯茎のあたりを触っているので、接近音ではありません。つまり、日本語の「ら行の音」と英語の[r]は違う音ということになります。

では、英語の [r] はどうやって発音するのでしょうか。

英語の [r] は、発音する際に、舌先を右図のように軽く折り返すようにすると、舌先がカーブします。加えて、下図を見るとわかりますが、調音位置は歯茎の後ろあたりなので、「**後部歯茎音**」です。

そのときに、先ほど説明したように、舌先が口の中の天井部についてはいけません。折り返したままの状態を保って、息を出します。そうすると、[r] の音ができます。

正面からは、舌を折り返しているので、以下の左図のように、舌の裏側が見えます。

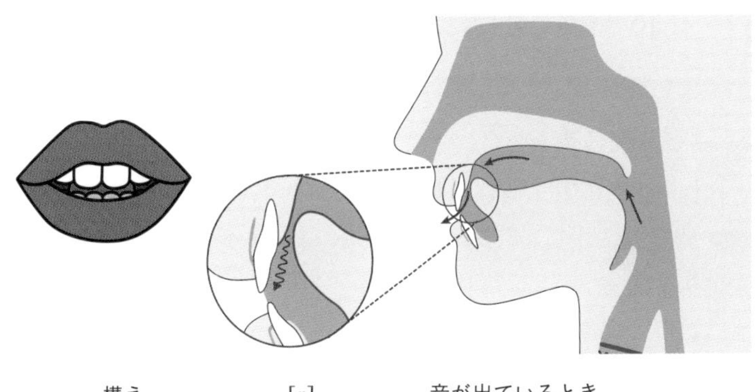

構え　　[r]　　音が出ているとき

ポイントとしては、唇を丸めて発音すると、発音しやすいのです。

[r] を発音する際には、ライオンが怒っているときや威嚇するときに、「ガルルルル」と言う場面をイメージして、舌を折り返すようにカーブさせて発音してみましょう。

動画のココに注目

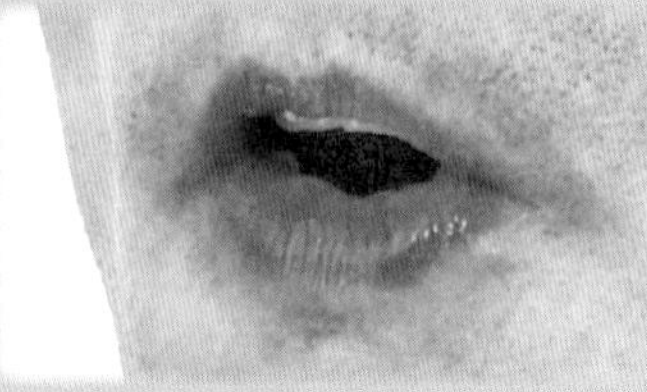
口の構え [r]

動画 No.40 で確認しましょう。
唇をしっかりと丸めてから、[r] と発音しているのがわかります。
そしてよく見ると、舌先を折り返すようにして丸めている様子が、あいた口の間から見えますので、確認してください。

[r]は舌を軽く折り返して、「ル」。

●——どう聞こえるの？

[r] は日本語の「ら行の音」よりも暗い音調になります。また、Must 48 でも説明しましたが、英語の [l] よりもかなり暗い音調になります。

以下のミニマルペアで音調を確かめてみましょう。

[r] と [l] の違い　207

① **right vs. light**	[ráɪt] [láɪt]
② **road vs. load**	[róʊd] [lóʊd]
③ **rock vs. lock**	[rɑ́:k] [lɑ́:k]
④ **correct vs. collect**	[kərékt] [kəlékt]
⑤ **grass vs. glass**	[grǽs] [glǽs]

語注：② load（運搬物などを）積む、載せる、積荷、③ lock 錠、錠前

このように、[r] と [l] の聞き分けは、音調が明るいか暗いかで行うことも１つの手段です。音調の明るいか暗いかは、人によっては、「音調が暗い」ことが「音調が低い」と認識することがあります。逆に言うと、「音調が明るい」ことが「音調が高い」と認識することがあるのです。

イメージ図

●──どこで出てくるの？

rice や curing のように語頭や語中のつづり字が 'r' のところが通常 [r] になります。

また、mirror や arrive のようにつづり字が 'rr' のときにも [r] と発音することがあります。

一方、注意しなくてはならないのが、語末 (例 car) の [r] や語中で一定の母音の後の [r] (例 park) です。

これは、Must 3 や Must 4 でも説明しましたが、「オプションの [r]」、いわば「r 音化」です。つまり、標準アメリカ英語 GA では発音しますが、標準イギリス英語 RP では発音しません。この米英の発音の違いは、Must 3 Step 2 にたくさん例がありますので、もう一度確認してみましょう。

Step 2　発音記号を練習する 

ここでは [r] を含む単語の発音を練習しましょう。何度か聞いてから、発音練習をすることがポイントです。下線部に注意して発音してください。

1. abstract
2. preference
3. rely
4. crucial
5. prohibit

> 語注：1. abstract 抽象的な、要約、2. preference 好み、3. rely 頼る、4. crucial 決定的な、5. prohibit 禁じる

次に、上記の単語を使った文を発音練習しましょう。下線部に注意して行ってください。

6. It is difficult to explain the abstract things.
   (抽象的なものを説明するのは難しい)
7. Do you have a seat preference?
   ([レストランなどで] 席にお好みはありますか？)
8. Can you rely on your boss ？ (上司は頼りになりますか？)
9. We saw a crucial moment yesterday.
   (昨日、決定的な瞬間を目撃しました)
10. Smoking is prohibited in this area. (この領域は禁煙です)

> 注：8. your、9. yesterday の [r] は r 音化の [r] です。

Step 3 発音記号を単語に置き換える

ここでは[r]を含む単語を発音記号で書いてありますが、その発音記号を単語に変えてみましょう。クイズ感覚で試してみてください。

1. [réɪz]
2. [ráɪz]
3. [prɑ́ːspərəs]
4. [tríviəl]
5. [fjʊ́riəs]

答 1. raise　2. rise　3. prosperous　4. trivial　5. furious

語注：1. raise 上げる [他動詞]、2. rise 上がる [自動詞]、3. prosperous 豊かな、富んだ、4. trivial 取るに足らない、5. furious 怒り狂った、激しい

Step 4 発音記号を読む練習

Step 3で発音記号を単語にする練習をしましたが、ここではその発音記号を見ながら、発音練習をしましょう。

1. [réɪz]
2. [ráɪz]
3. [prɑ́ːspərəs]
4. [tríviəl]
5. [fjʊ́riəs]

Must
50

発音要注意

winの[w]は唇をすぼめて「ゥウ」、yachtの[j]は「や、ゆ、よ」？

ここでは**半母音**といわれる win、twin の [w] と yacht、year の [j] について学びましょう。

これまで何度も言及してきたことですが、**発音記号はアルファベットではない**ので、[w] は「ダブリュー」ではなく「ゥウ」、[j] は「ジェイ」ではなく「ユ」と発音します。

しかし、[w] は Must 14 [uː]、Must 15 [ʊ]、Must 16 [u] で学んだ「う」の類の母音とは異なり、子音なので、注意しなくてはなりません。

また、[j] は「ジェイ」だと思い、Must 41 [ʒ] や Must 44 [dʒ] と間違えて発音してしまうことが多いので、要注意の発音記号です。これまでの指導経験から、もっとも学生が間違って発音する発音記号が、この [j] なのです。

Step 1　発音記号を学ぶ

●――[w]はどうやって発音するの？

まず、構えとして、右ページの左図のようにしっかりと唇をすぼめて、前に軽く突き出すようにします。

基本的に、日本語の「わ」の最初の子音と同じですが、英語の場合、唇のすぼめ（＝丸め）の度合いが日本語よりもかなり強いのがポイントです。

特に、英語の「ウ」の類の母音、英語の「オ」の類の母音、「ア」の類の一部の母音の前にくる[w]は、唇のすぼめの度合いが強くなります。たとえば、we と woo を比べてみましょう。後者のほうが[w]の唇の丸めの度合いが強くなります。

その次に、英語の「ウ」の類の母音との違いは、舌の後ろ側に力を入れると、右図のように舌の後部が英語の「ウ」よりも盛り上がる点です。

このことから、狭めが両唇と軟口蓋の２か所で起きていることがわかります（＝**（両）唇軟口蓋音**）。

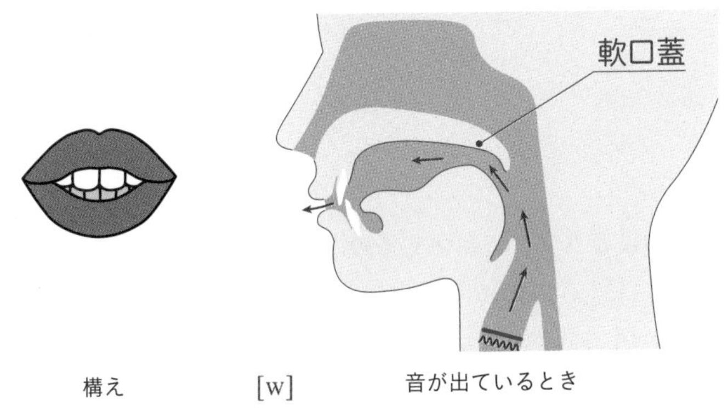

構え　[w]　音が出ているとき

ここでポイントとなるのは、舌の後部が軟口蓋に向かって盛り上がるだけで、くっつかない（＝**接近する**）ことです。

その点が、[k]や[g]といった軟口蓋破裂音や[ŋ]といった軟口蓋鼻音とは異なるので、注意しなくてはなりません。このことから、**接近音**に分類されます。

完全な閉鎖がないという特徴から、[j]とともに「**半母音**」に分類されることがあります。

[w] を発音する際のイメージとしては、ネイティブスピーカーが、驚き喜んでいるときに、唇を丸めて、Wow! と言うのを思い浮かべてみましょう。

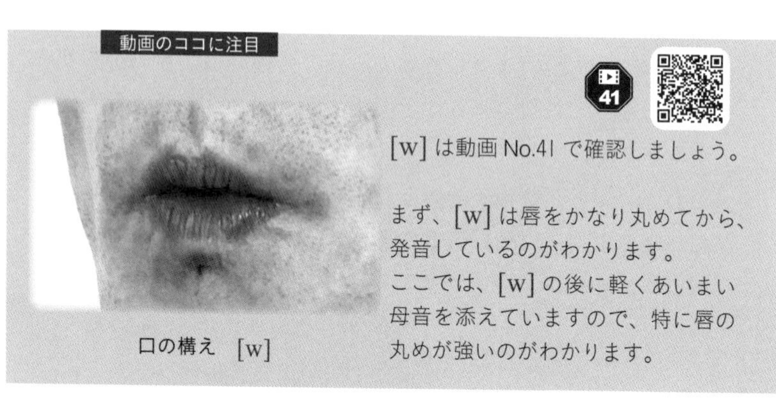

口の構え [w]

●──[j]はどうやって発音するの？

次に、[j] について学びましょう。

まず、日本語の「や、ゆ、よ」の最初の子音ですので、「や、ゆ、よ」と発音して、その舌の感じをしっかりととらえましょう。

このとき、日本語の「や、ゆ、よ」よりもはっきりと強めに発音するようにすると、右ページの図のように、舌の真ん中部分が、硬口蓋に向かって盛り上がっている（= **硬口蓋音**（こうこうがいおん））感覚をとらえられるでしょう。

ただし、硬口蓋に向かって舌が盛り上がっているのですが、硬口蓋にはついていないので、[w] と同様に「**接近音**（せっきんおん）」であることに注意が必要です。

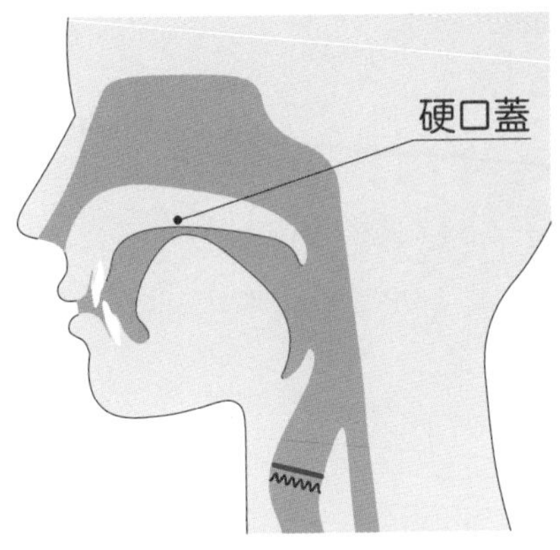

[j]　音が出ているとき

ほかに注意しなくてはならない点として、日本語では「い」の前に [j] がくることがないので、英語の場合に、発音しづらいことがあります。

その場合、日本語の「いっ、いっ、いっ」から始めて、舌の中央あたりに力を入れるようにして「ユイッ、ユイッ、ユイッ」と発音するとよいでしょう。

以下のミニマルペアで練習してみましょう。

ミニマルペアで違いをチェック！　**[j] がある場合とない場合の違い**

① **year vs. ear**	[jíɚ] [íɚ]	
② **yeast vs. east**	[jíːst] [íːst]	

語注：② yeast（パンを作る際などに使う）イースト菌

動画のココに注目

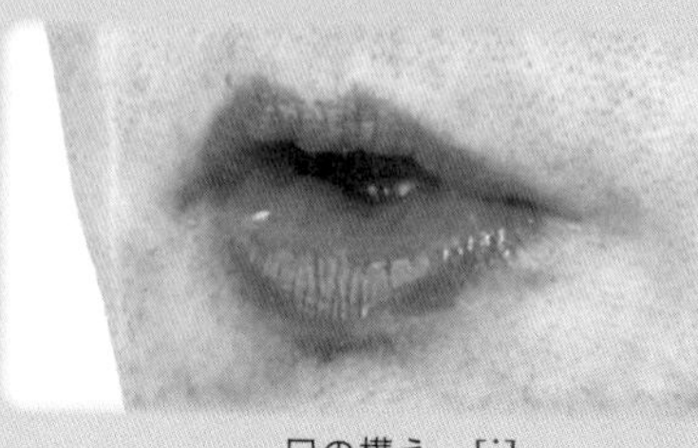

口の構え [j]

動画 No.42 で確認しましょう。
[j] を発音する前に、少し唇を丸めてから発音しています。
そうすることで、舌の盛り上がりが十分にでき、かつ口の上部に接触しないようにして口の中に空間を作ることができます。

[w]は、しっかりと唇をすぼめて、
前に軽く突き出すようにして「ゥウ」。
[j]は 「ユッ」。特に、[i:]と[ɪ]の前の[j]は要注意。

●──[w]はどう聞こえるの？

日本語の「わ」の最初の子音なので、なじみはあるのですが、人によっては「う」と区別がつかない場合があります。

その場合、英語の [w] は日本語の「う」よりも音に深みがあると感じることで区別できる場合があります。

以下のミニマルペアを何度も聞いて、確認してみましょう。その後、発音練習することも忘れないでください。

ミニマルペアで違いをチェック！ [w] がある場合とない場合の違い

① **woof vs. oof**	[wú:f] [ú:f]
② **swoon vs. soon**	[swú:n] [sú:n]

語注：① woof（織物の）横糸、織物、
oof（驚き、喜びなどの発声）ウーッ、オッ、② swoon 気が遠くなる

●──[j]はどう聞こえるの？

日本語の「や、ゆ、よ」の最初の子音なので、英語の「ア」「ウ」「オ」の類の母音の前では、聞き取りやすく、なじみのある音でしょう。

しかし、先ほど述べたように、日本語では「い」の前に[j]がくることがないので、英語の「イ」の類（例 [iː]と[ɪ]）の前では、発音しづらいと同時に、聞き取りがしづらいのです。

ですから、前述のミニマルペアにあるように、year と ear の違いが聞き取れない学習者は多いものです。もちろん、文脈から推測することで意味を理解すると思いますが、そうしなくても聞き取れるようになるとよいでしょう。

聞き取りのヒントは、year の[j]がある場合、ほんの少しですが、音がこすれるように感じることがある点です。

これは、盛り上がった舌と口の中の天井部が狭まって、その狭い隙間を肺からの空気が抜けようとすることから生じるためです。実際の「こすれ」はありません。

●──[w]はどこで出てくるの？

win のようにつづり字 'w' が語頭にきて[w]と発音する場合と twin のように語中にきて[w]と発音する場合が一般的です。ただし、語末にくるつづり字 'w' は view, show などのように[juː]や[oʊ]の一部になることが多いです。

また、数はそれほど多くありませんが、law のように[ɑː]または[ɔː]の一部になることもあります。したがって、つづり字が 'w' だからといって、常に[w]と発音されるわけではありません。

また、queen や language のようにつづり字 'u' が [w] と発音されることもあります。例外として、one [wʌ́n] のようにつづり字が 'o' のこともあります。

●――[j]はどこで出てくるの？

もっとも一般的なのは、yacht や year のように語頭にきてつづり字が 'y' のときや、beyond のように語中にきてつづり字が 'y' のときです。

また、cute のようにつづり字が 'u' や few のようにつづり字が 'ew' で [juː] の一部としても出てきます。

Step 2　発音記号を練習する

ここでは [w][j] を含む単語の発音を練習しましょう。何度か聞いてから、発音練習をすることがポイントです。下線部に注意して発音してください。

1. wage
2. worth
3. farewell
4. yacht
5. yogurt
6. usually

次に、上記の単語を使った文を発音練習しましょう。下線部に注意して行ってください。

7. We had a wage increase this month.

（今月、私たちは賃上げがありました）

8. Christmas Carol written by Charles Dickens is worth reading.
   （チャールズ・ディケンズが書いた『クリスマス・キャロル』は読む価値があります）
9. Have you ever read "A Farewell to Arms" by Ernest Hemingway?
   （アーネスト・ヘミングウェイが書いた『武器よさらば』を読んだことはありますか？）
10. Sailing a yacht is exciting.　（ヨットに乗ると心が躍ります）
11. Fried chicken goes well with this yogurt sauce.
   （フライドチキンはこのヨーグルトソースと合います）
12. I usually go to bed at 11:30 p.m.
   （私は通常、午後 11:30 に就寝します）

Step 3　発音記号を単語に置き換える

ここでは [w][j] を含む単語を発音記号で書いてありますが、その発音記号を単語に変えてみましょう。クイズ感覚で試してみてください。

1. [wíːv]
2. [wʊ́dn]
3. [wɪθdrάː]
4. [jéstədeɪ]
5. [jɜ́ːn]
6. [túːmɚ] GA　[tjúːmə] RP

答　1. weave　2. wooden　3. withdraw　4. yesterday　5. yearn　6. tumor

語注：1. weave 織る、2. wooden 木製の、3. withdraw 引っ込む、引っ込める、引く、撤回する、撤退させる、5. yearn　仰がれる、焦がれる、6. tumor 腫瘍

Step 4 発音記号を読む練習

Step 3 で発音記号を単語にする練習をしましたが、ここではその発音記号を見ながら、発音練習をしましょう。

1. [wíːv]
2. [wʊ́dn]
3. [wɪθdrɑ́ː]
4. [jéstədeɪ]
5. [jɜ́ːn]
6. [túːmɚ] GA [tjúːmɚ] RP

そのほかの子音のまとめ

どのように音を作るか　どこで音を作るか　声帯に振動があるか

	調音様式	調音位置	有声音か無声音か
[tʃ] Must 43	破擦音	後部歯茎音	無声音
[dʒ] Must 44			有声音
[m] Must 45	鼻音	両唇音	有声音
[n] Must 46		歯茎音	有声音
[ŋ] Must 47		軟口蓋音	有声音
[l] Must 48	側(面)音	歯茎音	有声音
[r] Must 49	接近音	後部歯茎音	有声音
[w] Must 50		(両)唇軟口蓋音	有声音
[j] Must 50		硬口蓋音	有声音

そのほかの子音の調音位置一覧

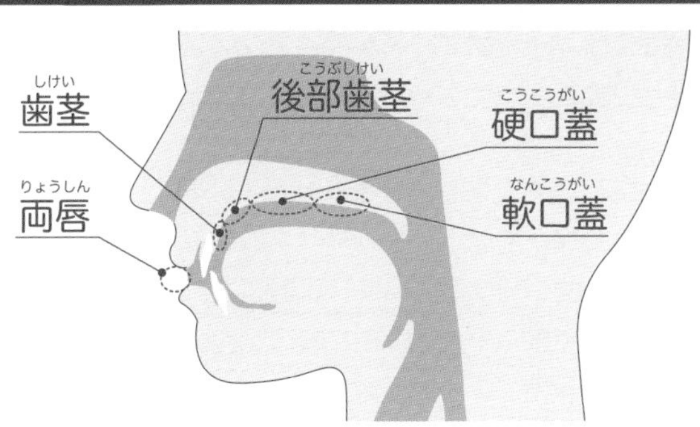

ネイティブスピーカーはどうやって「発音とつづり字の関係」を勉強するのか？

▶英語の「発音とつづり字の関係」は、日本語のそれよりも複雑

本書では各 Must において、「発音とつづり字の関係」について、最低限知っておいてほしいルールに言及していますが、そもそも英語における「発音とつづり字の関係」は複雑なので、本書では基本的なもののみを収録しています。

というのも、これまでも学んできたように、英語の場合は、例外がたくさんありますし、1つの発音に対して複数のつづり字が存在します。たとえば、Must 32 で学んだように、[k] と発音するつづり字には、'k' (例 kind), 'c' (例 can), 'ck' (例 pick) などがあります。しかし、つづり字 'c' は cent などの場合、[s] とも発音します。

こういったバリエーションが、外国語学習者にとっては難しい点であることも事実です。だからこそ、英語を外国語として学ぶ私たち学習者にしてみれば、発音記号は便利なので、本書ではこれまで勉強してきたわけです。

ところで、ネイティブスピーカー（＝英語母語（母国語）話者）は母語（母国語）である英語の「発音とつづり字の関係」をどのように覚えるのでしょうか？

残念ながら、発音記号を使って覚えることは基本的にはありません。ですから、発音記号が読めないネイティブスピーカーは多いのです。

母国語、母語を修得する際には、発音記号ではなく、「つづり字とそのつづり字の発音」で学ぶのが一般的です。たとえば、日本語母語（母国語）話者は、文字を習う段階で、通常、まず「あ」はどういう音で、「か」はどうい

う音かなどと、文字と発音を結びつけて学びます。

この方法では日本語にはほぼ例外がないため、問題はありません。しかし、前述のように、英語には例外が多く、1つの発音に対して複数のつづり字が存在するのです。

とはいえ、英語を母語、母国語とする英語圏の人は、自分の母語あるいは母国語を学ぶ際の初歩の段階では、「文字（＝アルファベット）と発音」を結びつけて学びます。ですから、「その方法」を知っておくと、つづり字からおおよその発音を予測することができるのです。

▶筆者、小学校で『コックニー』を話す

では、どのように「アルファベットと発音」を学ぶのでしょうか？

このコラムでは、筆者の経験からお話ししたいと思います。

筆者は5歳のころ、父の仕事の関係でイギリスのロンドンで1年間を過ごしました。その間、最初の2か月弱を現地校に行く前段階のランゲージ・センターで、残りの10か月を現地の公立小学校で過ごしました。イギリスでは義務教育が5歳から始まるので、筆者は人生で初めての義務教育をイギリスで始めることになったわけです。

渡英が決まってから、イギリス人や英語話者と基本的な会話ができるようにと、アルファベットの読み方や英語のフレーズを父が少し教えてくれたのですが、現地の英語を理解することは、容易なことではありませんでした。

というのも、父のたっての希望から、ロンドンといっても、いわゆる「クイーンズイングリッシュ」（専門的には「容認英語（Received Pronunciation、🇬🇧 RP）」）が多く話されている地域に住んだのではなく、当時、日本人が周りにほとんどいない南部のクロイドン（Croydon）という地域にあえて住むことになったからです。

今でこそ、クロイドンには、ロンドン日本人補習校ができるなど、日本人も多く住む地域になりましたが、当時は、もっとも近くの日本人家庭は、

徒歩30分の所に住んでいた商社勤務の家族のみで、イギリスの前は南アフリカのヨハネスブルクに数年住んでいらした、いわゆる「海外慣れした日本人家庭」でした。その家族とは、在英中、大変親しくお付き合いをさせていただきましたが、当時、多くの日本人は、RP 話者が比較的多い、テムズ川の北側に住んでいました。一方で、筆者一家の住むクロイドンは、**コックニー**（Cockney）といって、いわゆる「労働者階級の発音」が多く話される庶民的な地区だったのです。

コックニーとは、具体的に言うと、オードリー・ヘップバーン主演の『マイ・フェア・レディ（My Fair Lady）』（1964）という古い映画の中で、ヘップバーン演じるイライザが最初に話していた「あのアクセント（方言）」です。

映画の中でイライザが言うセリフで有名な "The rain in Spain stays mainly in the plain." というのがあります。

それは通常の RP 発音では「ザ　レイン　イン　スペイン　ステイズ　メインリ　イン　ザ　プレイン」と発音するのですが、コックニー話者であったイライザは「ザ　ライン　イン　スパイン　スタイズ　マインリ　イン　ザ　プライン」と発音していました。これは、[eɪ] という二重母音を [aɪ] で置き換えるコックニーの特徴をとらえたものです。

それから、世界的に有名なサッカー選手だったデイビッド・ベッカムが話すアクセントとしても知られています。

実際に、筆者が渡英してすぐに上級生に「ヘルゥ、リッウガー」と言われ、それが、"Hello, little girl!" であることがわかるまでに少し時間がかかりました。

また筆者がイギリスでもっとも仲が良かった友達は、アフリカ系で、目がぱっちりして、髪がクルクルで、とてもかわいらしい「キャフリン」でした。アルファベットでは Catherine と書き、通常、RP などでは「キャスリン」と発音しますが、コックニーは「キャフリン」と呼ぶのです。つまり、[θ] が [f] と発音されるのです。父が「それは、キャスリンって発音するんだよ」といっても、幼かった筆者が「絶対に、キャフリンなの！だって、キャフリンはキャフリンって言っているもの」と、一歩も譲らなかったのは、今ではとてもよい思い出です。つまり、子どもはつづり字優先なのではなく、音声優先であることが、このエピソードからわかります。

数か月もすると、英語がかなり読めるようになり、最終的には、意思疎通にも問題がないほど英語が上達しました。

▶上達のカギは『ピクトグラム・メソッド』

このように英語が上達した一因は、「**pictogram method**（ピクトグラム・メソッド）」（letterland のほうが一般的です）を使った学習法が功を奏したことによります。

これは、簡単に言うと、**「発音とつづり字」を絵というイメージを使って覚える方法**です。

日本ではこれに近い方法として「フォニックス（phonics）」がありますが、フォニックスと大きく違う点は、常に絵をアルファベットと組み合わせて明示してフレーズ（例 (the) apple letter や Clever Cat）で覚えることや、イギリス人ならだれもが知っているキャラクター（例 Benjamin Bunny はビアトリクス・ポッターが書いた『ピーターラビット』の話に出てくるウサギの名前）が使われるため、視覚的にも覚えやすいというメリットがあります。

次ページから紹介するのは、イギリスで筆者が習ったもので、父が校長先生や担任に確認して、記録してくれていたピクトグラムです。このほかに、さまざまなヴァージョンが存在します。

覚え方の部分をリズムよく読んでみてください。アルファベットと発音の基本が簡単に覚えられます。

実際には、以下の右列の発音記号はありません。

	覚え方		発音記号
a, A	(the) apple letter letter 文字		[æ] Must 7
b, B	Benjamin Bunny		[b] Must 29
c, C	Clever Cat		[k] Must 32
d, D	Dicky Duck		[d] Must 31
e, E	(the) elephant letter		[e] Must 17
f, F	finger face		[f] Must 34

g, G	good girl letter		[g] Must 33
h, H	Harry the Hairy Hat Man		[h] Must 42
i, I	(the) ink letter	 ink	[ɪ] Must 12
j, J	Jumping Jack		[dʒ] Must 44
k, K	(the) kicking king letter		[k] Must 32
l, L	(the) ladder letter ladder はしご		[l] Must 48

m, M	Mighty Mountain Man mighty 大きな		[m] Must 45
n, N	Naughty Nick naughty 言うことを聞かない		[n] Must 46
o, O	(the) orange letter		[ɒ] Must 6
p, P	(the) Poor Peter letter		[p] Must 28
q, Q	Quarrelsome Queen quarrelsome 怒りっぽい		[k] Must 32
r, R	Robin the Red Robber robber 強盗		[r] Must 49

s, S	Sammy Snake		[s] Must 38
t, T	Ticking Tom		[t] Must 30
u, U	(the) umbrella letter		[ʌ] Must 10
v, V	(a) violet case violet　すみれ色		[v] Must 35
w, W	Winnie the Wicked Water Witch wicked 悪い witch 魔女		[w] Must 50
x, X	(the) kissing letter		[ks]

Column

y, Y	Yellow Yo-yo Man		[j] Must 50
z, Z	Zebra		[z] Must 39

「イラスト」を見ながら、「覚え方」を何度も繰り返すことによって、基本的な「つづり字と発音」を覚えることができるというわけです。

このようにこのピクトグラム・メソッドを知っていると、英語を習い始めの幼児や子供には大変役に立ちますし、先に述べたように、中学生から大人に至るまで、つづり字からおおよその発音を予測することができるようになるのです。

とはいえ、一定の年齢以上の英語学習者は、正確な発音を理解する際に、発音記号を使った発音表記が読めることは重要であり便利なのです。

参考図書
堀内克明他編　1984『カラーアンカー英語大辞典』学習研究社
山岸勝榮著　1984『イギリスの言葉と社会』こびあん書房

あとがき

前作『英語リスニングの鬼１００則』の出版から１年以上が経ちましたが、この本を出版したことで、さらに多くの方とのご縁ができ、仕事の幅がさらに大きく広がったことに心から感謝いたします。特に、多くの読者の方とのご縁をいただけたことは大変うれしいことでした。この本を偶然、書店で見つけた大学時代の友人からもかなりの時を経たにもかかわらず連絡がきて、旧交を温めることができました。

このように、多くの方が、これまで以上に手を差し伸べてくださったことに、この場を借りて御礼申し上げます。

そして本書が再び大きく羽ばたいて、多くの英語学習者のお役に立てたら、こんなにうれしいことはありません。

今回再び英文を校閲してくださったスティーブン・ボイド (Stephen Boyd) さん、イラストを描いてくださった末吉喜美さんに御礼を申し上げます。 前回同様、アメリカ英語の録音と動画出演はジョシュ・ケラー（Josh Keller）さんにお願いしました。いつも完璧にリクエストに応えてくださることに感謝いたします。そしてイギリス英語の録音は、エマ・ハワード (Emma Howard) さんにお願いしました。このように多くの方のご協力なくしては、本書は出版には至りませんでした。

そして、出版にあたり、家族を犠牲にしているわけですが、それを常に笑顔で応援してくれる家族に心から感謝します。

本書は多くの方々のお力により、出版に至りましたことをここに記します。

米山　明日香

著者
米山明日香（よねやま・あすか）
青山学院大学社会情報学部准教授
博士（文学）。

神奈川県鎌倉生まれ、横浜育ち。

専門は英語音声学、英語教育、発音指導、英語プレゼンテーション、通訳など。
大学卒業後、英国 University College London に留学し、音声学修士号（MA in Phonetics）を取得。その後、日系航空会社勤務、通訳者、東京外国語大学、早稲田大学などの大学講師などを経て現職。

最近では、政府・世界的大企業のエグゼクティブたちの英語アドバイザーをつとめたり、ニュース番組のコメンテーターをつとめたりするなど、その活動は大学だけにとどまらない。また、2021 年夏 NHK ラジオ講座『ニュースで学ぶ現代英語』講師もつとめた。

『スーパーアンカー英和辞典』『アンカーコズミカ英和辞典』（ともに、学研教育出版）の発音担当者。主な著作は『英語リスニングの鬼 100 則』（明日香出版社）、『名演説で学ぶ英語』（祥伝社）、『4 週間集中ジム　発音も学べる　イギリス英語リスニング』（アスク）、『Listening Steps 英語の音を鍛えるリスニング・ステップ　1語からパッセージへ』（金星堂）など。

ブログ：米山明日香のブログ　http://blog.livedoor.jp/bihatsuon/
twitter: @asuka_yoneyama_

英語「発音記号」の鬼 50 講

2021 年 11 月 18 日　初版発行
2024 年 9 月 18 日　第 18 刷発行

著者　米山明日香
発行者　石野栄一
発行　明日香出版社
〒 112-0005 東京都文京区水道 2-11-5
電話 03-5395-7650
https://www.asuka-g.co.jp
印刷・製本　株式会社フクイン

ISBN 978-4-7569-2179-6

ぜひ併読ください

紫色

ISBN978-4-7569-2103-1
A5 並製　440 ページ
2020 年 7 月発行
本体価格 2100 円 + 税

「ここまできちんと学習者の都合を理解して構成している本は初めて見た」
「なんという圧倒的なクオリティの高さか、と感嘆しっぱなし」

そう読者を歓喜させる、極上のリスニング・トレーニング本ができました。

本書では、**音声学**の知識を利用して、「聞きながら話し」、「発音しながら聞く」ことをバランスよく組み込み、英語力を鍛えられるように工夫しました。
つまり、**リスニングの教材であるとともに、発音の教材でもある**のです。
本書にある 100 の法則 (Must) をしっかり学習すれば、「グローバル時代の英語」に対応できるようになっている点が、本書の最大の特徴です。

また、単語レベルから短文、著名人によるスピーチまでを練習用教材として扱っているので、基礎レベルから上級レベルに対応しています。
学び直しにも最適。
法則が 100 あるので、少しずつコツコツ無理なく学習できます。

あなたの英語力向上に、ぜひ。